剥茧抽丝看历史

叛乱争议

闫林林◎编著

权力、钱财、美色是引发叛乱的根源
细看历史上那些利欲熏心的叛乱之争

陕西新华出版传媒集团
三秦出版社

图书在版编目（CIP）数据

判乱争议 / 闫林林编著. -- 西安：三秦出版社，
2014.5（2022.3 重印）
（剥茧抽丝看历史）
ISBN 978-7-5518-0790-6

Ⅰ.①判⋯ Ⅱ.①闫⋯ Ⅲ.①政变—中国—古代—通
俗读物 Ⅳ.①K220.5-49

中国版本图书馆 CIP 数据核字(2014)第 103917 号

判乱争议

闫林林　编著

出版发行	陕西新华出版传媒集团　三秦出版社
社　　址	西安市雁塔区曲江新区登高路 1388 号
电　　话	（029）81205236
邮政编码	710061
印　　刷	三河市燕春印务有限公司
开　　本	710mm×1000mm　1/16
印　　张	14
字　　数	200 千字
版　　次	2014 年 5 月第 1 版
	2022 年 3 月第 3 次印刷
印　　数	6001-11000
标准书号	ISBN 978-7-5518-0790-6
定　　价	59.80 元

网　　址　http://www.sqcbs.cn

前　言

中国是一个对历史文化的传承极其重视的国家。中国拥有五千年的历史，创造出了无比灿烂的文化。如果你想要更好地了解中国的历史，那么最好从历史上重量级人物的争议以及重要事件的争议上细细地进行观看。

皇帝是历史的缩影，从他们或悲或喜的一生中，或神奇或平淡的故事中，隐现了中国封建历史的发展轨迹。正所谓"观看君王沉浮间的经历轶闻，洞悉君王宝座中的权利奥秘"。

宰相是一人之下、万人之上的大人物，在中国古代的政治舞台上扮演着非常重要的角色。如果一朝之宰相清正刚廉、直言敢谏，那么，将会有利于社稷的安定与百姓的幸福，会流芳百世，被后人称赞；倘若一朝之宰相阿谀逢迎、卖官鬻爵，那么必将会对社会的安定与百姓的生活带来危害，会遗臭万年，遭后人唾骂。

在历史的长河中，不只有帝王将相，还有很多花容月貌的妃子。千万不要小看了这些女人，她们在很多风云大事、江山更迭中起着至关重要的作用。可以说，这些女子在潜移默化或一颦一笑间，就可以舞动政治的波澜。

宦官是世界上古代所有帝国的一个特殊的人群，在中国历史上扮演着非常重要的角色。他们或谨守本分，努力工作，为整个朝代做出了突出的贡献；或操纵天子，总揽大权，加速了朝廷的灭亡……

除了重要人物之外，几乎每个朝代都会出现几个不同的党派，他们因立场不同、观点不同，对事物的看法也不相同，为此他们常常争论不休，各自阐述自己的理由，为了战胜对方，甚至不惜使用政治手段。本套丛书再现各朝党政内幕，坐看权柄更替。

在历史的长河中，曾发生过多起叛乱，比如八王之乱、安史之乱等。他们在权力、钱财、美色或其他诱因的刺激下，对权利充满了无限的欲望，渴望通过政变获得更大的权利……

中华民族的历史是一部多灾多难的历史，几千年来出现了众多大小冤案。在这里，读者将看到最具代表的冤假奇案，探知最不为人知的隐秘故事。

本套丛书分为《皇帝争议》《宰相争议》《后妃争议》《宦官争议》《党争争议》《叛乱争议》与《冤案争议》七册，从不同的方面详细地再现了历史的真相，正所谓"抽丝剥茧看历史，清晰明了又深刻"！

目 录

剥茧抽丝看历史

——

叛乱争议

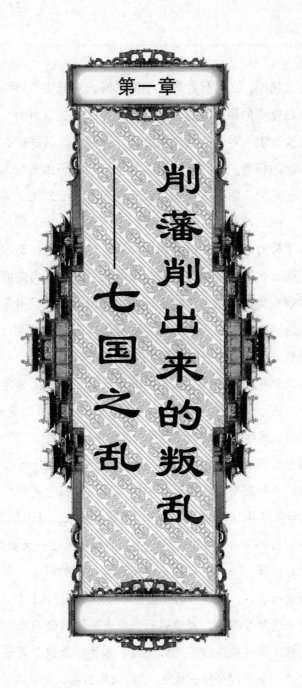

第一章

——七国之乱

削藩削出来的叛乱

阅读引言

西汉建立初期，在将异姓王翦除的同时，刘邦觉得秦朝最后走向灭亡的一个非常重要的原因就是，没有对同姓子弟进行分封，因此，他吸取了这个经验教训，对于同姓王大力进行分封，其目的就在于利用血缘关系作为政治的纽带。刘邦陆陆续续将十个刘姓子弟册封为王，他们分别为齐悼惠王刘肥、楚元王刘交、代王刘喜、代王刘恒、吴王刘濞、淮南厉王刘长、赵王刘如意、梁王刘恢、淮阳王刘友以及燕王刘建。为了防止出现部下势力过大，无法指挥的局面，对各个诸侯王的权利要进行限制。与此同时，刘邦又明确规定封国的相、太傅、内史以及中尉等相当重要的军政官员都必须由中央进行派遣。他认为皇权中包括了这样众多的刘氏宗族的力量，刘氏天下一定会坚固得像金城汤池一样，却不知道分封的那些诸侯国就在很大程度上威胁着中央。

汉高祖刘邦在世的时候，大多数的刘氏诸王都还十分年轻，有的甚至还是孩子。由于他们的羽翼还没有丰满，权力大部分由中央派遣的相、太傅等掌握着，因此，其弊端还没有显露出来。

随着国家经济的慢慢恢复与发展，诸侯王的势力一天天增长起来。随着其力量的不断膨胀，诸侯王和中央之间的对抗也逐渐地变得更为明显了。各诸侯王手中控制着自己封国内赋税的征收，钱币的铸造以及相、太傅等以下官员的政治与经济大权任免。他们一天比一天更为骄横嚣张，出来进去就好像天子一样，有的甚至不遵从皇帝的诏令，而且在封国中大力对人心进行收买，想尽一切办法与中央政府争抢人口。

由于中央所派遣的相、太傅等官员，有的时候会将他们的手脚有所束缚，他们就采用各种手段，比如驱逐、杀害以及收买等进行处置。他们还违背了"中央掌控军权的规定"，积极地组织与发展属于自己的独立武装，想要寻找合适的时机将皇权夺过来。

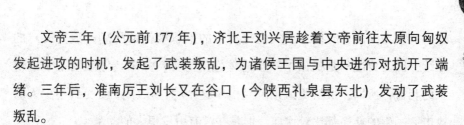

文帝三年（公元前 177 年），济北王刘兴居趁着文帝前往太原向匈奴发起进攻的时机，发起了武装叛乱，为诸侯王国与中央进行对抗开了端绪。三年后，淮南厉王刘长又在谷口（今陕西礼泉县东北）发动了武装叛乱。

在这样的情况下，解决中央集团和地方割据势力间矛盾最有利的措施就是削藩。从汉文帝到汉武帝时期，围绕这个问题，发生了一次又一次惊心动魄的政治斗争。

叛乱纪实

难以驾驭的诸侯国

汉文帝时期，那个时候担任梁怀王太傅的贾谊第一个提出了有关削藩的奏议，这就是历史上非常著名的《治安策》。在奏折中，贾谊非常明确且详细地指出了割据问题到底有多么严重。他说："天下之势，又可以为之哀痛的事还有一项，那就是诸侯王过于强大，难以管制。诸侯王有的是皇弟阴谋作东帝，有的是皇侄攻击京师，如今，吴王又表现出了造反的意向。目前的形势，就好像一个得了浮肿的病人，原本只是小腿，如今却肿得如同腰那样粗；原本只是一个指头，如今却变得像腿那样粗，平坐着手脚不能够自由地进行屈伸。一个或两个指头疼起来，就已经不得了。倘若不能够及时采取有效的措施，那么局面肯定会变得不可收拾。"因此，他提出建议，将诸侯王的势力进行削弱，使得中央集权得以加强。他表示："如果想要天下长久安定，就应该'众建诸侯而少其力'。如果王国变得小了，那么也就不敢有什么贪念了。这样一来，国内外的形势就会变得像身体能够指使手臂，手臂能够指使手指一样，没有不听从的。"

其实在汉武帝时期，主父偃提出来的推恩策就是贾谊《治安策》的延续，因为贾谊只是提出了一个总体性的意见，并未具体触动某个诸侯王的利益，所以，虽然贾谊也曾经由于这个《治安策》而受到不少人的攻击，一生的仕途都比较坎坷，但是并没有引发很大的动乱。

汉文帝是吕后发动政变后继承皇位的，那个时候，朝中十分动荡，人心也都惶恐不安。虽然诸吕已经被成功地消灭了，但是，各个诸侯王却在几代传国之后，已经建立了非常牢固的基础，再加上他们在将诸吕消灭的过程中也出了很多力，因此，一时之间也不方便将其进行处置。在这样的情况下，尽管汉文帝非常想对纲纪进行整顿，但却是有心无力。如果威信不足，那么又如何驾驭强大无比的诸侯王呢？因此，在汉文帝初期，他不得不采取宽厚包容的政策。

当吴王刘濞因为他儿子之死而称病不朝见汉文帝的时候，汉文帝也不敢对他大肆斥责，反而赐给他倚几与手杖，准许他以后可以免除朝请。在后期，汉文帝的威信慢慢地树立起来了，政治上也算比较稳定了。这个时候，汉文帝才重视并接受了贾谊当初提出来的建议。汉文帝将齐国分成了齐、济北、菑川、胶东、胶西以及济南六国；将淮南分成了衡山、淮南以及庐江三国；又将三个儿子分封在梁国，当作与诸侯王国间的屏障。汉文帝这次所实施的削藩政策，只是削弱了某些大国。然而，他还没来得及进一步实施，就离开这个世界了，他的儿子刘启继承了皇位，历史上称为汉景帝。汉景帝时期是有关削藩争议以及由于削藩而引发社会变动最为强烈的时期。一方面，景帝与晁错都大力主张削藩；另一方面，袁盎以及众位大臣联合吴王等诸侯王，对削藩政策表示反对。双方之间展开了一场非常激烈的斗争，最终的结果是，支持削藩的这一派占据了上风，而削藩最后终于引发了七国之乱。

这次斗争的焦点就是吴王刘濞，斗争主要就是围着吴王刘濞以及他的封国进行的。吴王刘濞是汉高祖刘邦的二哥刘喜的儿子，最开始的时候被册封为沛侯。淮南王英布发起武装叛乱的时候，汉高祖刘邦亲自率

领部众前去讨伐，那个时候刘濞只有二十岁，作为骑将追随汉高祖刘邦将英布的叛军消灭了。在这次平定叛乱的过程中，荆王刘贾被淮南王英布杀害了，没有留下任何一个继承人。汉高祖刘邦很担心吴（淮泗以南到浙江太湖以东地区）、会稽（今江苏东南部和浙江西部），那里民风极其彪悍，但是又没有可以派遣的具有强大威慑力的诸侯王，而自己的儿子年龄都还小。所以当军队来到沛县的时候，他经过慎重的考虑，在万般无奈的情况下，将刘濞分封为吴王，管理三郡五十三城。

完成封拜仪式后，王印已经交到刘濞手上，汉高祖刘邦仍然不放心。于是，汉高祖刘邦就命人给刘濞进行相面，而相人回来汇报说刘濞生有反相。汉高祖刘邦听了之后非常后悔，但是，现在事情已经成了定局，再也没有办法挽回了。所以，汉高祖刘邦只好拍着刘濞的背对他进行告诫，说有人进行预言，汉朝五十年之后东南方会出现武装叛乱，但是天下都是刘姓一家的，千万不要造反。那个时候，刘濞听了之后非常惶恐，发下毒誓，肯定不敢造反。然而，事情的发展并不是能够依靠承诺进行约束的。后来发生的七国之乱就是非常好的证明。

在刘濞的太子被皇太子刘启（后来的汉景帝）杀死之后，他就开始与中央进行对抗。关于这件事情上文已经简单地提到过，其具体的是这样的：汉文帝时期，吴太子前往京师朝见皇帝，汉文帝恩赐他与皇太子刘启一同饮酒与下棋。因为吴太子的老师全部都是楚人，不仅非常剽悍，而且十分傲慢，在平常的时候就表现得相当骄横，因此，根本没有注意教育吴太子礼节问题。于是，在吴太子与皇太子刘启下棋的过程中，二人之间发生了不愉快的争执，而且吴太子的言辞与态度都极其不敬，皇太子刘启非常生气，顺手拿起棋盘就砸向了吴太子。没有想到的是，因为皇太子刘启用力太猛，而且砸得又很准，所以吴太子当场就被砸死了。

在吴太子死了之后，汉文帝就派人将吴太子的灵柩送回了吴国，以便让吴王刘濞将其好好地安葬。对于这件事情，吴王刘濞感到很愤怒，觉得天下同姓原本就是一家，既然自己的吴太子死在了长安，理所应当地将其葬在长安，为什么非将其灵柩送回吴国呢？这绝对是对自己的轻视！

于是，在一怒之下，吴王刘濞又将吴太子的灵柩重新送到了长安。从这件事情当中，我们就能够很明显地看出来，吴王刘濞的心中已经对中央产生了很大的怨恨，同时也开始不将藩王应该执行的礼节放在心上。他假称自己有病，不再前往京师朝见天子。汉文帝很清楚他是由于儿子的死才故意装病的，于是就派人前去验问，果然不出所料，吴王刘濞根本就没有病。因此，汉文帝将吴王刘濞派到京师的诸位使臣全部扣留在了长安。

吴王刘濞知道这个消息之后，心中非常恐惧，于是就加快了筹划造反的速度。后来，在一次秋天朝请的时候，汉文帝按照惯例再次将吴王刘濞派来的使臣囚系，并且对其加以责问。这个使臣非常善于辩解，他回答道："吴王刘濞刚开始的时候，确实是装病。后来，被陛下发觉之后，由于害怕会被斩杀，因此才不敢来京师进行朝见。假如能够赦免他以前的过错，那么，他就有胆量来京师朝请陛下了。"这个时候，汉文帝还没有确立很大的威信，对吴王刘濞也不敢过于急切地进行督责，以免刺激其发动武装叛乱。因此，汉文帝不仅没有再追究吴王刘濞之罪，反而赐给吴王刘濞倚几与手杖，并且准许他以后可以不来京师朝请。

在此后的三十年间，中央对吴王的约束十分宽松，吴王刘濞反叛的企图也逐渐地从强烈而且急切而变得十分平缓。但是，与此同时，吴王刘濞却更加抓紧时间笼络封国内的百姓。吴国的物产非常丰饶，而且又有盐泽、铜山之利，吴王刘濞将天下流亡之人召集起来，为其铸铜为钱、煮海水为盐，因此，国家十分富裕，百姓根本不需要上缴赋税。此外，吴王每年都要选拔贤才，赏赐闾里，因此，吴国境内的所有百姓都心甘情愿地为吴王刘濞卖命。

晁错与袁盎之争的背景

汉文帝死了之后，汉景帝继承王位，这也算是一种比较顺利的政权交接。社会与政治都十分稳定，再加上老师晁错在一旁出谋划策，这就为汉景帝推行削藩政策创造了非常有利的条件。在这样的环境下，削藩，特别是削吴，就被放在了重要议事日程上。与此同时，这也引发了朝廷内有关削藩的斗争。

在削藩的问题上，汉景帝是一位非常想做出一番业绩的皇帝。当他还是皇太子的时候，对于各位诸侯王的骄横已经表现得很不满了，因此，当他与吴太子在下棋时发生争执的时候，才会那么容易生气，并且下那么重的手，最终导致吴太子当场死亡。在很早的时候，他就盼望着削藩，希望能够将诸侯王的力量削弱。他的不少想法，在很大程度上都受到了老师晁错的影响。

晁错是颍川人（今河南省中部或南部），曾经随着轵（今陕西西安东北地区）县的儒生张恢学习申（不害）、商（鞅）刑名之术。之后，又被派遣拜伏生为师，以便学习《今文尚书》。晁错在学业完成之后，就被任命为太子舍人、太学博士之职。他曾经向汉文帝上书，说皇太子刘启（景帝）才能出众，骑射高超，就是在术数方面还有一些欠缺，希望汉文帝可以选择合适的人选来对皇太子刘启进行辅导。汉文帝看完晁错的上书之后，当即就任命他为太子家令。因为晁错的口才非常好，所以皇太子刘启很赏识他，将其称为自己的"智囊"。

晁错在担任太子家令之职的时候，曾经数次给汉文帝上书言事。对于他所主张的以务农作为根本的思想，不仅被汉文帝接受，而且在后来还被汉景帝继承，成为了"文景之治"时期一个很大的特点。除此之外，他还曾经上书三十篇建议朝廷削藩，建议对于某些不合适的法令进行修正。尽管汉文帝非常欣赏晁错杰出的才能，但是，他为人宽容仁慈，更重要的是，他心中相当清楚，削藩不是一件容易的事情，对于当时的他来说，可以说是力不从心。因此，对于晁错所提出的建议，汉文帝并没有全部接受。然而，汉文帝的忍让与宽容，不仅没有感动吴王刘濞，反而使之变得更为骄横。

汉景帝继承皇位之后，晁错的仕途一帆风顺，没多久就被任命为内史之职。在不少事情上，晁错与汉景帝这师生两个人都非常默契。晁错提出的每项意见与建议，汉景帝几乎都会接受。在这个时期，汉景帝对晁错的宠幸远远超过了九卿，在晁错的建议之下，不少法令都作了相应的修改。

晁错在被提升为御史大夫之后，重点提出了削藩的建议。因为汉景帝很早就有了削藩的想法，所以全部接受了。从此之后，朝廷只要发现诸侯王有一丁点儿的过错，就采用削地的方法对其进行惩罚。比如，楚王刘戊，由于在薄太后内舍私奸，被削去了东海郡（今山东省郯城县）胶西王刘卬由于贩卖官爵的事情，被削去了六县；赵王刘遂也由于触犯法令而被削去了常山郡（今河北元氏县）。

尽管晁错非常得汉景帝宠爱，身居高位，权重九卿，但是，他这个人过于严峻刚正，近乎苛刻，所以，他没有多少朋友。他执掌大权的时候，尽管绝大部分的官员对他提出的各种政策也都表示同意，但是都不是真心的，而是害怕他的权势罢了。另一方面，他的政治对手袁盎却交友甚广，不管是在外的藩王，还是朝廷内的大臣，袁盎都与之建立了很深的交情。

袁盎，楚国人。在高后时期，他曾经担任过吕禄的舍人。汉文帝时期，袁盎曾经数次以言辞谏上，尽管都没有被汉文帝接受，但是也正因为他多次进行直谏，所以，皇帝不能容忍他长时间地呆在朝廷中。于是，他先被调走担任陇西都尉之职，后来，又被调走担任齐相之职，接着，又被调走担任吴相之职。在前往吴国任职之前，他的侄子袁种曾经告诫他，到了任上之后，千万不要对封国中的政事过分干预，否则，吴王刘濞要么会向天子上书，告他的状；要么会派刺客前去刺杀他。他只需要

劝说吴王刘濞不要造反就可以了。对于侄子袁种给予的这个建议，袁盎认为非常有道理，所以欣然接受了，并且严格执行。结果，袁盎在吴国得到了吴王刘濞的厚遇。在吴相任上的时候，吴王刘濞利用大量的财宝对袁盎进行收买，使得袁盎在削藩之争的过程中，自然而然地站到了吴王刘濞一边。

袁盎有着极好的人缘，原丞相绛侯周勃、丞相申屠嘉以及外戚窦婴等人都与他有着很深的交往。汉文帝时期，绛侯周勃担任丞相之职，深得汉文帝的尊敬与器重。每当上完早朝，满朝文武大臣离开的时候，汉文帝往往会目送着绛侯离开。袁盎看到这个情景之后，就劝说汉文帝，以后不要再这么做，因为这对于君臣之礼有损。汉文帝最终采纳了袁盎的意见，等到再上朝的时候，汉文帝的神情就变得十分庄重了，下朝的时候，也不再目送绛侯离开了。绛侯知道之后，对袁盎非常不满，斥责他不应当在汉文帝面前对自己进行诋毁。袁盎对此也没有做出任何的解释。后来，绛侯还朝的时候，有人向汉文帝上书，说他阴谋造反。于是，汉文帝就下令将他抓起来，关到了大牢中进行审问。这个时候，朝廷的文武百官因为害怕会受到牵连，没有一个人敢站出来为绛侯进行申辩，只有袁盎一个人向汉文帝上书替绛侯申辩，汉文帝这才将绛侯放了出来。从此以后，绛侯与袁盎之间就建立了十分深厚的友情。在汉景帝时期，绛侯的儿子——条侯周亚夫与袁盎都是朝廷命官，来往也比较密切。

袁盎与申屠嘉之间的交情是从袁盎由吴国回到京师后开始的。有一天，袁盎在路上遇到上了申屠嘉，就从车上下来拜谒申屠嘉。但是，申屠嘉并没有如袁盎期待的那样热情相迎，而是十分冷淡，这让袁盎非常生气。于是，固执的袁盎就亲自登门前去拜访申屠嘉，并且非常认真地告诫他，汉文帝对于臣子的上书都能够虚心地接受，对于好的建议能够拍手进行称赞，从而使自己的视听得以拓展。有如此圣明的君王在上，他身为朝廷的丞相却要封闭天下人的嘴，那么，灾祸一定会在不久之后就会降临的。申屠嘉听了袁盎的话之后，才幡然醒悟，立即拜袁盎作为自己的上客。

身为汉室外戚的窦婴与袁盎进行交往的时间是最长的，二人之间的交情也是最深的，而窦婴在晁错与袁盎进行斗争的时候所出的力也是最大的。最后，晁错被诛杀，窦婴可以说起到了决定性的作用。除此之外，朝廷中的诸位大臣大多数也都是袁盎的支持者。

对立的政治立场

汉景帝刘启前三年（公元前154年），晁错给汉景帝刘启上书建议削弱吴国的势力。他说，曾经汉高祖刘邦刚刚平定天下的时候，因为他的弟弟小，各个儿子的年纪也不大，实力弱，所以这样才由三个王爷——齐悼惠王、楚元王、吴王一起统治。其中齐悼惠王统治七十二座城、楚元王统治四十座城、吴王统治五十三城，仅仅这三个人，就占据了大汉王朝的一半土地。现在由于吴王太子被杀害，吴王以此为理由，假装生病不来京城拜见皇上，仅仅这个罪名就可以株连九族。吴王被皇上赐以几杖之后，不但没有任何的改过自新的迹象，反而更加地骄傲自大、自以为是，他自己铸造钱币，把海水煮沸来得到盐，号召天下流亡的有志之士到他的麾下，自己图谋犯上坐乱。所以现在这个时候，削减他的城邑他会造反，不削减他也会造反。不过如果削减他的话，吴王会反叛的快一点，这样他所造成的影响和破坏还会小些；反之，如果不削减他的势力，他就会晚一点反叛，他会为自己的反叛做好充分的准备，如果真的是那样的话，那么，影响和破坏可就大了。汉景帝刘启被晁错说动了，觉得他说的有理就采纳了他的建议，并且下诏从吴国拿回豫章（今江西南昌市）、会稽两个郡的统治权。

早先在晁错上书建议更定法令的时候，当时的丞相申屠嘉就在心里想着把晁错扳倒，可是一时又没有什么好的办法，也没有扳倒晁错的力量，所以，他只好把个想法暂时埋藏在肚子里面，等待时变，等待机会的到来。

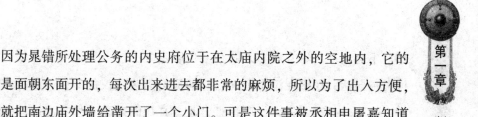

　　因为晁错所处理公务的内史府位于在太庙内院之外的空地内，它的正门是面朝东面开的，每次出来进去都非常的麻烦，所以为了出入方便，晁错就把南边庙外墙给凿开了一个小门。可是这件事被丞相申屠嘉知道了，他非常地高兴，认为扳倒晁错的机会终于到来了，他就立刻回去准备奏折参劾晁错。可是他没有想到，自己手下有一个小官吏是晁错的亲信，他马上跑去把整件事情都告诉了晁错。晁错听完以后，预感到事情非常严重，不能轻视，于是立即进宫面圣，在丞相申屠嘉上奏之前，找了个机会主动把这件事情向汉景帝刘启作了详细的汇报。等到申屠嘉向汉景帝刘启上奏说这件事的时候，汉景帝刘启因为早知道了这件事情的来龙去脉，所以就只是简单地说了几句，他说晁错所凿的并不是庙宇的墙，只是内垣外游地的短墙，根本没有治罪的必要，轻描淡写地让这件事过去了。丞相申屠嘉听汉景帝刘启这么一说，就知道了晁错已经抢先把这件事情汇报了，他在不得已之下，只好以所说的不符合天子的意愿而向汉景帝刘启请罪。下朝之后，丞相申屠嘉自己很痛恨没有先把晁错杀掉然后再上书，自己是又悔又恨，竟然至呕血身亡。

　　就这样，斗争刚刚开始，还没有什么收获就先损失了一个申屠嘉，袁盎一伙恨晁错恨得咬牙切齿。晁错在建议削藩的同时，汉景帝刘启让各位公卿、列侯、宗室讨论讨论这件事情的对错。可是他们鉴于晁错得到汉景帝的宠信，都不敢有任何异议，但是窦婴却不买晁错的账，当着众大臣的面就和晁错发生了激烈的争辩，最后虽然在众大臣的劝阻下二人并没有动武，但是，这二人的矛盾更加深了。

　　在这几次的宫廷斗争中，袁盎并没有直接出面，这主要是因为他此时在晁错的排挤之下已经被罢官回家了。晁错和袁盎之间的矛盾已经存在很长时间了，最开始的原因现在已无法考证了，只是知道后来的原因既包括私人的恩怨，又包括政治上的分歧。

　　此时的晁错与袁盎甚至已经到了有你没我的地步：在有晁错出现的地方，袁盎一定会避开不参与。同样的，在有袁盎出现的地方，晁错也绝对不会出现。尽管两个人同在一个庙堂之上，可是他们二人却从没有说过一句话。晁错在汉景帝刘启时期提出削藩建议的时候，使得袁盎一派人的利益受到了损害，尽管袁盎并没有如同窦婴一样直接站出来表示反对，但是却在私底下与各位大臣进行联络，反对晁错所提出来的意见。那个时候，晁错的职位还不高，没有能力作出很大的反击。而在他被任命为御史大夫之职后，手中掌握了大权，终于有了能力可以寻找机会来报复袁盎了。他在汉景帝刘启面前控诉袁盎被吴王用大量财物收买的通敌事实，汉景帝刘启派自己的亲信官吏去搜查袁盎，在得到他犯罪的证据之后，把袁盎治罪送进监狱。后来尽管袁盎在各位大臣的力保之下逃脱了死罪，但他也被汉景帝刘启贬为平民。

就在朝中大臣们讨论如何削弱吴国势力的时候，吴王刘濞心里非常不安，他害怕削地会一直进行下去，最后将自己拥有的一切全都失去。其实，在很早的时候，他心中就有了造反的想法，在经过这么多年的沉默之后，心里谋反的想法又渐渐地萌发并且迅速地强烈起来。他细心地观察周边的每一位藩王，觉得在这几位藩王之中没有几个能够与自己一起来实施谋反大计的。这时候听说胶西王刘卬有勇力，又喜爱军事，各个诸侯都很害怕他。于是，吴王刘濞就选择了胶西王刘卬作为自己的谋反伙伴，并且派遣中大夫应高前去对胶西王刘卬进行游说。

应高在见到胶西王刘卬的时候说道："如今，皇帝重用奸臣晁错，听从他的谗言，将很多法令作了变更，将各位诸侯的土地进行削弱，对诸侯的惩罚一天比一天严重。吴国与胶西国均为非常著名的诸侯，一旦天子开始对其进行查问，那么，吴国与胶西国将来就不会再有安宁的日子了。吴王因为疾病而卧床不起，已经有二十多年没有前往京师进行朝请了，经常担忧自己不能够表白自己。我听说大王由于贩卖官爵的事情犯下过错，实际上，这样的罪过根本不至于被削罚土地，但是结果却还是被削掉了六个县的土地，这其中恐怕另有原因。晁错对天子进行蛊惑，侵夺诸侯的土地，朝廷上下已经对他产生了非常深的怨恨，大多数的诸

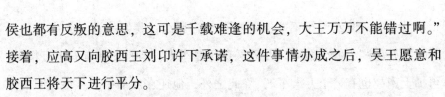

侯也都有反叛的意思，这可是千载难逢的机会，大王万万不能错过啊。"接着，应高又向胶西王刘卬许下承诺，这件事情办成之后，吴王愿意和胶西王将天下进行平分。

在应高不断地劝说与利诱之下，胶西王刘卬最终同意与吴王刘濞一起反叛朝廷。不过，刘濞心中还是有些不放心，所以，又亲自与胶西王见面，并且定下盟约。胶西王刘卬又派遣使者邀请齐王、胶东王、菑川王以及济南王加入谋反的队伍中。诸王由于朝廷接连不断的削减土地，内心非常惶恐不安，都怨恨着晁错。因此，大家一拍即合，全部应允了胶西王刘卬的邀请，与他们一起发兵造反。

吴楚七国之乱

汉景帝前三年（公元前154年），吴王刘濞将自己封国的百姓召集起来，要求年龄在十四岁以上，六十二岁以下的人都前去从军，最后组成了一支拥有二十万人之多的军队。接着，吴王刘濞又派遣使者向南与闽和东越进行联络，请求他们一起发兵。他们将吴国中朝廷派遣来的二千石以下的官吏都杀了，然后率领大军向京师进军。紧接着，胶西王刘卬、胶东王刘雄渠、济南王刘辟光、菑川王刘贤、楚王刘戊以及赵王刘遂也相继发动叛乱。齐王刘将闾刚刚准备发兵就后悔了，所以，他违背了先前与诸位的约定，并且坚守着自己的城池。济北王刘志因为被郎中令所劫持，最终也没有能成功发兵。胶西王刘卬与胶东王刘雄渠作为榜样，与菑川王刘贤以及济南王刘辟光一起对齐都临菑（今山东淄博淄川）进行围攻。赵王刘遂则在暗中派遣使者前去勾结匈奴出兵。

吴王刘濞从广陵（今江苏扬州东北地区）出发，向西前进，在渡过淮河之后，与楚国的军队合并，然后，向各个诸侯王发布了一封反书。书中说道："天子重用贼臣晁错，不仅对天下没有任何的功劳，而且又削减诸侯王的土地，专门以对诸侯王进行侵辱为能事，对刘氏的骨肉不能以礼相待，使得先帝的功臣被诛灭。任用这样的奸臣，对江山社稷产生很大的危害。既然天子不能够明察秋毫，那么，我们就有义务率兵帮助其清除奸臣。"他又宣称："尽管吴国不是很大，但是却拥有五十万精兵，再加上南越也有三十万大军。"除此之外，他还在反书中，非常详细地交代了各位反叛诸侯王的具体任务以及赏赐军功的方法，表达了他将用尽全力率领部众与朝廷进行对抗的决心。

吴楚七国之乱以"诛晁错、清君侧"作为口号，不但为七国出兵找到了理由，而且也给了袁盎等反对削藩一派以调转矛头的把柄。当吴楚造反的消息传到京师之后，晁错在思考应敌之策的同时，感觉到将袁盎置于死地的机会来了。他对丞史说道："因为袁盎收了吴王刘濞大量的财物，所以竭尽全力为其进行辩解。他曾经说吴王多方不会反叛，但是现在吴楚却果真发动叛乱了。袁盎担任吴相之职已经很长时间了，一定知道吴王多方造反的计划，知道内情却没有禀报，这属于欺君之罪，应该将其斩首示众。"然而，丞史却觉得，既然事情都已经发生了，再进行治罪已经没有用了。更何况，袁盎是朝廷派遣出去的大臣，应当不会有阴谋。

正在晁错举棋不定之时，袁盎的一个知情的亲信悄悄地将这件事情告诉了袁盎。袁盎听完之后，又惊又恐，连夜就去见了自己的好朋友窦婴，一起商量对策。袁盎向窦婴陈述了吴楚造反的情况以及打出的借口，并且表示想要去见皇帝，通过进献计策的方法将晁错除掉。窦婴听完袁盎的计谋之后，连连叫了好几声好。随后，窦婴就连忙进宫求见汉景帝说袁盎有一个很妙的计策，并且希望能够面见皇上，为皇上分忧。于是，汉景帝赶紧将袁盎召进了皇宫。

袁盎进宫面圣的时候，汉景帝正在与晁错一起商议如何发兵阻击以及调配军需等事情。晁错想要让汉景帝亲自率领大军前去征讨七国，而由自己在京师留守。袁盎进来行完礼后，汉景帝就询问袁盎对于吴楚叛乱有何良策。袁盎表现得相当自信，说吴楚的问题立即就能够解决，不足以担忧。其理由就是，既然吴国拥有铜盐之利，为什么还需要大肆招

引豪杰? 倘若吴国招引的都是豪杰，那么他们也应当辅佐吴王遵守君臣的礼仪，不可能发动叛乱。由此可以看出，吴国所招引的绝对不是豪杰，而是一些地痞无赖，亡命之徒。站在旁边的晁错听到袁盎的话之后，不无讽刺地说道："盎策之善。"这个时候，汉景帝已经被七国反叛的事情弄得内外交困，一心想着赶快找到能够退敌的良策，根本顾不了其他的了。于是，汉景帝也不顾晁错此时的态度，继续追问袁盎有何退敌的妙计。袁盎看到晁错在旁边，就是不肯说出来，对汉景帝说此计策不适合其他人听。于是，汉景帝将左右的人屏退，只留下晁错一个人在身边。然而，袁盎再次进行强调，他的计谋除了天子，任何人都不能听。汉景帝只好让晁错也退下。晁错对此没有任何办法，不得不恨恨地离开了。

晁错走了之后，袁盎才说道："吴楚发动反叛的原因就是，晁错擅自对诸侯王进行贬谪，将他们的土地削减，这才导致他们找到了'诛晁错、清君侧'的借口作口号。为今之计，只有将晁错杀了，同时派出使者将吴楚等七国赦免，然后，恢复他们原有的土地，才能够将这场叛乱兵不血刃地解决。"汉景帝听了之后，陷入了沉默，因为要杀的人不仅是在政策上与他志同道合的人，而且还是他的老师。但是，这个时候的汉景帝已经乱了方寸，没有识破袁盎等人的诡计，没有看出吴楚发动的叛乱，已经蓄谋已久，并不是单单杀一个晁错就能够将问题解决的。所以，在十分关键的时刻，汉景帝动摇了，最后同意了袁盎的建议，并且立即任袁盎担任太常之职，命令袁盎悄悄地准备诛晁错的事情。袁盎看到自己的阴谋得逞了，非常高兴地回去了。

十多天之后，在袁盎的授意之下，丞相陶青、中尉陈嘉以及廷尉张欧等人，联名向汉景帝上书对晁错进行弹劾，其罪状就是：吴王武装发动叛乱，对朝廷产生重大的危害，作为朝廷大臣，人人都应当诛之。而担任御史大夫之职的晁错却觉得把数万平叛大军交给臣下不妥当，要求皇上亲自率领部队出征，而由他自己在京师留守；还要将徐（今安徽泗县）、僮这两个县旁边的吴楚军还没有攻陷的地方也让给吴国。这不仅离间了皇上与众位大臣之间的关系，而且还要给吴国城邑。这不仅失了臣子的礼仪，而且属于大逆不道的行为，应该处腰斩之刑，他的父母、妻子儿女以及同族人等，不管是男女老少也都应当弃市。汉景帝对这份早已预料的奏折，马上给出了同意的答复。可怜的晁错，对于这场即将来临的灾祸一点儿也没有察觉到。奏书得到批准之后，袁盎等各位大臣谁也不敢出面，就害怕晁错会产生怀疑，最后出现什么意外。最后，汉景帝就派遣中尉陈嘉前去见晁错，假称是乘坐车案前往市中，晁错不知道这是一个计，就穿戴好朝服如约随行，谁知，经过东市的时候却突然被斩首了。

在将晁错诛杀之后，汉景帝就派遣袁盎担任太常，作为使者前往吴国；又派遣吴王的侄子德侯作为宗正，前去告知吴王刘濞停止反叛活动。当他们来到吴楚军队驻扎地方的时候，吴楚大军已经开始向梁壁发起进攻了。吴王刘濞得知袁盎到来的消息之后，就知道他肯定是来游说的，所以就拒绝与他见面，并且说自己现在已然是东帝了，根本不需要拜谁的诏书。不但如此，他还将袁盎扣留在军中，企图让他率领部队前去攻打汉军。尽管袁盎被吴王刘濞用重金收买，在削藩的问题上支持吴王刘濞，但是，他还不敢与吴王刘濞一起造反，与朝廷进行作对，因此，他坚决不同意指挥吴楚大军与汉军作战。后来，他得到一位故人的帮助，悄悄地逃回了京城。

圆满结局

晁错被杀之后，从对吴楚大军进行阻击的前线回来的谒者仆射邓公，给汉景帝上书谈论军事，并且见了汉景帝。汉景帝问他："如今，晁错已经被诛杀了，吴楚是否愿意罢兵了？"尽管邓公与晁错并没有过多的来往，但是对他的忠心却十分钦佩，并且很同情其遭遇。于是，邓公趁着这个机会为晁错鸣不平，说道："吴王刘濞想要造反已经有几十年了，在削减土地上发怒，表面上是为了诛杀晁错，实际上这只不过是一个借口

罢了。晁错为了江山社稷着想，担心诸侯王过于强大而不容易控制，所以才奏请皇上进行削藩。但是，令人没有想到的是，计划才刚开始实施就稀里糊涂被斩杀了。有这件事情作为例子，以后哪个忠臣还敢向皇上直谏言事呢？"在此之前，汉景帝心中已经有些后悔了，如今，听了邓公的这番话更是懊悔不已，感觉实在太对不起他的老师晁错了。

晁错被杀之后，吴楚并没有因此退兵，反而更加凶猛地对朝廷发起进攻。在这样的情况下，退无可退的汉景帝不得不选择大举进行镇压。于是，汉景帝就派遣条侯周亚夫带领三十六将军前去阻击吴楚大军；派遣曲周侯郦寄向赵国发起进攻；派遣将军栾布向齐国发起进攻；派遣大将军窦婴屯兵在荥阳对齐、赵的部队进行监视。

再说袁盎等人，晁错被杀，对手倒了，但是事情并没有按照他们的想法发展。吴王刘濞为了自身的利益，也不再在乎袁盎等人的意见。面对这样的情况，袁盎、窦婴等人也被迫站在了阻击吴楚大军的队伍中。

尽管吴王刘濞发动了七国之兵与朝廷进行对抗，但他却是一个有勇无谋的人。刚刚发兵叛乱的时候，大将军田禄伯认真地分析了当时的形势之后，对吴王说道："倘若聚兵向西，没有什么奇妙的计策，是非常难尽力一番大业的。"因此，他向吴王刘濞提出建议，由自己带领五万大军，沿着长江与淮河而上，占领淮南与长沙，攻下武关，然后，再与吴王刘濞进行会合。但是，吴太子刘驹却说，以造反的名义发兵不应该将部队分开，分兵就会致使兵力散亡。吴王刘濞在经过再三权衡之后，最后拒绝了田禄伯的这个请求。就这样，叛军刚开始在决策上就出现了很严重的失误，与有利的战机擦肩而过。

在行军的过程中，吴国的少将桓将军也为吴王刘濞详细地分析了当时攻战的形势，觉得吴军大部分是步兵，非常适合在险峻的地方进行作战；而汉军大部分是车骑，适合平地进行作战。因此，吴军应当放弃对所经过的城邑进行攻击，而应当兵锋向西，快速地行军，将洛阳的武库占领，用敖仓的粮食当作军队的粮食，利用山河的险要之势与诸侯相互扶持。这样一来，即便没有入关，同样也能够平定天下。吴王刘濞就这个建议征求老将们的看法，老将们都对此不以为然，觉得年轻人根本不懂作战。所以，吴王刘濞最终拒绝了桓将军的正确意见与建议。于是，吴王刘濞在决策大计上再一次出现严重的失误。

而周亚夫这一方则听取了邓都尉的建议，在昌邑南（今山东定陶东）一带驻军坚守的同时，派遣轻兵将吴楚大军的粮道截断了。吴楚的军队大部分都是些老弱残兵，战斗力并不强，而且还是远道而来的，所以，非常着急地与汉军对战，以便迅速地解决战斗。然而，汉军却并没有让他们如愿，选择了坚守不出的计策。等到吴军断绝了粮草之后，汉军才开始进攻吴军，结果，大获全胜。吴王刘濞带着一千多残兵败将趁着夜色逃跑了，渡过了淮河逃到了丹徒（今江苏镇江东南地区）。汉军则派人引诱吴军中东越人将吴王刘濞斩杀了。在这样的情况下，吴太子刘驹趁乱逃到了闽越，楚王刘戊的部队被打败之后，自杀而亡。

在其他的战场上，胶西王、胶东王以及菑川王耗费了三个月的时间，也没有将临菑攻下。后来，汉兵到来之后，他们就各自率领部众回自己的诸侯国了。尽管胶西王刘印强词夺理，为自己进行辩解，但是，在汉使臣的责问之下，再也没有话回答了，最后在迫不得已的情况下伏罪自杀了。随后，他的太后以及太子等人也都相继自杀身亡了。胶东王、菑川王以及济南王也都按照其罪行伏诛了。曲周侯郦寄用了十个月的时间，才将赵国攻下，赵王自杀而死。济北王因为当初被自己的郎中令劫持而未发兵成功，所以才没有被诛杀。栾布等人听闻，刚开始时候，齐王也参与了谋反的计划，就想再率兵对齐国发起进攻。齐王得知这个消息之后，非常害怕，就喝毒药自杀了。不过，汉景帝却觉得齐王是被逼迫着参加谋反的，并不是主谋，就没有再多加进行追究，还将齐王的几个儿子都分封为王。就这样，曾经轰动一时的七国之乱，在维持了三个月之后就被平定了。

汉景帝趁着成功平叛的有利时机，极力推行贾谊"众建诸侯而少其

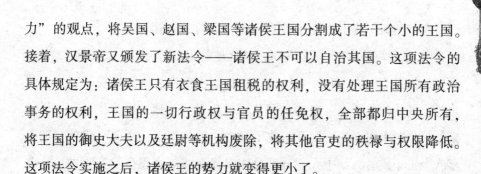

力"的观点，将吴国、赵国、梁国等诸侯王国分割成了若干个小的王国。接着，汉景帝又颁发了新法令——诸侯王不可以自治其国。这项法令的具体规定为：诸侯王只有衣食王国租税的权利，没有处理王国所有政治事务的权利，王国的一切行政权与官员的任免权，全部都归中央所有，将王国的御史大夫以及廷尉等机构废除，将其他官吏的秩禄与权限降低。这项法令实施之后，诸侯王的势力就变得更小了。

经历了汉景帝时期的晁袁之争以及吴楚七国之乱后，汉景帝的继任者汉武帝更加真切地明白了削藩的重要性与必要性。为了防止再度发生晁错式的悲剧，汉武帝推行了更为灵活而强硬的政策，继续对剩下的诸侯王使用削、夺政策。这个时期，又有一个名叫主父偃的大臣提出了有关削藩的可行性意见。

主父偃是齐国临菑人。他早期学习了长短纵横之术，后来又学习了《周易》、《春秋》以及百家之言，曾经数次向汉武帝上书言事。对于他所奏之事，汉武帝都十分满意，所以，在一年当中曾经先后四次对他进行提拔。在担任中大夫之职的时候，他向汉武帝上书提出了削藩的良策。

他表示，古时候诸侯国所统辖之地只不过有百里之大，所以控制起来比较容易。而如今的诸侯王则不同了，他们当中有的具有拥有数十座城池，千余里土地。如果对他们约束得松了，那么，他们就有可能变得骄奢淫侈；但是倘若对他们管束得太严了，那么，他们就可能会勾结起来，一起对抗朝廷。假如按照法令削减他们的土地，那么，他们就有可能萌发反叛的念头，景帝时期的晁错就曾经因为削藩的事情而被杀了。而且，诸侯王拥有众多的子弟，多的甚至有十几个，但是却只有嫡长子才有权利继立，剩下的人尽管也是诸侯王的骨肉至亲，却不能拥有尺土之封，因此，这不利于仁孝之道的宣扬宏大。因此，他向汉景帝提出建议，推天子之恩将诸侯王的子弟全都进行分封，使其各自为侯。这样一来，不仅天子的恩德得以广泛地施行，而且也将诸侯王的王国进行了分割。时间长了，他们一定会自行进行削弱，直至最后消亡。到了那个时候，汉室的天下将不会再有诸侯王国，而仅仅包括郡县了。

汉武帝接受了主父偃的建议，这就是他在元朔二年（公元前127年）颁发的推恩令。这个政策明确地规定：诸侯王除了由其嫡长子继承王位之外，其他的儿子也可以在王国范围内分封到土地，作为侯国。这样一来，就将原本很大的王国分割成了几个小的侯国了，西汉一代拥有四百零八个王子侯者，其中大部分都是在汉武帝实施推恩令后分封的。从此之后，大国也只不过拥有十余城池，而小侯仅仅拥有数十里土地。随着时间的推移，封国越分越小，其势力也就随之变得越来越弱了。之后，汉武帝又推出了左官律，明确地规定：凡是在诸侯王国做官的人，其地位都要比在中央担任官职的人低，而且不能再进入中央做官。利用这种方法，很好地对诸侯王网罗人才进行了限制，导致诸侯王想要进行非法活动，变得更为困难了。没过多长时间，朝廷又制定了附益法，严禁在封国任职的官吏与诸侯王相互勾结，结党营私。这样一来，各个诸侯王被进一步孤立了。

元鼎五年（公元前112年），汉武帝声称诸侯王进献的酎金或成色不好，或斤两不足，并且以此作为借口，将一百零六人夺爵、削地，占那个时候列侯的一半之多。到了这个时候，尽管王、侯二等爵制度仍然存在，但是所封王、侯只能够衣食租税，再也不能对封国的政事进行过问了，汉朝初年以来，诸侯王国势力太大，不接受中央的调遣，甚至形成割据的局面基本上已经结束了。

事件点评

吴楚七国之乱的平定，使得同姓诸侯王的势力遭到了致命的打击。汉景帝趁机将各诸侯国的支郡、边郡收了过来，归朝廷所有。与此同时，汉景帝还将诸侯王自行任命官员以及征收赋税的特权取消了，将王国的属官进行了削减。王国的丞相被改称为相，国相还肩负起监察王的任务，

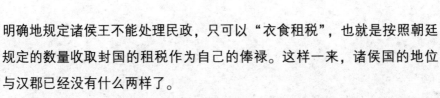

明确地规定诸侯王不能处理民政，只可以"衣食租税"，也就是按照朝廷规定的数量收取封国的租税作为自己的俸禄。这样一来，诸侯国的地位与汉郡已经没有什么两样了。

七国之乱的平息与诸侯王势力的削弱，给了分裂割据势力一个非常沉重的打击，在制度上，基本上将汉高祖刘邦制定的诸侯王制度所产生的各种弊病解决了，使得中央集权制度得以进一步加强。七国之乱的平息，使得削藩政策的成果得以巩固，在很大程度上解决了汉高祖刘邦对其子弟进行分封而为大国引发的矛盾。

总而言之，七国之乱反映出了中国古代封建社会中央与地方之间所存在的矛盾，而七国之乱的平息标志着王国势力的威胁基本上被肃清了，促使汉朝中央集权得以大大加强，国家的统一得以很好地巩固，同时也在一定程度上极大地推动了社会经济的复苏与发展。

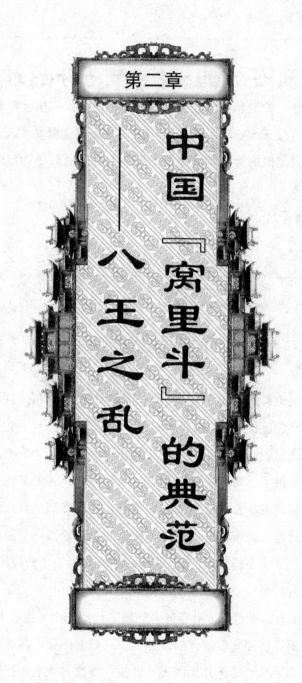

第二章

—— 中国『窝里斗』的典范

八王之乱

晋武帝司马炎之所以能够创立西晋王朝,成为开国之君的根本原因,就是他的祖辈与父辈独揽朝政大权的结果。同样,晋惠帝司马衷在其做皇帝的期间(公元290年—公元306年),之所以会爆发"八王之乱"的根本原因,就是他的父亲晋武帝司马炎由于昏庸而对杨氏与贾氏后党过分宠信的结果。

以"羊"选妃的荒唐事儿

根据相关史料的记载,司马炎是一个聪明神武,拥有绝世才能的人。但是,这个评论仅仅能够与他将全国统一的功劳相符合,到了灭掉吴国,将天下统一之后就与他没有一丁点儿的相称了。公元265年,父亲司马昭因为疾病去世了,司马炎就继承了父亲的爵位,成为了晋王。为了登基做皇帝,司马炎非常积极主动地准备着,还没有到三个月的时间,就模仿魏文帝逼迫汉献帝将皇帝之位"禅让"出来的故事,强行逼迫着魏元帝曹奂,让其"告禅",而自己终于得偿所愿坐上了众位渴慕的龙椅,历史上称为晋武帝。

在那个时候,曾经鼎立并存的"三国"已经发生了翻天覆地的变化,其中曹魏与蜀汉已经先后被晋国兼并了,只剩下孙吴还在那里苟延残喘地存在着。为了尽快地将孙吴消灭,以便完成统一大业,晋武帝司马炎在军事、政治以及经济等各个方面都做好了充分的准备,同时也很好地显示出他勤于政事、谋略卓绝的德行与才能。

然而，在平定东吴不断地取得胜利的过程中，晋武帝司马炎就逐渐地开始昏昏然起来。为了给自己挑选美女，以便使后宫充实起来，他居然颁发了"禁止天下嫁娶"的命令，然后派遣宦官们前往各个州郡去征选美女。结果，弄得天下没有嫁人的女子大多数都用破败的衣衫遮挡容貌，以便躲避宫中的选美。负责征选的宦官们心中也是又发愁，又埋怨。一时之间，因为这件事情，天下都沸腾起来了。

宦官们经过千挑万选，终于为晋武帝司马炎挑选了五千多名美女，送进了皇宫之中。但是，这些美女绝大多数都不是心甘情愿进宫的，所以，她们被迫进宫之后，经常因为伤心而嚎啕大哭，其痛哭声音之大都传到了皇宫之外，就连路上的行人听了之后就为其感到心酸难过。

当晋武帝司马炎成功地将东吴平定之后，被派遣部下从东吴的主子孙皓的宫中精心挑选了宫女五千多名充入了自己的后宫。两者相加起来，晋武帝司马炎后宫的佳丽达到了一万多人。从此之后，武帝司马炎就不怎么过问朝政大事，整天沉溺在女色中，过着荒淫无度的日子。

甚至，由于后宫中有多名貌美如花的妃子，晋武帝司马炎看得眼花缭乱，也不知道应当宠幸哪一个好了。于是，他经过思考，最后居然想出了一个十分荒唐的主意：命人做了一个小车，然后让羊拖拉着，自己坐在这个小车中，信"羊"由缰，羊把小车拉到哪里，晋武帝司马炎就召幸居住在那个宫室的妃子。没有过多长时间，后宫的妃子们也看出了其中的奥妙，她们就开始想各种各样的方法，比如，在自己寝宫的门框上插上一些嫩竹叶，或者在道路上撒上一些盐巴等，以便对拉车的羊进行引诱，让其来到自己的寝宫中，从而得到晋武帝司马炎的宠幸。

白痴儿子做太子

这样荒淫无度的晋武帝司马炎，不仅不能奢望他再做出一番宏伟大业，只要不再沉迷于女色、耽误朝政就不错了。但是，令天下人都非常失望的是，晋武帝司马炎不仅沉迷于美色不能自拔，并且还经常做出一些荒唐的事儿，所以，他的江山不乱才奇怪呢。其中过分宠幸杨氏，就是一个十分典型的例子。

杨氏是弘农郡人，名字叫作"艳"，是后汉著名的儒者杨震的后代——杨文宗的女儿。杨艳的母亲在生下杨艳之后，没有过多长时间就离开了人世。杨艳的父亲就将她寄养在舅舅的家中，是舅母将她抚育成人的。

杨艳有着"沉鱼落雁、闭月羞花"的美丽姿容，在当地有着很高的名气。司马昭听说了杨艳的美名之后，就想让她做自己的儿媳妇。于是，他就托人前往杨艳的舅舅家去为自己的儿子司马炎提亲。杨艳的家人对于这门亲事也是比较满意的，于是就点头表示同意了。后来，司马炎就用三聘六礼将杨艳取回了家做妻子。司马炎与杨艳成亲之后，夫妻二人过着恩恩爱爱、如胶似漆的日子。

后来，司马炎篡位自立，做了皇帝之后，他心爱的妻子杨艳就顺理成章地坐上了皇后的宝座。然而，晋武帝司马炎喜好美色，将对皇后杨艳的感情逐渐地转移到了宫中其他佳人的身上。后来，在征选了一万多美人进宫之后，在无形当中更加冷落了皇后杨艳。

眼看着自己的丈夫在成为皇帝之后，对自己的关注逐渐减少，对自己的深情也慢慢地转移到别人身上，杨艳只能将所有的苦楚往肚子中咽，悄悄地伤心流泪。刚刚满三十四岁的皇后杨艳整日沉浸在难耐的寂寞与无尽的孤独、惆怅中，最终忧思成疾。在临死之前，她要求晋武帝司马炎迎娶自己叔叔杨骏的女儿——堂妹杨芷入宫，立为皇后。晋武帝司马炎因为顾念着与杨艳之间的旧情，就顺口应允了。

实际上，皇后杨艳之所以会向晋武帝司马炎提出这样的要求，还是包含着一番苦心的。杨艳有一个儿子名叫"衷"，性情蠢钝，都已经长到七八岁了，还什么也不认识。尽管有师傅对其进行精心的教导，但是，他总是一边学着一边忘着，可以说是一个生性又痴又呆、极其愚蠢的孩子。

那个时候，朝中有很多大臣都认为这样一个痴傻的儿子是不适合做皇帝的，曾经数次婉言劝导晋武帝司马炎不能够立他为皇太子。尽管晋武帝司马炎自己也说这个儿子不才，未来根本没有可能承担得起治理国家的重大责任。然而，皇后杨艳却偏偏对他这个痴傻的儿子非常钟爱，经常在晋武帝司马炎的面前唠叨那些"立嫡以长不以贤"的古训，直到将晋武帝司马炎说得心意松动，点头同意，于是，在泰始三年（公元267年），晋武帝司马炎最终立自己那个痴傻儿子司马衷为皇太子。

对于这件事情，朝廷上下大多数的臣子都按照惯例对晋武帝司马炎表示祝贺，只有那么几个以"储君为忧"的赤胆忠心、报效国家的不知趣者，心中仍然存在着疑虑。侍中和峤与晋武帝司马炎谈论晋王朝政权的时候，曾经婉言地劝说道："皇太子虽然有淳古之风，但是世间之事难以预料，恐怕他做不了陛下的家事。"晋武帝司马炎听了之后，沉默着没有说话。

担任太子少傅之职的卫瓘也觉得太子司马衷不能够胜任，想要劝导晋武帝司马炎将太子司马衷废掉，但是他又不敢直接谏言。于是，卫瓘趁着一次朝廷文武大臣聚在一起举行宴会的时候，在宴席间假装喝醉了，然后，跪在晋武帝司马炎的御床之前，用手轻轻地抚摸着御床说道："这个座位可惜了！"他的意思就是说，将皇帝之位传给痴傻的太子司马衷实在太可惜了，太让人为国家的前途感到担心了。虽然晋武帝司马炎内心非常清楚卫瓘的心迹，但是仍然说道："爱卿，你真是喝多了，已经开始说醉话了。"尽管晋武帝司马炎也担忧太子司马衷弱，以后国家可能会出现祸乱，但是终究因为对皇后杨艳太过宠爱了，怎么都不忍心将太子司马衷废掉而惹得皇后杨艳伤心。

杨艳所担忧的并不是朝中文武大臣以及晋武帝司马炎对痴傻太子司马衷的压力，而是惧怕自己在不久死了之后，晋武帝司马炎所宠爱的其他嫔妃对太子可能造成的危胁。尽管后宫中有太多容貌出众的妃子，导致晋武帝司马炎都不知道该宠爱哪一个嫔妃了。但是，其中还是有一个很得晋武帝司马炎宠爱的。她就是镇军大将军胡奋的女儿胡贵嫔。

胡贵嫔的容颜出众，千娇百媚，非常得晋武帝司马炎的倾心。倘若皇后杨艳死了之后，晋武帝司马炎极有可能册封胡贵嫔为新皇后。到了那个时候，痴傻的太子司马衷还能不能保持自己的天子之位就很难说了。而倘若自己的堂妹杨芷进了皇宫，并且被册立为皇后，那么痴傻太子司马衷将来继承皇帝之位就有了一定的保障。这就是皇后杨艳所提出的那个要求中所包含的苦心，一颗流淌着鲜血的、带着一位母亲偏爱儿子的私心。皇后杨艳看到晋武帝司马炎答应了她的要求之后，居然在晋武帝司马炎的腿上溘然长逝了。为此，晋武帝司马炎感到非常伤心，随即就遵从皇后杨艳的遗愿将杨芷迎娶进了皇宫，在咸宁二年（公元 276 年），册立为皇后。

杨芷，字秀兰，小名叫作男胤，生得容颜俊美，性情宽厚仁慈，贤良淑德，深得晋武帝司马炎的宠爱。尽管杨芷的父亲——杨骏的器量非常狭小，但是由于他是皇亲国戚也得到了晋武帝司马炎的重用，被提拔为车骑将军，册封为临晋侯。杨骏的弟弟杨珧、杨济等也都得到了晋武帝司马炎的重用。在诏封的那一天，杨珧给晋武帝司马炎上表说道："自古以来，一族当中出现两个皇后的，没有可以使其宗族保全的。更何况我们家族的功德浅薄，怎么可以担当起这样大的恩宠呢？我乞求将臣的奏表放到宗庙之中，如果以后发生什么不测，请以这个奏表作为证据，将臣的死罪赦免。"晋武帝司马炎对于他所提出的请求给予了肯定的回应，并且将他的奏表收藏到宗庙的石函中。刚刚发达之后就能够想到未来横祸降临的时候，杨珧可以算得上是一位居安思危的俊杰了。

然而，他的哥哥杨骏则是一个贪图权位、没有谋略、飞扬跋扈、不知死活的人。杨骏依靠着女儿的关系在官场上平步青云，这使得他忘乎所以，变得更加骄横奢侈、自以为是了。镇军大将军胡奋看到杨骏成为当朝国丈之后，骄傲得都不知道自己是谁了，就话中带着讥讽地说道：

"你只不过是仰仗着自己的女儿贵为当今皇后，就变得如此骄横，实在是令人感觉恶心。纵观前代与天子结成联姻的人，没有门族最后不被灭掉的。对于你而言，仅仅只是时间早晚的问题，有什么可得意的呢？"杨骏听了之后，丝毫不在意地说道："你的女儿不也是非常得皇上的宠爱吗？"胡奋回答："我的女儿仅仅只配给你的女儿当婢女，所以没有什么关系，怎么能够比得上你家这样显赫，这样令人侧目呢？"杨骏觉得胡奋之所以会这么说，是因为他的嫉妒之心，所以对此感到极其不快。

杨氏兄弟都居于高位，势倾朝野，被当时的人合称为"杨氏三公"。这样的"三公"，再加上皇后杨芷，就逐渐地形成了杨氏后党，在保障了痴傻太子司马衷继承皇位的同时，也为西晋王朝埋下了动乱的隐患。

贾氏后党崛起

实际上，西晋王朝动荡的隐患也并不仅仅是因为一个杨氏后党，还因为有一个贾氏后党。两个后党之间针尖对麦芒，再加上司马氏的诸位王爷，于是上演了一幕又一幕的"篡夺"丑剧。

在贾氏后党中，其核心就是贾南风。贾南风是贾充的三女儿。贾充出生在平阳襄陵，其家族在当时也称得上是一个世家大族。贾充本身没有什么才能，但是却凭借着能说会道，善于阿谀奉承的伎俩，被册封为鲁公兼车骑大将军。

在司马昭自立的时候，贾充命令人将魏帝曹髦杀死了，为司马氏取代魏国立下了不朽的功勋。晋武帝司马炎之所以能够被司马昭册立为晋太子，也与贾充曾经在司马昭的面前大力夸赞其"宽厚仁慈，而且年龄最大，有仁君之德，适合奉社稷"有着很大的关系。就这样，贾充凭借着：第一，斩杀魏主；第二，迎立太子；第三，两面三刀的本事，成为了西晋的开国"元勋"。在西晋初年，民间曾经非常流行一首民谣："贾裴王，乱纪纲；王裴贾，济天下。"意思就是说，贾充、裴秀以及王沈等这三个人是祸乱曹魏政权的罪魁祸首，同时也是建立西晋王朝的有功之臣。在这三个人当中，贾充的功劳是最大的，其官职也是最高的。所以，晋武帝司马炎越发宠爱的，朝廷大臣们就对他越发愤恨，越发地瞧不起。

在朝廷中，贾充可以说是威风八面，但是回到家中，他就成为了一个非常惧怕妻子之人。贾充的妻子原本是魏中书令李丰的女儿，非常有才智与德行，但是，后来因为她的父亲李丰被司马师杀了，她也因为这件事情而受到了牵连，被充军到远方。

之后，贾充就继娶了城阳太守郭配的女儿作为妻子。他的这位妻子可不得了，生性善妒，并且极其彪悍，是一个不折不扣的泼妇，没有一点教养可言。不过，就是这个悍妻在家中将贾充惩治得服服帖帖的，不敢有一丝一毫的反抗。

晋武帝司马炎登基称帝之后，就推行了大赦天下，贾充的原配夫人李氏不仅蒙受皇恩，得到了特赦，而且晋武帝司马炎还安排李氏与现在的郭氏分别作贾充的左右夫人，让她们二人拥有相当的地位。贾充对于晋武帝司马炎这样的安排是感恩戴德，但是，他的现任妻子郭氏收到消息之后，却暴跳如雷地喊道："浩荡的皇恩，只有我才有承受的资格。李氏是一个什么东西，她只不过是一个罪犯罢了，怎么能够可与我平起平坐呢？"就这样，郭氏的一顿河东狮吼，将贾充吓得屁滚尿流，赶紧进宫向晋武帝司马炎申诉，以自己并没有多大的功劳作为推脱，表示自己坚决不敢接受晋武帝司马炎所赐予左右夫人的诏命。面对贾充的推辞，晋武帝司马炎没有丝毫的怀疑，还真的认为这是因为贾充十分谦卑自抑呢。

不过，虽然贾充的这位夫人善妒而且彪悍，但是却是擅长投机钻营的好手。为了能够让自己的女儿嫁入东宫，她在很早的时候就已经盯上了痴傻太子司马衷。为此，她花言巧语，甚至不惜利用重金对司马衷的亲生母亲——皇后杨艳进行贿赂。所以，最后才致使晋武帝司马炎在为痴傻太子司马衷挑选太子妃的问题上又走了一步臭棋。

本来，晋武帝司马炎想让卫瓘的女儿作为司马衷的太子妃。但是，已经被郭氏收买的皇后杨艳却偏偏坚持要儿子司马衷娶贾充的女儿贾南

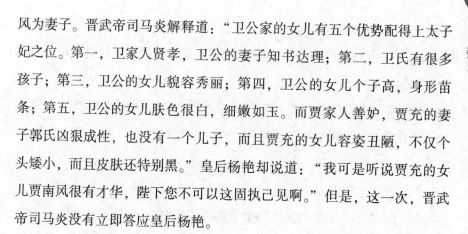

风为妻子。晋武帝司马炎解释道："卫公家的女儿有五个优势配得上太子妃之位。第一，卫家人贤孝，卫公的妻子知书达理；第二，卫氏有很多孩子；第三，卫公的女儿貌容秀丽；第四，卫公的女儿个子高，身形苗条；第五，卫公的女儿肤色很白，细嫩如玉。而贾家人善妒，贾充的妻子郭氏凶狠成性，也没有一个儿子，而且贾充的女儿容姿丑陋，不仅个头矮小，而且皮肤还特别黑。"皇后杨艳却说道："我可是听说贾充的女儿贾南风很有才华，陛下您不可以这固执己见啊。"但是，这一次，晋武帝司马炎没有立即答应皇后杨艳。

后来，皇后杨艳又在背地里请求荀颛、荀勖以及冯紞等人帮助说情。这些人都是贾充的死党，在平常的时候，他们就狼狈为奸，结党营私，排除异己，猖獗一时。晋武帝司马炎在这些人的大力撺掇之下，最后终于钻进了纳贾充与郭氏的女儿贾南风为太子妃的阴谋中。这也可以说是晋武帝司马炎自毁长城的行径。

泰始八年（公元272年），年龄只有十三岁的痴傻太子司马衷迎娶了年龄为十五岁的贾南风作为太子妃。他们夫妻二人，一个是傻子，一个是丑女，一个是憨货，一个是泼妇，倒也可以算是天生的一对。

不过，贾南风只是生得丑陋，但是一点儿也不痴呆，再加上从她的母亲郭氏那里得到遗传，或者说在母亲郭氏言传身教之下，也形成了心狠手毒、善于算计的个性。所以，她在嫁给痴傻太子司马衷之后，没有过多长时间，就已经不把她的这位痴傻夫君放在眼中了。稍稍有不顺心的地方，她就会耍自己作为太子妃的威风来。痴傻的太子司马衷就好像一把泥团似的，被贾南风拿在手中揉捏，就连司马衷每天晚上去幸哪一位嫔妃都必须由她一个人说了算。

更为严重的是，如果痴傻太子司马衷所幸宫女怀上了身孕，贾南风就会不择手段地弄掉对方的胎儿。有一次，有一位宫女因为被痴傻太子司马衷宠幸而怀上了身孕，贾南风知道之后，就故意用戟打在她的腹部上，导致那位宫女当场就晕倒在地上，并且流产失去了孩子。晋武帝司

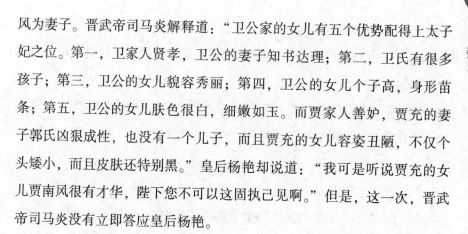

马炎知道这件事情后，暴跳如雷，下令在洛阳近郊修建一座金墉城，在黎明设置一处冷宫，打算把贾南风这个太子妃送到那里，软禁起来。

那个时候，皇后杨艳已经去世了，她的堂妹杨芷继立为皇后。她得知这件事情之后，就来到晋武帝司马炎的面前极力为贾南风说情，背后又对贾南风进行了非常严厉的批评，这才使晋武帝司马炎将这个念头打消了。

皇后杨芷之所以会这样煞费口舌地极力保住贾南风，是因为在太子妃的废立问题上，经常会涉及到太子的废立问题，将贾南风保住了，也就更容易保住痴傻太子司马衷的太子之位，从而也将杨氏后党的荣耀与威严保住。只不过，非常可惜的是，皇后杨芷的好心没有得到好报。她极力保住贾南风，而贾南风反倒认为是皇后杨芷从中作梗才致使晋武帝司马炎想要将她的太子妃之位废掉。所以，贾南风对于皇后杨芷恨得牙痒痒。如此一来，杨氏后党和贾氏后党之间产生了嫌隙，并且慢慢地形成了一种水火不容的状态。

痴傻皇帝上位

泰康十年（公元 289 年），已经年满五十四岁的晋武帝司马炎由于极度贪恋声色，过分纵情玩乐而染上了很严重的疾病，导致其病倒在床上。晋武帝司马炎在临死之前，既深深地感受到自己的痴傻儿子司马衷很难承接皇帝的重任，又担心杨氏后党将朝廷重任排斥在外而独揽大权，同时，也考虑到太子妃贾南风会因为泼皮彪悍的性子而胡作非为，可以说牵挂的事情太多了，真的不知道该怎么办才好了。当然，这也表现出了晋武帝司马炎对晋王朝江山未来发展的无限忧虑。

为了防止发生什么不测，他把自己的心腹大臣王佑召到床前，对他进行一番叮嘱。与此同时，晋武帝司马炎任命王佑为北军中侯，将中央的禁军交到了他的手中。此外，晋武帝司马炎还让痴傻太子司马衷同父异母的弟弟秦王司马柬管理关中地区，而楚王司马玮与淮南王司马允等

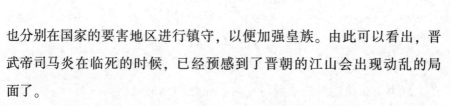

也分别在国家的要害地区进行镇守，以便加强皇族。由此可以看出，晋武帝司马炎在临死的时候，已经预感到了晋朝的江山会出现动乱的局面了。

第二年改元太熙元年（公元290年），但是改元并没有能够让晋武帝司马炎恢复健康。同年四月，晋武帝司马炎在病危的时候，只留下了侍中、车骑将军杨骏在身边进行侍奉，其他的文武大臣都不能靠前。在晋武帝司马炎昏迷的时候，杨骏就把原先的内侍以及护卫等人全都撤了下去，然后将自己的心腹换上。晋武帝司马炎醒来之后，发现自己的身边全都是不认识的人，就非常生气地质问道："你为何要这样随便地更换人员呢？"于是，晋武帝司马炎就命令中书起草遗诏，命令汝南王司马亮和杨骏一起辅佐痴傻太子司马衷执政。与此同时，他还想要选择几位在朝廷中名望较高的人一起辅佐新主。

杨骏看到中书监已经草拟完了遗诏，就强制性地借了过来，看完之后，就将这份遗诏藏了起来。中书监的官员惧怕自己会因为失职而被治罪，数次向杨骏索要遗诏，但是，杨骏却拒绝不还，直到最后也没有将那份遗诏归还。

恰逢这个时候，晋武帝司马炎又一次从昏迷中醒了过来。皇后杨芷就趁着这个机会对他说让杨骏辅佐新主执政，晋武帝司马炎微微地点了一下头。于是，皇后杨芷就赶紧将中书令何劭等人找了过来，口头宣读谕旨，以杨骏作为太尉、太子太傅、都督中外诸军事、侍中以及录尚书事。这份诏书被拟好后，皇后杨芷就当着中书令何劭等人的面呈递给晋武帝司马炎过目。晋武帝司马炎看完之后，没有说什么，只是不停地询问："汝南王司马亮来了没有？汝南王司马亮来了没有？"没有过多长时间，晋武帝司马炎就怀着无尽的遗憾在含章殿中驾崩了。

晋武帝司马炎刚刚去世，杨氏后党就将年龄已经满三十二岁的痴傻太子司马衷扶上了皇帝之位，历史上称为晋惠帝。皇后杨芷被尊为皇太后，太子妃贾南风也被册立为皇后。根据史料记载，杨骏以皇帝的外公、当朝太傅的身份"掌控大权，辅佐弱主"。实际上，司马衷这个"弱主"，不单单是弱，而且还非常痴。他登基成了皇帝之后，经常听到朝中的文武大臣在他的身边争辩讨论为公还是为私的问题。时间长了，痴傻皇帝司马衷就将"公"与"私"两个字记在了心中。

有一年夏天，痴傻皇帝司马衷到后宫的华林园中游玩。正当他玩得开心的时候，听到池塘中有好多蛤蟆在鸣叫。于是，痴傻皇帝司马衷就请求身边的随从，询问道："蛤蟆都在叫，这到底是官鸣，还是私鸣呢?"侍从们对于这个问题感到非常荒唐可笑，都不知道应当如何回答了。幸亏他们当中有一个很机灵的侍从回答道："蛤蟆在官地鸣叫的时候是官鸣，在私地鸣叫的时候就是私鸣。"

还有一次，几个州郡都遇到了灾荒，当地的地方官将奏折送到了朝廷中，诉说本州遍地都是饥饿之民，好多人都被活活饿死了，请求皇上能够恩准将粮仓打开，发放粮食以便赈灾。司马衷，这个痴傻皇帝听了之后，对于为何人还能够饿死感到不能理解。于是，他就瞪着眼睛，傻傻地问道："人为什么还能够饿死呢? 如果他们没有东西可以吃，难道不知道吃肉粥呢?"这样又呆又傻的人做了皇帝，实在是滑天下之大稽，难怪那个时候非常流行一首童谣说："宫中大马几作驴，大石压之不得舒"，将痴傻皇帝司马衷这个"马"比作供给权臣们进行驾驭的驴子。有后人无名氏在阅读历史，读到这里的时候，胸中感到极其郁闷，于是就作了一首诗进行发泄。这首诗为:

> 古今兴亡在人事，帝祚何传一白痴。
>
> 皇后有心自作茧，国丈无能枉心机。
>
> 杨门伏尸南风悍，百姓涂炭八王师。
>
> 可恨世袭千古弊，尚留遗风到今时。

杨氏后党被灭

司马衷这个皇帝这样白痴，导致杨氏后党与贾氏后党间的矛盾在顷

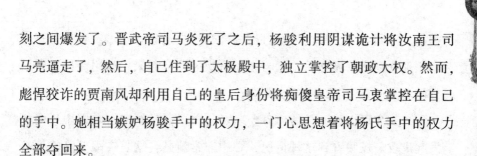

刻之间爆发了。晋武帝司马炎死了之后，杨骏利用阴谋诡计将汝南王司马亮逼走了，然后，自己住到了太极殿中，独立掌控了朝政大权。然而，彪悍狡诈的贾南风却利用自己的皇后身份将痴傻皇帝司马衷掌控在自己的手中。她相当嫉妒杨骏手中的权力，一门心思想着将杨氏手中的权力全部夺回来。

杨骏对皇后贾南风阴险狠毒的手段非常畏惧，为了防止出现什么不测，他就开始大肆地进行封赏，想要取悦众位大臣，从而达到笼络人心的目的。与此同时，杨骏又令他的外甥段广担任散骑常侍之职，控制国家机密；让另外一个外甥张劭统率中央的禁军，负责宫廷警卫的管理工作。而且，不管是哪一种诏命，痴傻皇帝司马衷看完之后，就一定要呈给皇太后杨芷过目同意了，才可以正式颁布推行。

杨骏没有任何的才华，也没有一点儿德行，而且其心胸非常狭窄，在对政事进行处理的时候，要求严格而且琐碎，最后导致"公室怨枉，天下愤然"。甚至就连杨骏的姑母的儿子——弘训宫少府蒯钦都看出了这一点，多次故意对他进行冒犯，以便用这种方法让杨骏以后对他进行疏远，等到将来杨骏下台的时候，能够幸运地免除祸患。由此可以看出，杨氏后党已经弄得天怒人怨，甚至可以说是到了众叛亲离的境地了。

毫无疑问，这就为皇后贾南风提供了一个翻身的有利时机。皇后贾南风不仅不愿意"以妇道事皇太后"，而且在很早的时候就已经恨透了皇太后杨芷，总是想着如何设定计谋将杨氏父母害死，然后自己就可以独揽大权，总领朝纲了。所以，永平元年（公元219年）三月，皇后贾南风就和宫中侍从官孟观以及李肇等人秘密地进行谋划，想要诬陷杨骏"犯上作乱"，皇太后杨芷与杨骏"同逆"，然后将他们抓起来，定他们的罪。

计谋制定好了之后，皇后贾南风就分别秘密地召汝南王司马亮与楚王司马玮率领部众进入京城对杨骏等进行讨伐。汝南王司马亮对于皇后贾南风的计谋，并没有点头答应。不过，都督荆州诸军事的楚王司马玮却很高兴地同意了，并且带着自己的部众直接逼近了京城。当楚王司马玮率领部众到达京城之后，就与皇后贾南风联合起来，利用痴傻皇帝司马衷的名义颁布诏书，将杨骏废掉了。

那一天夜里，楚王司马玮命令东安公司马繇带领四百名殿中兵向杨府发起进攻。杨骏看到这种情况，心中非常清楚：这是灾祸要降临到自己的头上了，自己必须立刻逃跑，否则小命一会儿肯定就没了。于是，杨骏趁乱逃到了家中的马厩中，想要藏起来。但是，殿中兵却发现了他，并且在马厩中将其杀死了。

与此同时，皇太后杨芷也被废黜，贬成了庶人，之后被软禁在晋武帝司马炎在世的时候，专门为贾南风修建的金墉城中。刚开始的时候，还有十多个侍女在那里充当役使，伺候皇太后杨芷的日常起居。但是，没有过多长时间，这些侍女就被皇后贾南风撤走了。皇后贾南风早已经对皇太后杨芷恨之入骨，这样做完全是为了将皇太后杨芷逼死。就这样，再也没有管皇太后杨芷了，甚至没有一个人给皇太后杨芷送饭送水。一代太后居然一连八天都没有吃到任何东西，年龄只有三十四岁的皇太后杨芷被活活饿死了。杨骏的余党全部都被灭了三族，被斩杀的人数达到了好几千人。杨珧在被杀死之前，高声大喊着冤枉，并且说在宗庙石匣中有赦免自己的奏表，不能杀他。然而，已经杀红了眼的贾氏族党怎么还会顾及那些事情，直接一阵乱刀就将其砍死了。

贾南风专权

一波刚刚平息，一波又起来了。永平元年（公元219年）六月，皇后贾南风又制造了一场祸乱，借助这件事情为她独揽大权、总领朝纲铺平了道路。然而，她也相当于是为自己挖了一座埋葬自己的坟墓，因为她的这一举措终于给西晋王朝带来了更大的混乱。

杨氏后党全部被诛灭之后，皇后贾南风就任命汝南王司马亮担任太宰之职，与太保卫瓘"对掌朝政"。随后，皇后贾南风又对诛灭杨氏后党论功行赏，给众人加官进爵。贾氏族兄贾模、从舅郭彰以及贾充嗣孙贾谧等人，全都趁着这机会邀宠，占据了整个朝廷，贾氏后党的势力一天比一天昌盛。

在中国历史长河中，由于分赃不均匀而致使强盗之间出现内讧的事情，是经常会发生的。这一次，司马氏重掌机要也是这样。尽管楚王司马玮在将杨氏后党诛灭的过程是功劳最大的，但是，由于他刚愎自用，喜好杀戮，多立威刑，朝廷中有很多人对他很是畏惧，而将其排挤在外。手中掌握重权的汝南王司马亮与卫瓘也都觉得，他这个人"生性恨戾，不能担任重任"，想要将他手中的兵权剥夺，然后遣令他归镇。

但是，司马玮自恃自己立下了很大的功劳，又怎么可能会俯首听命？所以，他非常痛恨汝南王司马亮与卫瓘，转而与皇后贾南风勾结在了一起，准备将这两个人除掉。

皇后贾南风在很早的时候，就与卫瓘之间有了不共戴天的仇恨，其原因就是卫瓘曾经多次劝导晋武帝司马炎将当时还是太子的痴皇帝司马衷废掉。因为这件事情，贾充曾经在背后撺掇他女儿贾南风说道："卫瓘老奴，几破汝家。"而汝南王司马亮辅佐君王之后，也慢慢地开始自专自用，根本不将皇后贾南风放在眼中。所以，皇后贾南风对汝南王司马亮的怨恨，就随着时间的推移不断地增加。就这样，皇后贾南风就利用楚王司马玮与汝南王司马亮、卫瓘之间存在的矛盾，选择了"以计相次诛之"。好一个无比阴险的贾南风！

于是，皇后贾南风就诬陷汝南王司马亮与卫瓘有废立的图谋，想要行不轨的举动，已经对江山社稷产生了极大的危害，假造诏书命令楚王司马玮带领北军将汝南王司马亮与卫瓘的府第团团围住，然后将这两个人擒住并且杀掉。可怜的汝南王因为没有一点儿防备，不得不束手就擒，在临死之前，仰天长叹道："像我这样忠心，能够昭然晓示天下，为何这样无道，居然滥杀无辜！"

汝南王司马亮与卫瓘被杀害之后，楚王司马玮也肯定会步他们的后

尘。皇后贾南风对于楚王司马玮暴戾好杀的个性，同样非常畏惧，心中极其害怕楚王司马玮在掌控重权之后会对自己进行干涉，所以，自己必须想办法一并将他除掉。

于是，汝南王司马亮与卫瓘被杀以后，皇后贾南风就在第二天早上对外宣布，楚王司马玮擅自制造假诏书，杀死了"二公父子，又想要将朝廷大臣全部诛灭，以便图谋不轨的行为"，因此，将其处以极刑，并且将他的三族诛灭。就这样，年纪轻轻而且生性邪恶的楚王司马玮，在充当了皇后贾南风的爪牙与刽子手后，很快也被作为牺牲品处理掉了。

皇后贾南风在这招借刀杀人之后，又反咬一口，可以说是刀刀见血，口口见肉，实在是太阴险毒辣了。

在将所有的障碍全部清除之后，皇后贾南风终于实现了自己的心愿掌控西晋王朝的朝政大权。在中国封建历史的漫漫长河中，曾经有很多太后垂帘听政的事例，也有过作为女子的武则天以周取代唐，而成为一代女皇帝的先例。但是，就是没有一个皇后将痴傻的皇帝玩弄在自己的手掌之中，独揽大权、总领朝纲而滥施淫威、大放厥词，因而导致天下大乱的事情。皇后贾南风的行为似乎就是唯一的例外。

皇后贾南风专权执政，威服天下的"女主专政"，可以算得上是暴政、乱政。在皇后贾南风专政时期，西晋王朝的政治统治非常腐败，甚至已经达到了"纲纪大坏，贿赂公行，忠贤路绝，谗邪得志"的糟糕地步。为了使她的"女主专政"能够长久地维持下去，皇后贾南风又同她的从侄贾谧秘密地进行谋划，使用各种各样非常阴险的手段，在愍怀太子司马遹的身上施行起了淫威。

愍怀太子司马遹是痴傻皇帝司马衷的谢妃所生的皇子。谢妃原本是晋武帝司马炎宫中的才人。因为她长得美若天仙，而且心地善良，所以非常得晋武帝司马炎的赏识。后来，晋武帝司马炎就将她赐给痴傻太子司马衷。谢妃跟了痴傻太子司马衷只不过一年左右的时间，就为痴傻太子司马衷生下了司马遹。司马遹从小就非常聪明伶俐，颇得晋武帝司马炎的喜爱。

在司马遹五岁那一年，皇宫中不知道因为什么原因着火了，晋武帝司马炎想要登上楼阁进行察看。但是，小司马遹却拉着爷爷司马炎的衣服，用"昏夜仓猝，宜备非常"作为理由，阻止了晋武帝司马炎前去。晋武帝司马炎看到孙子司马遹这样聪明，认为孙子司马遹是一个奇才，将来肯定能够成为一代圣君明主的。这也是晋武帝司马炎不愿意将痴傻太子司马衷废掉的一个非常重要的原因。晋武帝司马炎想要孙子司马遹将来能够接替他那痴傻的父亲司马衷的班，继承大统，成为西晋王朝的皇帝。

在那个时代，奉行母以子贵的宗旨。倘若司马遹将来真的做了皇帝，那么，他的亲生母亲谢氏肯定会显贵发达起来。所以，当痴傻皇帝司马衷继承皇位，按照晋武帝司马炎的遗愿册立司马遹为皇太子之后，皇后贾南风就将其看作是眼中钉、肉中刺，恨不得马上将其除掉而后快。

皇后贾南风在废除愍怀太子司马遹的过程中，可以说是算尽了机关，其手段异常毒辣。皇后贾南风先让愍怀太子司马遹的亲生母亲谢氏迁到了一处十分幽静的宫苑中居住，坚决不允许他们母子两个人见面。然后，皇后贾南风又故意指使愍怀太子司马遹身边的宦官，竭尽所能地教唆愍怀太子司马遹及时行乐，为非作歹，不学礼节。俗话说，"学坏容易习好难"。这样一来，尽管皇宫中有很多博学的师傅进行教导，但是也禁不住身边的这群黄门阉臣日夜进行蛊惑，整天进行煽动，所以，愍怀太子司马遹慢慢地步入了歧途，逐渐地变成了一个一无是处的泼皮无赖。

复杂的八王之乱

皇后贾南风专权执政之后，愍怀太子司马遹也慢慢地长大成人了，成为了与其抢夺权利的又一个非常有利的对手。为了将愍怀太子司马遹废掉，然后换上自己能够控制的储君，皇后贾南风就假装自己怀孕了。等待应该分娩产子的时候，皇后贾南风就悄悄地将她妹妹的儿子抱进了皇宫中，当作自己的亲生儿子来养。

元康九年（公元 299 年）十二月，皇后贾南风将愍怀太子司马遹骗到了后宫中，命人用酒将其灌醉之后，然后，让他写下了一份有着不当词句的神灵祷告书。这份神灵祷告书的内容如下：

"陛下应当自尽，如果不自尽，我一定要进宫杀了你。中宫皇后贾南风也应当自尽，如果不自尽，我将会用我的手将你掐死。谢妃不能够再犹豫不决了，赶紧采取行动吧，事情完成之后，我们母子两个人就祭祀祖先，大赦天下。"

皇后贾南风将这份祷告书送到了痴傻皇帝司马衷的面前，然后，在一旁极力对愍怀太子司马遹进行诋毁，并且强烈要求痴傻皇帝司马衷将愍怀太子司马遹"赐死"。后来，在朝廷文武大臣的恳求之下，才使得可怜的愍怀太子司马遹保住了一条性命，但是却被废为庶人，并且被送往许昌囚禁了起来。

愍怀太子司马遹无辜地被废黜，激起了朝廷的文武大臣的愤怒。大家想要借助车骑将军、太子太傅、赵王司马伦将皇后贾南风废掉，然后复立愍怀太子司马遹。但是，赵王司马伦在平常的时候与皇后贾南风有着非常密切的关系，同时，又担心愍怀太子司马遹被复立之后，会对自己产生不利的影响。再加上赵王司马伦原本就勇猛有余，智谋不足，所以，在经过反复的思考之后，赵王司马伦最终决定接受心腹孙秀所提出的诡计：首先挑动皇后贾南风将愍怀太子司马遹害死，然后，再用为愍怀太子司马遹报仇的名义，将皇后贾南风废掉。这样一来，就可以做到一箭双雕，不仅可以免除灾祸，而且又可以得志。

于是，赵王司马伦就开始尽可能地挑动皇后贾南风，说道："愍怀太子司马遹虽然被废除了，但是众望还在，如今，朝廷上下的大臣都想要将皇后您废掉，然后再复立愍怀太子司马遹。"在赵王司马伦的不断怂恿之下，皇后贾南风信以为真，终于下定决心除掉愍怀太子司马遹。于是，皇后贾南风派人前往许昌给愍怀太子司马遹下毒，害死了愍怀太子司马通，落入了赵王司马伦所设定的圈套中。

永康元年（公元 300 年）四月三日夜，赵王司马伦联合梁王司马肜、齐王司马冏等人，打着为愍怀太子司马遹报仇的旗号，率领部众闯进了皇宫中，将皇后贾南风处死。与此同时，贾氏后党，比如贾谧等数人也全部被诛杀了。随后，他们又迁痴傻皇帝司马衷作为太上皇，而赵王司马伦自己却登基当起了皇帝来。因为司马伦的眼睛有点儿瞎，所以，那个时候的人都戏称为"瞎儿作天子"。

赵王司马伦篡夺政权，登基称帝之后，激起了朝廷中文武大臣与宗室中诸位王爷的普遍不满与怨恨。永宁元年（公元 301 年）三月，齐王司马冏、成都王司马颖以及河间王司马颙三个人联合起来，一起出兵，共同征讨"逆乱"的司马伦。"三王"的部队与司马伦的部队在洛阳附近进行交战，双方整整激战了六十多天，死伤了相当多的人，加起来将近十万人。最后，司马伦帐下的将领王舆率领七百多士兵背叛了司马伦，将孙秀杀死，将司马伦活捉了。拥有数十万兵马的齐王司马冏以大司马的身份进入朝廷中辅佐治理政事，重新恢复了痴傻皇帝司马衷的皇帝之位，将司马伦父子以及他们的党羽全部斩杀了。

齐王司马冏辅佐痴傻皇帝司马衷治理朝政一年多。在此期间，齐王司马冏广泛地培养自己的亲信党羽，独揽朝政大权，骄傲奢侈，蛮横无理，整天沉浸在酒色之中，最后终于导致朝廷上下的愤恨与轻视，全国内外对其失望。掌握着重兵的各位王爷，为了抢夺最高的统治权而进行的斗争，逐渐地变得更加激烈。结果，终于招致了长沙王司马乂率领部众征讨司马冏的战乱。而长沙王司马乂是痴傻皇帝司马衷的第六个儿子。

太安元年（公元 302 年）十二月，河间王司马颙第一个用司马冏"有无君之心"作为理由而向其问难，率领部众向京师洛阳发起猛烈的进攻。长沙王司马乂马上在洛阳城中与之进行响应，发兵向司马冏的府第发起进攻。双方的军队激战了整整三天，司马冏的部队被打得落花流水，司马冏本人被斩杀，司马冏的两千多名党羽也被斩杀。长沙王司马乂以

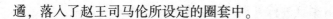

太尉的身份对中外诸军事进行管理，将中央的朝政大权控制在了自己的手中。

当第一个发难的河间王司马颙看到长沙王司马乂的部队与司马冏的部队进行厮杀之后，就采用了"坐山观虎斗"的态度，认定长沙王司马乂的部队比较弱小，最终肯定会战败的。等到双方的实力不断地消耗，而且长沙王司马乂被斩杀之后，他就利用为长沙王司马乂报仇雪恨的名义，将司马冏杀掉。如此一来，他就可以坐收渔人之利，轻轻松松地将朝廷的军政大权掌控起来。只不过，他的如意算盘没有打好，最终的结果大大出乎了他的所料——长沙王司马乂在对战的过程中，以弱小战胜了强大，取得了这场战争的胜利，并且成功地控制了朝政大权。

不过，河间王司马颙并没有因为这样就彻底地死心了，他并没有就这样认输。所以，在长沙王司马乂掌控朝政大权之后，河间王司马颙曾经好几次派遣刺客对长沙王司马乂进行暗杀。然而，非常遗憾的是，每一次的暗杀都没有取得成功，所派去的刺客最终都会被诛杀。

太安二年（公元303年）八月，河间王司马颙任命张方担任都督之职，率领七万精锐之兵向洛阳发起了猛烈的进攻。成都王司马颖看到这种情况之后，也率领自己的部众前去助战。长沙王司马乂亲自担任大都督之职，率领部众前去迎战敌军。长沙王司马乂、河间王司马颙以及成都王司马颖三方的部队在洛阳城外激战了整整三个月，三方加起来差不多战死了有八九万人之多，导致洛阳由于战事过于频繁、过于漫长而陷入了缺乏粮食的境地，洛阳城中发生了饥荒。

在这样的情况下，东海王司马越与一些禁军将领联合起来，发动了兵变，将长沙王司马乂抓住，并且关押了起来，然后向河间王司马颙与成都王司马颖求和。最终的结果是，长沙王司马乂被张方悄悄地用大火烧死了，河间王司马颙在长安担任王朝太宰、大都督之职，成都王司马颖在邺城被册封为皇太弟，对中外诸军事进行管理。

西晋国内的战乱一直没有停歇，全国上下都期盼着能够罢兵，过太

平的日子。但是，后起者往往以自己是在拨乱反正，除掉逆贼，伸张正义，让天下的老百姓重见安定而繁荣生活作为借口，但是，说是一回事，做却是另外一回事。

成都王司马颖被册封为皇太弟而成为储君后，就变得更为骄横奢侈，整天沉迷在酒色当中，过分地宠信自己的小妾，过着不知有君的日子，令人感到非常失望。正因为这样，在永兴元年（公元304年）正月，担任左卫将军之职的陈眕等人不断地怂恿东海王司马越，用"犯了众怒"的名义，尊奉痴傻皇帝司马衷的命令，率领大军前去征讨成都王司马颖。东海王司马越的部队与成都王司马颖的部队在安阳一带展开了激烈的对战，结果，成都王司马颖的部将东海王司马越的部队打败，并且俘虏了痴傻皇帝司马衷。八月，宁北将军司马腾等联兵向邺城发起猛烈的进攻，成都王司马颖的部队被打得惨败，成都王司马颖挟持着痴傻皇帝司马衷向南逃去，正好遇到前来救援的张方而被挟持到了长安。十二月，河间王司马颙在长安将成都王司马颖废掉，另外立晋武帝司马炎的第二十五个儿子豫章王司马炽作为皇太弟，自己对中外诸军事进行管理，将朝政大权控制在自己的手中。

河间王司马颙控制了朝政大权之后，连年不断的战争并没有因为这个原因而停止，全国各地仍然弥漫着硝烟。相反，因为张方挟持着痴傻皇帝司马衷西迁长安，再一次引发了天下人的愤怒与怨恨。接着，河间王司马颙又挟持并逼迫痴傻皇帝司马衷颁发了诏书，将东海王司马越等王爷在朝廷中的所有官职全部罢免，终于在全国再一次引发了一场规模巨大的祸乱。

永兴二年（公元305年）七月，一些封国位于东方的司马氏诸位王爷联合起来，并且一致推选东海王司马越作为盟主，下定决心，率领大军奉迎大驾，还复原来的都城洛阳。于是，东海王司马越卷土重来，从徐州地区率领大军向西前进，征讨河间王司马颙。面对这样的情况，河间王司马颙先派遣张方等人率领部众前去迎战敌军，但是，他们的大军却被打败。于是，东海王司马越趁着胜利之势，一鼓作气攻入了长安。河间王司马颙逃到了山林中。第二年，东海王司马越将痴傻皇帝司马衷迎接回了洛阳。没有过多长时间，成都王司马颖与河间王司马颙相继被杀害，痴傻皇帝司马衷也被人毒死在皇宫中。皇太弟司马炽被册立为怀帝，从此之后，东海王司马越掌控了朝政大权，开始专擅威权。

到了这个时候，进行了长达十六年之久的，司马氏父子兄弟之间相互残杀的大混战——八王之乱，终于结束了。

事件点评

综观古今中外历史，统治阶级为了抢夺最高权力而进行的阶级斗争：父子相残、夫妻反目、手足相争，简直可以用残忍、血腥两个词来形容。不过，提起"窝里斗"，在中国封建历史上，也许西晋王朝的"八王之乱"才算是最为正宗并且波澜壮阔的。

"八王"若按照出场的顺序进行排列的话，应该依次为汝南王司马亮、楚王司马玮、赵王司马伦、齐王司马冏、长沙王司马乂、成都王司马颖、河间王司马颙以及东海王司马越。其中，汝南王司马亮与赵王司马伦分别是司马懿的四儿子与九儿子；河间王司马颙与东海王司马越分别为司马懿的弟弟司马孚与司马馗的孙子；楚王司马玮、长沙王司马乂以及成都王司马颖分别为司马懿的孙子——晋武帝司马炎的五儿子、六儿子以及十六儿子。由此可以看出，这"八王"之间的亲戚关系还是很近的。既然大家都是一家人，为什么不通过协商的办法将所有的事情解决呢？其实，他们也算是"协商"过了，只不过不是用语言作为工具，而是用刀枪进行开路的。

这场"窝里斗"的罪魁祸首，就是痴傻皇帝司马衷的皇后贾南风。晋武帝司马炎死了之后，痴傻太子司马衷继承皇位，皇太后杨芷的父亲杨骏掌控了朝政大权。皇后贾南风对此非常不服，通过内外勾结、上下

煽动，最后终于杨骏"犯上作乱"，并且借此将杨氏后党全部消灭。

然而，皇后贾南风白白忙活了一场，最后取代杨骏执掌朝政大权的是汝南王司马亮与太保卫瓘。皇后贾南风忍了几个月之后，与楚王司马玮合作诬陷他们两个人执政有"废立之谋"，并且让楚王司马玮在夜里率兵将此二人的府邸包围，并且将其斩杀。然后，皇后贾南风又以"矫诏"的罪名除掉了楚王司马玮。

其貌不扬的皇后贾南风利用一石三鸟之计，终于将朝政大权揽到了自己身上。倘若她稍微收敛一些，可能结局就不会是后来那样了，但是她却恰恰相反：独揽专权、刚愎自用、骄奢淫逸，一天比一天放肆。甚至，为了斩草除根，将已经被废的太子司马遹毒死了，因而给了赵王司马伦一个除去她的借口，结果，她就死在了赵王司马伦的奸计中。

赵王司马伦执掌大权八个月后，觉得不太过瘾，就直接抢过龙椅，自己做了皇帝。

赵王司马伦此举激起了众人的愤怒。后来，镇守许昌的齐王司马冏、成都王司马颖以及河间王司马颙也先后进行相应。他们之间的战斗进行了两个多月，战死了将近十万人，最后以赵王司马伦兵败被杀而结束。代之而起是齐王司马冏，执掌了朝政大权。不过，他的命运不怎么好，执政仅仅半年的时间，就被长沙王司马乂击败并杀死了。因为齐王司马冏而受到牵连被处死的人达两千多人。

太安二年（公元 303 年）八月，河间王司马颙与成都王司马颖联合起来，向执政的长沙王司马乂发起进攻。第二年五月，东海王司马越发动政变将长沙王司马乂囚禁了起来，与对方讲和。长沙王司马乂被河间王司马颙的部下张方"炙而杀之"。光熙元年（公元 306 年），东海王司马越将痴傻皇帝司马衷迎接回了洛阳，成都王司马颖与河间王司马颙相继被他杀死。自此，朝政大权落到了东海王司马越的手中，长达十六年的八王之乱终于结束了。

八王之乱，不仅导致西晋王朝政治混乱、经济凋零，而且还将无辜的百姓拖进了战乱的深渊。从此之后，民变此起彼伏，封建割据政权相继建立。后赵政权的建立者石虎曾经说过："司马氏父子夫妻兄弟之间自相残杀，因此才使得朕得到了这些。"

司马懿拥有天下大智，擅长天下大政，通过不断地努力而建立了西晋王朝大业宏基。但是，他的后代却立一个痴傻之人为皇帝，导致天下大乱，亲人骨肉相互残杀，国势日渐衰微。司马氏一族，也可以说是"泥沙俱下、鱼龙混杂"了。

第三章

手足相残的宫门政变
——
玄武门之变

在中国封建历史长河中，只要发动政变或者挑起叛乱的人，大多数都是些阴险小人、野心之徒。然而，任何事情往往都会存在那么几个例外，在发动政变者当中也有值得历史学家称赞的英雄人物、济世之才。其中，发动玄武门之变的唐太宗李世民就是这样一位流芳百世的杰出代表。

代隋统一天下

李世民是唐高祖李渊与皇后窦氏的儿子。皇后窦氏总共为唐高祖李渊生了四个儿子、一个女儿：大儿子叫作李建成，二儿子称为李世民，三儿子名唤李玄霸，四儿子即为李元吉，而那个女儿就是平阳公主。其中，三儿子李玄霸很早就去世了，其他三个儿子后来为了争夺皇帝之位而相互进行残杀。

在李渊的这些儿子中，李世民是最有出息的一个。相传，李世民出生的时候，就有两条龙在门外跳跃玩耍，直到三天之后才离开。四年后，有位自称擅长为人相面的书生要求见李渊。刚刚见到李渊之后，他就说道："公应当是大贵之人，而且肯定有一个贵子。"于是，李渊就将四个儿子都叫了出来，让这位书生给相面。这位书生看着李渊四个儿子片刻之后，指着李世民说道："此子有龙凤之姿，将来肯定会贵不可言。请公一定要记住，这个儿子在二十岁左右的时候，肯定能够济世安民，希望

公不要轻视。"李渊听了书生的话之后，心中非常高兴。书生说完就起身告辞了。当李渊将那位书生送走之后，忽然转念想到，如果这位书生把刚才所说的那些话转告他人，那么，肯定会招来祸端的。于是，李渊立即派遣属下去追赶书生。然而，令人意想不到的是，众人四下寻找就是没有找到那位书生的踪影。李渊对此感到非常奇怪，想了半天之后得出一个结论：这极有可能是一位神人在对他进行点拨。于是，李渊就使用"济世安民"一语，为二儿子起名为世民。

尽管李渊是隋朝手中拥有重兵、位居高位的大员，但是最终之所以能够走上夺权自立道路，则完全要归功于李世民。李渊，字叔德，是陇西成纪人，出身也算是名门望族，是西凉武昭王李暠的七世孙。李渊的祖父李虎是北周著名的八柱国将军之一，去世之后被册封为唐国公。李渊的父亲李昞是隋朝的官员，袭封为唐国公，与隋文帝于公属于君臣关系，于私属于连襟关系。李渊在他的父亲李昞死了之后，承袭了唐国公，曾经先后担任过谯州刺史、陇州刺史以及岐州刺史。大业九年（公元613年），杨玄感率重兵反叛隋朝，隋炀帝先征调李渊在弘化（今甘肃合水）进行留守，担任节度陇右诸军之职，后来，又征调李渊率领大军前去对山西的农民起义进行镇压，防御着柔然对隋朝的进犯。大业十三年（公元617年），李渊用太原留守的身份兼任晋阳官监。晋阳属于一个军事重镇，拥有着非常充足的兵源，可以"食支十年"，李渊在私下里对此非常高兴。

这个时候的隋朝，已经到了民声载怨、国将不国的地步。其间，在诸史籍的记载中就可以找到数十起起义。然而，前往江都游玩的隋炀帝依旧没有认识到事情的严重性，整天只知道花天酒地，过着醉生梦死的日子。他早已经将江山社稷是不是安定的问题给抛到了九霄云外了。

面对这样的情况，李渊所做的只是哀叹时局多么艰辛，悲愁前途没有希望。然而，他的儿子李世民却不仅仅停留在"独自伤悲"上，而是想着将来有一天能够让其大展宏图。为此，年龄仅仅只十八岁的李世民不但读懂读透了各种兵书战策，而且胸中怀有大志向，到处进行交游以增长见识，喜欢做善事，乐于接济他人，对于贤良之士以礼相待。李世民在晋阳结交了很多英雄豪杰，与担任晋阳宫副监之职的裴寂、担任晋阳令之职的刘文静都成为了好朋友，并且经常聚在一起秘密地进行商量率兵起义、建立宏图大业的事情。

为了更好地逼迫父亲李渊跟他们一起起兵举事，李世民私下与裴寂设定了一个计谋：私下里将李渊灌醉，然后再让晋阳宫中的妃子服侍李渊。的确，作为臣子的李渊，居然敢私自与行宫中隋炀帝的妃子依偎在一起，在同一张床上共寝，毫无疑问，这是犯了死罪的，其心中必然十分惊慌。而裴寂趁着这个机会劝说道："你家的二郎李世民，私下里储养了很多人才与兵马，想要起义做大事。明公的手中也掌握着大量兵马，为什么不趁着这个机会起事，慰问受苦的百姓，讨伐无道的统治者，以图帝王之业呢？"于是，李渊在逼得万般无奈的情况下，不得不点头答应："既然事情已经发展到现在这个地步了，我还能够有什么好办法呢？"

虽然每次想起自己在晋阳宫中淫乱犯上的事情，李渊的心中多少有些焦虑不安，但是最终还是难以下定决心率领部众反叛隋朝。所以，一时之间，李渊感到左右为难，进退不得。这个时候，李世民耐心地开导他的父亲李渊，说道："如今，天下已经大乱，可以说到了朝不保夕的地步。如果父亲依旧死死地守着隋朝所赐予的官职，拘束于身为臣子的小节，上面有严酷的刑罚，下面有可恶的盗寇，灾祸就会没完没了地降临。所以，我们还不如顺了天意，应了民心，率领忠义之师，将杨家的江山夺过来，这样一来，可能会将灾祸转化为福气。"李渊听到儿子李世民这么说之后，非常生气地说道："你怎么能够如此胡说八道呢！我应该将你绑起来，送你去县衙自首，以免全家都因为你而受到牵连。"李世民十分坦然地说道："正是因为事情已经发展到了这个地步，所以我才敢说出这样的言论。倘若父亲不能认同，想要将我绑起来，送去官府，身为儿子的我也不敢有一丝一毫的推辞。"李渊看着儿子李世民仍然固执己见，不肯松口，最后只能长长地叹了一口气，说道："难道我没有父子之情吗？如何能够忍心前去衙门告发你，将你置于死地呢？只不过是希望你能够

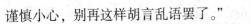

谨慎小心，别再这样胡言乱语罢了。"

　　过了几天，盗贼、反寇变得更为严重，李世民再次劝导父亲李渊："如今，盗贼一天比一天猖獗，几乎遍布了整个天下，父亲接受朝廷的诏书，前去征讨逆贼。但是，我觉得这反贼是没有可能征讨干净的，所以，您最终肯定会逃不过朝廷的治罪。更何况，当今世上之人都在盛传'杨氏当亡，李氏当兴'，皇上已经开始猜忌李氏之人，所以，郕国公李浑根本没有任何罪恶却被诛灭了九族。即便父亲能够将反贼全部剿灭，恐怕也会因为功劳太高而遭到排挤，导致大祸早早地落到自己的头上。我经过反复的思考，认为只有率兵起义这一条路尚且可以避免祸端，希望父亲不要再迟疑，速速行动吧。"李渊无可奈何地说道："我已经认真仔细地考虑过了，你所说的话还是有一些道理的。如今看来，破家亡命由着你一个人，化家为国也由着你一个人，我是不能做主了，所有的一切都交给你进行安排吧。"

　　当李世民正要派遣属下前往河东，打算将李氏家眷接过来的时候，隋炀帝已经派使臣来到了太原。因为李渊抵抗贼寇不力，隋炀帝要将他抓到京师进行治罪。这个时候的李渊早已经被吓得诚惶诚恐了，完全不知道该怎么办了，还是儿子李世民给他吃了一颗定心丸。李世民说道："如今，皇帝昏庸误国，想要尽忠也没有英明的主子。上既然乱法，下又何必去守法。目前，晋阳的兵士能干，战马精壮，蓄积了巨大的财产，凭借着这些举事，还愁什么不能成功呢？代王杨侑在关中进行留守，他的年龄还不大，还是一个孩子，关中的英雄豪杰并起，正不知道依附什么人。如果您鼓行而西，前去安抚那些英雄豪杰，占领关中地区就好像探囊取物那样简单，父王为什么要心甘情愿地接受拘囚，坐以待毙地等着被诛杀、被灭族呢！"李世民的这番话，说得父亲李渊彻底死心，下定决心率兵反隋。

　　由此可以看出，李渊是在儿子李世民等人逼迫之下，不情不愿地走上起义反隋以图谋帝王大业的道路的。所以，与其说李渊率兵部众反叛隋朝，然后建立了大唐王朝，还不如说李世民硬拽着他的父亲李渊起兵反隋，然后又将父亲李渊推上了皇帝之位的。

大业十三年（公元617年）七月，李渊在晋阳地区正式创建了独立的政权，自己称为大将军，开府置官，任命裴寂担任长史之职，大儿子李建成担任陇西公兼任左领军大都督之职，二儿子李世民担任敦煌公右领军大都督之职，武士彟、刘文静、唐俭以及长孙顺德等全部都参与大将军府治事。

劝导李渊起兵反隋的主要功劳应该是李世民的，并且将各地武装消灭，将隋朝江山夺过来的主要功劳同样应该归功于李世民。尽管李世民年龄不是很大，但是他英勇无畏，善于作战，智勇双全。他和大将刘文静共同研讨并制定了李氏政权的军事策略：先与北面的突厥"握手言和"，从而避免出现腹背受敌的窘境；然后再占据河东地区，以便建立属于自己的根基；之后，再拿下关中地区，从而控制要害；在长安稳定根基之后，再向突厥发起反击，从而将边境的祸端清除。

毫无疑问，这样的战略方针是完全正确而且可以施行的。为此，刘文静作为使者被派遣到突厥，给始毕可汗送去了大量的金帛，表示愿意向突厥臣服，并且与之进行约定：和突厥一起向京师长安发起进攻，获胜之后，土地归李氏所有，而子女财帛则归属于突厥。始毕可汗对此非常高兴，欣然地答应了刘文静的提议。

为了顺利执行这一战略方针，李世民在剑拔弩张的战场上率兵英勇杀敌，为唐朝争夺江山立下了汗马功劳。他首先率领大军将宋老生击败，占领了霍邑，将代王杨侑的阻击以及围剿彻底地粉碎了；其次，又收降了临汾与绛州各郡，占领了河东之地，使得把河东建立为根据地的意图得以实现。然后，他率领大军渡过黄河，直奔京师长安。在将长安一举拿下之后，他向父亲李渊提出建议，拥立杨侑作为新皇帝，同时尊隋炀帝为太上皇，实现了"挟天子以令诸侯"的政治主张。武德元年（公元618年）三月，江都发生兵变，太上皇隋炀帝被杀死。同年五月，李世民和裴寂等人秘密地进行谋划，精心制作了一场关于禅让皇帝之位的闹剧，逼迫代王杨侑下台，拥立李渊做了皇帝，将国号改为唐，年号武德，定

长安为都城。李世民被册封为秦王，担任尚书令之职，裴寂被任命为右仆射之职，刘文静被任命为纳言之职，而李建成则被册立为皇太子。

在李渊定都长安之后，陇西的薛举就成为了关中地区存在的最大威胁。薛举是陇西所有富豪之首，在义宁元年（617年）七月率领部众反叛，自称为西秦皇帝，立他的妻子鞠氏作为皇后，儿子薛仁杲作为皇太子。武德元年（公元618年），李世民率领大军向西征讨，在经历了三个多月的苦战之后，终于将薛氏势力彻底清除了，很好地巩固了唐王朝对于关中地区的控制权。

随后，皇太子李建成几乎都在长安协助父亲李渊一起对军国大事进行处理，只有李世民依旧在为清除各个封建割据势力而长年累月地在残酷的战场上厮杀。李渊率兵进取关中地区的时候，刘武周被突厥册封定杨可汗，占领了晋阳地区，并且开始进犯汾水下游，对关中的安全产生了极大的威胁。留守于晋阳的齐王李元吉以及唐高祖李渊，在晋阳失陷的时候，被突厥强大的气焰吓坏了，主张将河东之地给予放弃，"谨守关西"。而秦王李世民则表示，晋阳是帝王霸业的根基之地，河东地区拥有非常丰富的物产，倘若就这样放弃，那么，关中地区最终肯定也保不住，因此，他极力主张征讨刘武周的部队，将晋阳夺回来。武德二年（公元619年），他率兵大举向东进发，在通过了长达半年的苦战之后，终于将晋阳收复了，使得河东的局势得以稳定。

基本解决了关中地区的两面威胁之后，秦王李世民在武德三年（公元620年）七月率兵大举向东进军中原，占领了龙门、河内地区，攻下了显州、汴州、隋州、亳州以及阳城等地，将自称为郑国皇帝的王世充的粮草补给线彻底切断了，并且率领大军包围了洛阳。为了生存与发展，在河北地区创建了夏国政权的窦建德，率领部众向中原挺进，对王世充的部队进行援救。于是，唐军陷入了两面受敌的情况下。这个时候，大部分的将领都觉得应该撤兵以便保存自己的主力，但是，秦王李世民却觉得根本不用撤退，自己的部队完全有将窦建德与王世充打败的能力。于是，他根据当时的实际情况，对作战部署进行了相应的调整，亲自率领精良的兵将在虎牢关外一举将窦建德部全部消灭了，并且将窦建德本人活捉了。随后，他又率领部众回头向洛阳发起进攻。在李世民部队的威逼下，走投无路的王世充被迫出城投降了。

武德五年（公元 622 年），窦建德部将刘黑闼自立为汉东王，接连不断地将唐军打败，使得夏王窦建德原本失去的土地得以陆续恢复。在这样的情况下，李世民亲率领精兵良将在洺水将刘黑闼的主力部队打败，狼狈不堪的刘黑闼带着数百骑残余部队前去投奔突厥了。这样一来，对唐政权的巩固产生不利影响的大部分封建割据势力已经被全部清除了。到了武德七年（公元 624 年），唐朝将领李孝恭、李靖以及李勣将位于长江中游的辅公祏与张善安所部全部消灭，到了这个时候，唐王朝终于将整个天下统一了。

兄弟之间斗法

尽管在建立与巩固唐王朝的过程中，李世民做出了非常突出的贡献，但是他的父亲李渊对李世民却并不是很好。李世民治理军队纪律严明，懂得论功行赏。武德四年（公元 621 年），在击败王世充部队的过程中，淮安王李神通立下了很大的功劳。李世民就用陕东道行台的身份赐给了他田地数十顷。这些田地不仅非常肥沃，而且还是靠近城郭之地。而李渊所宠爱的妃子张婕妤的父亲很早就相中了那些田地。于是，张婕妤就为了她的父亲从唐高祖李渊手中讨了一道敕令，强制性地让李神通将那数十顷良田交了出来。诚然，这里面有裙带关系的作用，但是其中也可以看出，李渊对李世民的声望与势力发展进行限制的成分。

唐高祖李渊不仅胆量不大，同时也缺乏谋略，而且经常在做事的过程中要个人意气。举个例子来说，在逼迫王世充归降的过程中，李世民曾经给王世充许下诺言，只要他能够将城门打开，投降唐军，那么就会免除他的死罪。然而，王世充投降后被押解到长安的时候，李渊就因为王世充曾经将他心爱的将领李公逸、张善相杀死而坚持要对其处以死刑。

幸好李世民多次为王世充求情，并且一再说明其中的利害关系，才最后把王世充贬成了庶人，并且把他们全族都迁到了四川。

更为严重的是，在有些后宫妃嫔的不断挑拨下，李渊慢慢地开始猜忌李世民。当李世民赏赐给李神通良田的时候，在张婕妤的唆使下，李渊居然说道："难道我的诏敕还比不上你的教令吗？"事情发生之后，李渊依旧感觉愤愤不平，对担任右仆射之职的裴寂说道："我的这个儿子长时间地掌握着兵权，已经被他手下的人教唆坏了，不像以前那么听话了。"李渊有一位非常宠爱的妃子尹德妃，他的父亲阿鼠经常仗着尹德妃的势力横行霸道，作恶多端。秦王李世民手下一位名叫杜如晦的幕僚，有一次骑着马从阿鼠的府第前经过的时候，突然就被阿鼠的家奴从马上拽了下来，然后痛打了一顿，而且还对其进行辱骂道："你是什么人，路过此门居然敢不下马？"挨打后的杜如晦非常狼狈地逃回了秦王府，正在向李世民哭诉自己遭遇的时候，宫中来了一位太监传召李世民立即进宫。唐高祖李渊看到李世民之后，立即劈头盖脸地训斥道："朕的宠妃的家人，都被你左右的人欺负凌辱，更何况普通的老百姓了。"李世民趁机将真实的情况进行了汇报，但是唐高祖李渊认为李世民在狡辩，根本不相信那是真的，最终将他从宫中赶了出去。

这样的开国君王，在治理国家大事方面肯定会出现某些纰漏的。在封建社会中，所有国家大事中最为重要的就是册立储君之时。尽管在李世民刚满四岁的时候，有一位所谓的神人曾经对李渊进行指点，说李世民以后一定会是大贵之人，而且后来的事实也证实了李世民的确有着济世安民的杰出才华。更何况，唐高祖李渊在刚刚起兵的时候，曾经与李世民当面进行约定，如果将来举事获得成功，他做了皇帝之后就立即册封李世民作为太子，死了之后由李世民继承皇位。然而，当唐军拿下关中之后，他却没有遵守自己曾经许下的诺言，仍然按照"立嫡以长不以才"的古训，在称唐王的时候，册立他的大儿子李建成作为世子，在称皇帝的时候，依旧册立大儿子李建成为皇太子。李渊如此的做法，就为后来的权力转移埋下了难以避免的隐患。

太子李建成贪恋酒色，爱好游猎。李世民的弟弟——李渊的四儿子李元吉，其性情与太子李建成很相似，而且是有过之而无不及。对于这两个只是享乐，而不懂约束自己的儿子，唐高祖李渊曾经多次进行非常严厉的训斥，但是最终也没有能够帮助其将恶习改掉，二人也没有丝毫的长进。因为这个原因，李渊曾经一度有过更换皇储人选的念头，想要将太子李建成废掉，改立二儿子李世民为皇太子。这让太子李建成感到非常惶恐，于是，就与齐王李元吉勾结起来，一起设定计谋想要将秦王李世民扳倒。

如何才能将李世民打倒呢？太子李建成与齐王李元吉经过认真的思考与商量之后，决定先走后宫嫔妃的路线。于是，他们开始极力对李渊后宫的嫔妃进行巴结，时不时将搜集来的各种稀世珍宝送给各位娘娘，尤其是对李渊非常宠爱的张婕妤与尹德妃，更是阿谀奉承，殷勤备至。而李世民则正好与之相反，他不屑与李渊后宫的嫔妃进行结交，即便是遇到张婕妤与尹德妃，李世民也仅仅是作揖问安罢了。当攻陷洛阳的时候，唐高祖李渊当即派遣嫔妃等数人前往隋朝的后宫选阅宫女，接收府库中比较珍贵的物品。李渊的这些嫔妃曾经私下向李世民索要宝贝，并且为自己的亲属求取官职，然而，李世民却回答："各类宝物都已经登记入库了，而官位则应该赐给贤才以及有功劳的人。"毫不留情地拒绝了她们的要求。这让一些嫔妃对李世民产生了很深的怨恨。所以，大多数的嫔妃都经常在李渊的面前，称赞太子李建成与齐王李元吉德才兼备，循规蹈矩，彬彬有礼，而将李世民贬得一无是处。张婕妤甚至当着李渊的面说道："太子李建成仁孝，陛下应当将我们母子托付给他，以便将来能够保全性命。"

有一次，唐高祖李渊召李世民进宫赴宴。当李世民看到宴席之上，各位妃嫔环列席旁的时候，触景生情，想起了自己的亲生母亲，于是，就情不自禁地泪流满面。宴会结束之后，张婕妤与尹德妃一起向唐高祖李渊进谗，说道："海内平安无事，陛下年事已高，正适合在宴会中享受点快乐。但是秦王李世民却在宴席上流下眼泪，不仅搅了陛下的兴致，

而且他的内心中肯定是在怨恨我们受到了陛下的宠爱。在陛下万岁之后，秦王李世民肯定容不下妾等母子，因此，还请陛下将我们都托付给太子李建成吧。"这样煽阴风，如此点邪火，使得唐高祖李渊越来越亲近太子李建成与四儿子李元吉，而对二儿子李世民则是愈发疏远了。

武德五年（公元 622 年），太子李建成和秦王李世民之间的斗争已经开始趋于表面化了。为了帮助李建成树立威信，当主力部队被剿灭的刘黑闼从突厥窜回来的时候，太子中允王珪以及洗马魏徵等人极力劝谏太子李建成说："秦王功劳很大，天下归心。殿下仅仅因为年龄大而被册立为东宫太子，根本没有什么大功劳能够镇服海内的。如今，刘黑闼的部队被打败之后，其剩余兵马还不足一万人，而且严重缺乏装备与军粮，如果大军前去围剿，肯定能够势如破竹，旗开得胜的。殿下应当趁着这个有利的时机，亲自率领大军前去征讨，以便建立功名，而且顺便还能够与山东豪杰进行结交，从而使自己的势力得以壮大，这样一来，就能够使自己的太子之位变得更加牢固。"于是，太子李建成就主动站出来向唐高祖李渊请求率兵出征。在魏徵等人的帮助之下，李建成在成功地将刘黑闼的残余势力剿灭之后，在洺州斩杀了刘黑闼，从而获得了一些政治资本。

不过，与秦王李世民相比，太子李建成的政治资本还是显得太少了。因此，他就与齐王李元吉相互勾结，非常积极地培养自己的个人势力。在河北征讨刘黑闼的时候，李建成极力对罗艺进行拉拢，充分地利用其在河北地区的影响力来发展自己的势力。有不少才能杰出的人都被太子李建成拉拢到了自己的阵营中，比如，魏徵这个原本为李密效命，后来又为窦建德卖命的著名人物，就成为了太子李建成非常重要的谋士。其他的如王珪以及薛万彻等隋朝的旧臣，都曾经作过太子李建成的手下。

对此，秦王李世民早已经有所察觉了。所以，虽然李世民本人的才能以及威望蓬勃发展，远远不是太子李建成所能够相媲美的，但是，他依旧积极主动地招贤纳士，不计代价地来使自己的力量得以壮大。在李世民的阵营中，有那个时候非常著名的"十八学士"，都号称是文学馆学士，比如，杜如晦、李玄道、虞世南、褚亮、蔡允恭、薛元敬、颜相时、薛收以及孔颖达等，都心甘情愿地为他卖命。

除此之外，秦王府中更是拥有众多勇猛的将领，成群的谋士。李世民在晋阳起兵，率领大军渡河西进的时候，隰城（今山西汾阳）县尉房玄龄前来投奔。李世民与房玄龄一见如故，将其收入帐下，作为谋士；在攻陷长安的时候，在代王杨侑身边侍奉的人为了活命丢下主子而四处逃命了，只有侍读姚思廉还陪伴着代王杨侑，秦王李世民把其引为自己的知己；担任马邑郡丞之职的李靖为将李渊发动兵变的事情告发而自囚，李渊下定决心要将李靖斩首示众，最终还是李世民从刽子手的刀下将这位闻名古今的军事家救了下来；在清剿刘武周势力的时候，李世民将勇冠三军的尉迟敬德收服。如此种种，层出不穷。就这样，在接连不断的征战过程中，李世民时时注意，处处留心，非常用心地招揽天下的有才之人，逐渐地形成了令人不可小觑的秦王府势力。

自古以来，功劳太高就会盖主，更何况秦王李世民还有着一支这样强大无比的人才队伍。为了将秦王李世民的势力彻底瓦解，太子李建成与齐王李元吉可以说费尽心机，使出了浑身的解数。为了将秦王李世民帐中的猛将尉迟敬德拉拢过来，太子李建成在私下里送给他一车的金银器，然而，尉迟敬德却没有为其所动，坚决地推辞道："我的出身十分寒微，又遇到了天下大乱而进入逆境中，多亏了秦王李世民提携才使我能够为圣朝效力，如今想要知恩图报的机会还没有找到。对于太子殿下，我并没有一寸之功，怎么敢接受这样重的赏赐呢？倘若私底下答应了太子殿下，就成为了怀有二心、因为利益而忘记忠诚的人了，想必就连太子殿下也不可能会欣赏的。"听到尉迟敬德这样说，太子李建成没有一句话可以应对，最后不得不将所送贿礼收了回来。秦王李世民得知这件事情之后，就对尉迟敬德进行提醒，说道："你的心就好像磐石一样，尽管是黄金盈斗也没有为之所动，但是这并不是保全自己的最好方法，你应当时刻提防着点。"

果然不出李世民所料，几天之后，就有刺客偷偷地在尉迟敬德的家

门外进行张望。而尉迟敬德并无丝毫的畏惧，反而打开大门，安心地躺在床上，等待着刺客的到来。刺客心中很清楚，尉迟敬德已经对他们将要进行的刺杀有所察觉了。在经过一段时间的观察之后，刺客们发现并没有什么可乘之机，就放弃了这次的刺杀，再也没有出现过。一个计谋没有成功，再想另一个计谋。太子李建成与齐王李元吉居然合谋对尉迟敬德进行诬告，说他想要起兵谋反。唐高祖李渊听了之后，不问青红皂白就直接要将其斩首示众。好在有秦王李世民多方进行保护，尉迟敬德最终才被免除了死罪，捡回了一条命。

太子李建成与齐王李元吉的不断逼迫，更加激发了秦王李世民想要做皇帝的野心。秦王李世民建立了天下第一的功劳，自然就产生了成为天下主宰的想法。武德年间，关于秦王李世民未来贵不可言的传说接连不断地传出来，并且层出不断。这实际上反应了那个时候秦王李世民的一种心迹。也许，这些神话传说就是秦王李世民势力集团任意编造出来的。其中，李世民四岁那一年，书生所说的那个传言，自我编造的痕迹并不是很明显。而李靖所说的亲身经历的那件事情，却有着很大的自我编造的痕迹。

相传，李靖在向秦王李世民投降之前，曾经让擅长相面的虬髯客以及一位道人为李世民相面。那名道人表示："秦王李世民是能够赢得全局之棋的大贵人。"而虬髯客则认为："太原李氏，真是英主，三五年内，当致太平。"这样十分明显的编造出来的传说，清晰地反映出了在很早的时候，秦王李世民确实已经产生了图谋皇帝之位的野心。

到了武德末年，唐朝的统治集团内部逐渐地形成了两大集团——以李建成为首的太子势力集团与以李世民为首的秦王势力集团。在朝廷的宰相中，裴寂与封伦属于太子李建成这一派的，而陈叔达与萧瑀则属于秦王李世民这一派的。因为裴寂不仅是晋阳起兵的特大功臣，而且还是唐高祖李渊非常宠爱的大臣，在朝中有着十分重要的地位，所以，太子李建成在最开始的时候处于有利的地位，这也导致秦王李世民好几次都差点儿丢了性命。

武德七年（公元 624 年）六月，齐王李元吉极力劝说太子李建成将秦王李世民杀掉，并且说道："我应当为皇兄亲手将他杀死。"有一天，秦王李世民陪着唐高祖李渊一同前往齐王李元吉的府第。李元吉命令护军宇文宝在寝室中设下了埋伏，想要趁着这个机会向秦王李世民行刺。当他将这个计划告诉太子李建成的时候，李建成坚决反对。齐王李元吉对此很不满，心中满怀怨气地说道："我这样做完全为了兄长好，对我李元吉根本没有任何的好处！"太子李建成软语地劝说道："弟没有听说过投鼠忌器吗？如今父皇的年龄已经很大了。如果受到这样的惊吓，难道不是增添了我们的罪行？"

为了顺利地将秦王李世民杀掉，太子李建成私底下招募了两千多名壮士作为东宫的卫士，又征调了三千名幽州精骑，分别安置在东宫的各个房间。与此同时，太子李建成还命令担任庆州总督之职的杨文干私下将招募到壮士送到长安来。杨文干曾经在太子东宫担任过警卫，是太子李建成的党羽。太子李建成因为与秦王李世民之间存在很大矛盾，所以常常与杨文干悄悄地聚在一起进行谋划，因此对于太子李建成与齐王李元吉想要对付秦王李世民的心思，杨文干是相当清楚并且十分赞同的。

有一天，李渊前往仁智宫小住，命令太李建成在京师长安留守，秦王李世民与齐王李元吉作为随从一同前往。在队伍出发之前，太子李建成将齐王李元吉叫到跟前，说道："这一次，秦王李世民随行，会见到父皇的各位妃嫔。他肯定会将自己手中的众多珠宝，全部送给诸位嫔妃。各位嫔妃收了他的贿赂，一定会帮着他说好话。这样一来，我们难道不是要束手待毙吗？吉凶怎样，安危大计，就在这一次决定了。如今，你跟随父皇一起出行，可以趁此机会举事。"而且，太子李建成还偷偷地命令郎将尔朱焕与校尉桥公山在暗里地为杨文干送去甲仗，命令他火速起兵，以便能够达到里应外合的效果。

然而，令人万万没有想到的是，尔朱焕等人害怕这件事情泄露出去之后，会给自己带来灭顶之灾，在队伍走到幽州的时候，就主动向唐高祖李渊请罪，说出了兵变的计划。唐高祖李渊听了之后，非常生气，立

即下诏召太子李建成前来。太子李建成得知这个消息之后，异常惊慌，不敢前去见唐高祖李渊。最后，在詹事主簿赵弘智的耐心规劝之下，太子李建成才轻车简从来到了唐高祖李渊的住处。在见到唐高祖李渊之后，尽管太子李建成投身委地，不断地磕头告饶，但是唐高祖李渊仍然把他监禁在幕下。

趁着出行之际而将秦王李世民谋杀的阴谋败露之后，激发了庆州总督杨文干的叛变。唐高祖李渊派遣秦王李世民前去围剿，并且向其保证："杨文干造反的事情牵涉到太子李建成，你应当亲自前去将其消灭。等到你凯旋而归的时候，我就立你为皇太子。我不能够像隋文帝那样将其子斩杀，而应当册封李建成为蜀王。蜀兵的战斗力很弱，即便日后李建成率兵闹事，你也能够很容易地将其平定；如果他不率兵闹事，你也能够很容易地将他手中的兵权剥夺。"作为一国之天子，动不动就将储君之位许诺给自己其他的儿子，这也是激起玄武门之变的一个很大的诱因。

然而，在秦王李世民出兵前去平定杨文干叛乱的时候，齐王李元吉与李渊的各个妃嫔轮流为太子李建成说情，非常受李渊宠爱的封伦也站出来为太子李建成求情。在这样的情况下，唐高祖李渊就改了主意，依旧派遣太子李建成返回京师长安留守，只是斥责他和兄弟之间相互的不和睦，命令他今后痛改前非罢了。与此同时，唐高祖李渊又把这件的事情的罪过全部算到了太子中允王珪、左卫率韦挺以及天策兵曹参军杜淹的头上，说是他们在太子李建成身边不断地撺掇，不停地拨弄是非，才使得太子李建成在一时糊涂之下犯了错，所以，他们应该承担所有的罪过。就这样，唐高祖李渊将这三个人充军巂州，替太子李建成做了替罪羊。因此，当秦王李世民将杨文干斩杀、平定了叛变回到京师长安之后，唐高祖李渊也不再提更换太子的事情了。秦王李世民料想到其中发生了变化，也没有前去找唐高祖李渊讨说法，最后也只是一笑而过了。

七月，突厥又一次率兵侵入关中。这时，朝中大臣有人劝唐高祖李渊说："突厥数次侵入关中，不外乎是因为长安繁华热闹，他们只是想来长安大肆掠夺财物而已。所以如果我们用一把火把长安焚烧成灰烬，不把它作为都城，突厥的入关侵略也就会平息的。"

唐高祖李渊觉得这位大臣讲很有道理，随即派人外出寻找适合建都的地方。太子李建成、齐王李元吉以及裴寂等人也都同意这个说法，并且主张把都城设在樊、邓之地。而萧瑀等人虽然觉得这个建议不好，但是都没有胆量上书劝唐高祖李渊取消这个命令。这么多人中只有秦王李世民极力劝道唐高祖李渊说道："边境少数民族的骚扰自古以来都存在。陛下您有过百万的精兵，所到之处没有人能和您匹敌，可为何您因为蛮夷的骚扰就想着依靠迁都来躲避祸端呢？如果真的迁都，这将使九州臣民感到羞耻，被后人所耻笑。在汉朝时，霍去病仅仅是一个将军就立志要把匈奴消灭，更何况儿臣现在是一位藩王。如果您给我几年的时间，儿臣保证将蛮夷消灭，并把颉利可汗的人头献给您。如果几年以后而没有做到，到那时再迁都也不晚啊。"

就这样，唐高祖李渊把迁都的想法取消了。但对于此事太子李建成和众位妃嫔却向唐高祖李渊进说谗言："突厥虽然每次都是边患的主要原因，但是每次在得到一些钱物后就率兵退回。秦王是以驻守边关作为借口，实际是想把天下兵权都揽于自己之手，从而以实现他的篡位夺权的野心。"秦王李世民处处为了刚刚成立的唐王朝，一腔卫国的热血却遭到百般污蔑，这些事情促使他对太子李建成断绝手足之情的想法坚定了。

为了把秦王李世民除去，太子李建成费尽了心机，用尽了各种手段。一天，唐高祖李渊去长安城南狩猎，命令他的三个儿子太子李建成、秦王李世民、齐王李元吉在马上射杀猎物来争夺胜利。太子李建成有一匹马性情非常暴躁，身材高大，并且喜欢用后蹄踢人，所以太子李建成就想用这匹烈马去害齐王李世民。

太子李建成对秦王李世民说："这马确是一匹良驹，能够飞跃几十丈宽的深沟，弟对骑术非常擅长，请来试试这匹马。"秦王李世民飞身上马，去追赶一头野鹿，眼看着野鹿马上就被追上了，这匹马突然蹶蹄，秦王李世民被摔下了马，并且滚出数步之远，万幸的是没有被伤着而且安全站立在那。就这样秦王上马、被摔下经历了三次，烈马终于被他驯

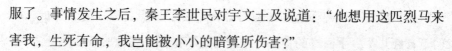

服了。事情发生之后，秦王李世民对宇文士及说道："他想用这匹烈马来害我，生死有命，我岂能被小小的暗算所伤害？"

太子李建成得知秦王李世民这样说之后，就让后宫的妃嫔向唐高祖李渊进谗说道："秦王李世民说，他的性命是上天注定的，将来就是天下之主，怎么会这么简单地就死了呢？"唐高祖李渊听了之后非常生气，先召见太子李建成与齐王李元吉问明缘由，然后又将秦王李世民召了过来，很生气地对他说："天子是上天给的，不是凭借小聪明而得来的。你心里为什么整天只想着这个皇帝的位置呢？"秦王李世民急忙跪下说："恳请父皇下令立案彻查这件事情。"唐高祖李渊心中的怒气还没有消除，这个时候，有人来报告，突厥又来侵犯边关，而且他们的前锋已经到达幽州了，这才使唐高祖李渊面露悦色地对秦王李世民进行安慰，并且转而与他一起商量退敌的良策。

像这样的事情似乎已经形成了习惯，每当遇到战事，唐高祖李渊都会让秦王李世民率兵出征御敌，但是每次凯旋而归之后，他对秦王李世民的猜忌就会加重。唐高祖李渊的这种做法，使得太子李建成等人更加不顾一切地陷害秦王李世民，就连下毒的办法也都用上了。关于给秦王李世民下毒这件事情，还得从与突厥这次交战说起。

在这次战争中，齐王李元吉早就被敌人的嚣张气焰给吓破了胆，而秦王李世民却心态平和，用兵自如。他知道突厥二汗之间存在矛盾，就巧妙地利用这个条件，成功地抵挡了突厥的进军，这场战役经历了两年之久，最终仍然是以秦王李世民获胜而告终。从此以后，秦王李世民的名气更大了，而太子李建成对他的嫉妒也更深了。

于是，太子李建成假装要给秦王李世民摆庆功宴，派遣部下前去请秦王李世民去他的东宫喝酒，而他则趁机将毒药放入了酒中。秦王李世民原以为兄弟之间的矛盾只不过是一些小误会，没有什么大不了的。对于兄长会在酒中下毒来加害于他的事情，是他做梦也没有想到的。所以，秦王李世民在酒宴并没有防备什么，兄长敬酒，他也放心地喝着。但是，当酒宴进行到一半的时候，秦王李世民突然感到心口剧痛，然后吐出很多的血。淮安王李神通急匆匆地将他扶回了亲王府。幸亏秦王李世民的门下有好几个妙手回春的神医，才最终让李世民平安地脱险。从此之后，李世民在面对李建成的时候，就提高了警惕，与之形成了对立的局面。

为了确保在与太子李建成派对抗的时候更有胜算，秦王李世民就派心腹温大雅前去洛阳镇守，并且用很多金帛作贿赂之用。同时，李世民又让心腹张亮前去与山东的众多豪杰进行结交，以便为自己准备好一个退路。李元吉知道这件事情之后，就告发张亮谋划着不轨之事。于是，李渊就下令逮捕了张亮，但是张亮死也不肯认罪，最后，李渊不得不把他无罪释放了。

玄武门之变

随着时间的推移，太子李建成、秦王李世民以及齐王李元吉这三兄弟之间的矛盾越来越深。为了缓和他们兄弟间的关系，唐高祖李渊又想到了一个折中的方法。他对秦王李世民说："首建大谋，削平海内，都是你的功劳。所以，我原本准备立你为太子，但是你一直推辞不就，再加上建成的年龄比你大，做太子已经很长时间了，并没有犯下什么大的过错，我真的不忍信将他废掉。根据我的观察。你们兄弟之间已经相处不下去了，倘若都待在京城的话，肯定会一直争斗不休。我想要让你到洛阳进行镇守，主持东部的政务，同时，还允许你修建天子旌旗，与汉朝的梁孝王一样。"

齐王李世民非常清楚，父亲这样做是对自己的宽容，同时也是在试探自己的政治企图。但是，他也深深地明白，只要他从政治中心长安离开，就几乎不可能将太子之位夺到手了。于是，他就用"不想离开父亲，想要在父亲膝下尽孝"作为理由进行推辞。然而，李渊还是坚持让他从长安离开，前去洛阳。他这样安慰李世民："天下本来就是一家，东、西两都也离得不算远。我想你的时候，就会到洛阳去看你。你根本不需要为了这个而伤心。"

而太子李建成、齐王李元吉却与唐高祖李渊想得不一样，他们觉得倘若秦王李世民前往洛阳，他的手中就有了土地与兵将，就不好控制了；而若把他留在长安，他只是一个匹夫而已，想要收拾他是一件非常容易的事情。于是，当秦王李世民准备动身前往洛阳的时候，太子李建成与齐王李元吉暗中指使好几个人秘密地给唐高祖李渊上书，污蔑道："秦王的部下得知前往洛阳的消息之后，全部都高兴得手舞足蹈，这样看来，秦王再也不需要回长安了。"他们又命令心腹秘密地规劝唐高祖李渊，为其分析其中的"利害关系"。在这样的情况下，唐高祖李渊就改变了想法，不再让秦王李世民前去洛阳镇守了。

唐高祖李渊如此优柔寡断，单凭他人随便说几句就将轻易地将自己的决定推翻，不可不说已经到了很糊涂的地步了。更有甚者，在太子李建成与齐王李元吉以及后宫嫔妃日夜不断地进谗言的情况下，年老昏庸的唐高祖李渊还产生了除去秦王李世民的想法。对此，陈叔达极力进谏，劝说道："秦王李世民对天下有很大的功劳，不能够废掉。况且，他的性情十分刚烈，如果一味地对他进行排挤、伤害，将他逼到他控制不了自己的地步，极有可能会发生预测不了的事情。到了那个时候，陛下就是想要后悔，恐怕也来不及了。"齐王李元吉曾经私下里向唐高祖李渊奏请将秦王李世民诛杀，唐高祖李渊问道："用什么作为理由呢？"齐王李元吉回答说："但应速杀，何患无辞！"由此可以看出，到了后来，唐高祖李渊并不是放弃了将秦王李世民除去的想法，而是苦于找不到借口才没有动手罢了。

秦王李世民被逼得无路可走了，似乎只剩下发动政变才能保全自己了。甚至，就连秦王府的幕僚也都感觉到了危险的逼近。行台考功郎中房玄龄对长孙无忌说道："如今，秦王与太子等人之间的已经形成了嫌隙，一旦爆发灾祸，绝对不仅仅是秦王府一败涂地的事情了，而是要对唐王朝的江山社稷产生极大的危害的。不如我们一起劝说秦王李世民行周公之事，从而保证家国的安定。到底是存是亡，就看今天了。"

长孙无忌是秦王李世民妻子的舅舅，与房玄龄是生死之交。他面见秦王李世民，说出了心中的想法。于是，秦王李世民就将房玄龄、杜如晦等人召集起来，一起商议这件事情。对于发动政变、将太子李建成与齐王李元吉诛杀，他们绝大多数的人都点头表示同意，只有灵州大都督李靖与行军总管李勣推辞而没有说可以。这让秦王李世民举棋不定，难以下定最后的决心。

非常巧的是，这个时候，突厥又来唐朝的边境进行骚扰，太子李建成举荐齐王李元吉率领部众向北前去讨伐。齐王李元吉在征得唐高祖李渊的同意之后，请求征调秦王府的尉迟敬德、程咬金、秦琼等勇猛将领以及精锐部众一起出征，以便能够趁着这个机会将秦王李世民的实力削弱并瓦解。而且，他们还准备用计除掉秦王李世民。

太子府率更丞王晊将这个密谋告诉了秦王李世民，说道："太子李建成和齐王李元吉已经秘密地制定好了计谋，想要在为齐王李元吉饯行到昆明池的时候，设下埋伏将秦王李世民杀死，然后就向皇上禀报，说秦王李世民暴亡，并且逼着皇上将皇位禅让给太子李建成。"

这个时候，长孙无忌极力劝说秦王李世民马上发动政变。而秦王李世民依旧叹着气说道："骨肉相互进行残杀，这是古往今来的大恶事。我真的也知道灾祸就在我的眼前了，只想着让他先动手，然后，我再仗义将其消灭，这样不可以吗？"尉迟敬德说道："如果秦王不听从敬德的话，那么，我尉迟敬德将会马上离开，前往山林草泽，再也不留在秦王身边这样坐以待毙了。"长孙无忌接着说道："如果秦王不采纳敬德的意见，不但敬德等人不愿意再被秦王所用，而且我长孙无忌也不可能再为秦王效命了。"

于是，秦王李世民又将其他的幕僚谋士也召集了起来，一起商量对策。大家一致说道："齐王李元吉生性残暴，最终肯定不会心甘情愿地屈于太子李建成之下。他曾经说：'只要将秦王李世民除掉，再取东宫就会变得易如反掌！'如果让此二人得志，恐怕天下将不再是唐王朝的了。以秦王您的贤德和才能，将他们两个人降服，就好像拾草芥一样简单，为何秦王您依旧怀匹夫私情而忘记江山社稷的安危了呢？"这个时候，秦王

李世民心中仍然有一丝迟疑，就命令利用占卜之术来测定此事的吉凶。幕僚张公谨恰从外面进来看到之后，一把将龟甲拿起来摔到了地上，说道："占卜的作用是测定疑问，如今早已经没有什么疑问需要占卜的了。难道如果问卜的结果不吉利的话，这件事情还能够就这样停手了吗？"如此一来，秦王李世民才最后下定决心先发制人，发动政变。

于是，武德九年（公元626年）的一天，秦王李世民进宫面见唐高祖李渊密奏太子李建成与齐王李元吉在后宫胡作非为的罪行。李渊听了之后非常惊讶，说道："他们居然做出这样的事情？"李世民说："不仅这样，他们还曾经好几次谋害我的性命。要不是他们的计谋没有得逞，儿臣现在根本没有机会站在父皇的面前了！"李渊说："你所说的事情，关系重大，明日我一定要亲自对他们进行审问！"当天晚上，李世民就开始调兵遣将，由长孙无忌等人率领部众，在玄武门设下埋伏。

唐高祖的宠妃张婕妤得知了秦王李世民奏表的内容，就立即派遣内侍将此事转告太子李建成。太子李建成收到消息之后，立即将齐王李元吉叫过来一起商议，齐王李元吉说道："应当依靠宫府的实力，以生病作为借口推托不上朝，然后再看局势怎样发展。"不过，太子李建成却说道："我们内有妃嫔，外有侍卫进行照应，即使秦王李世民有三头六臂，恐怕也没有什么计谋可以施展的。我等只管上朝，亲自前去打探一下消息。"于是第二天清晨，太子李建成与齐王李元吉骑上马前往皇宫。

负责玄武门守卫重任的将领常何和敬君弘，原本是太子李建成的人。后来，在秦王李世民数次说服与收买之下，已经暗中脱离了太子李建成而成为了秦王李世民的内应。所以，当太子李建成与齐王李元吉进宫之后，常何就将宫门紧紧地关闭了，从而将内宫与外部的联系切断了。

当太子李建成与齐王李元吉刚刚走到临湖殿的时候，就发现情况不太对劲，马上将马调转过头向东宫的方面奔跑。只听这个时候有人喊道："太子、齐王，你们为何不去上朝？"齐王李元吉回过头来一看，原来是死对头秦王李世民，就连忙拿出弓箭，搭上箭矢，连续向秦王李世民射了三支箭，但是可惜的是，都没有射中。而秦王李世民则手持弓箭对准太子李建成，一箭就将他射于马下，李建成立即断气了。齐王李元吉急急忙忙地向西方逃去，结果，被秦王李世民手下的大将尉迟敬德在武德殿给射死了。

东宫的侍卫们听到了兵变的消息之后，翊卫车骑将军冯翊、冯立以及副护军薛万彻等人立即带领东宫与齐府的两千精兵赶到了玄武门，与守门的士兵大战了很长时间，杀死了秦王的部下敬君弘。薛万彻想要向秦王府发起进攻，就在这个时候尉迟敬德手里拿着太子李建成与齐王李元吉的首级赶来了。东宫的将领与兵士们一看都大惊溃散了，冯翊、冯立以及薛万彻等人也都逃到了终南山等地。

唐高祖李渊因为三个儿子都没有上早朝参政，还以为他们是在相互进行回避，于是，就匆匆地罢了早朝，准备以后再作计较。随后，他就与后宫的妃嫔前往海池乘船尽情地游玩去了。

突然，唐高祖李渊看到尉迟敬德急匆匆地赶来，就忙问道："你来这儿做什么？"尉迟敬德回道："太子与齐王发动叛乱，秦王担心惊扰陛下，特意派遣臣来保护陛下。"唐高祖李渊听了之后，相当震惊，问道："现在，太子与齐王在什么地方？"尉迟敬德回答："秦王已经将他们杀死了。"唐高祖李渊非常伤心，吩咐游船立即靠岸，对着裴寂等人说道："没想到今日居然会发生这种事，你们看应当怎么办？"萧瑀说道："太子李建成与齐王李元吉原本就没有什么太大的功劳，而秦王李世民功德盖世，同时深得人心，应当立秦王李世民为太子。"唐高祖李渊说："原本，我也是这么想的。"

这个时候，亲王府的兵马正在与官府兵进行混战。尉迟敬德趁机赶紧请求道："外面的叛乱还没有平静下来，请陛下降旨，让秦王指挥各路军队。"于是，唐高祖李渊就命令天策府司马宇文士及进行草诏并且宣敕，玄武门内外的动乱这才慢慢地平息下来。

玄武门兵变的具体时间为武德九年（公元 626 年）六月庚申日。政变发生之后，唐高祖李渊将秦王李世民召过来，进行安抚道："近几日以来，各种疑惑，就好像曾母投杼，不能够自解。建成与元吉，胆敢犯上

作乱，也算是死有余辜。只不过事关骨肉，有这样的变故，既可恨又可悲。"秦王李世民趴在地上，向唐高祖李渊请罪求赦，痛哭了很长时间。

秦王府的人又对秦王李世民进行劝说："如果斩草不能够除根，那么，最终肯定会留下后患。李建成与李元吉各自有好几个子嗣，应该一并将其诛杀了，这样才可以无后顾之忧。"秦王李世民没有对其进行阻止，听任僚佐所为。这样一来，李建成的儿子河东王李承德、安陆王李承道、汝南王李承明、武安王李承训以及钜鹿王李承义，李元吉的儿子渔阳王李承鸾、梁郡王李承业、江夏王李承裕、普安王李承奖以及义阳王李承度，全部被抓了起来，一并杀死了。从此之后，李建成与李元吉就绝了属籍。

李建成与李元吉以及其子嗣被诛杀之后，秦王府的诸位将领还要将东宫一百多名余党抓起来杀掉，并且想要将他们的家产全部没收。对此，秦王李世民都采用了默许的态度，仅仅只有尉迟敬德十分固执地为其争取道："罪在两位元凶，既然已经将其诛杀了，就不应该祸及他们的余党，这才是求取安定的良策。"于是，秦王李世民才向唐高祖李渊请旨大赦天下："凶逆的罪行，止于李建成与李元吉，其他的党羽，一概不进行追究了。所有的国家大事，都听任秦王进行处理。"

随后，唐高祖李渊册立二儿子李世民为皇太子，并且再一次下诏："从今天开始，军国大事，不管大小全部交给太子进行处决，然后闻奏。"这道诏书一经颁发，尽管李世民还没有受禅，但是实际已经相当于一位皇帝了。

更重要的是，在玄武门之变中，李世民又收获了很多非常重要的治理国家的著名人才。当初，担任太子洗马之职的魏徵曾经常劝导太子李建成尽早将秦王李世民铲除。在玄武门政变之后，李世民就将魏徵召了过来，问道："你为什么要离间我们兄弟二人之间的感情？"那个时候，在场的人都暗暗地为魏徵捏着一把汗。但是，魏徵却没有丝毫慌乱，而是十分淡定地回答道："倘若太子能够早早地听从我魏徵的建议，就不会有今天的灾祸了。"在平日里，李世民就非常看重魏徵的才华，听了他这样的回答之后，就对他的为人更加敬重了，于是就任命魏徵为詹事主簿。与此同时，李世民又从巂州将被充军的王珪等人召了回来，全部都授予他们谏议大夫的官职。

七月甲子日，李世民终于如愿所偿登上了皇帝的宝座，于是，大赦天下，定年号为贞观，历史上称为唐太宗。唐高祖李渊则被尊称为太上皇。

事件点评

玄武门之变，兄弟骨肉相互残杀，最终两位元凶被诛杀，并且祸及了他们的无辜的子孙后代。在世人眼中，李世民可以说是一代明君，但是从这件事情中，我们也可以对他的残忍窥见一斑。

李世民不但将亲哥哥李建成与弟弟李元吉杀死，夺下了太子之位，而且还强行逼迫他的父亲李渊将皇位让给他，以非比寻常的手段完成了最高权力的转移，然后开始了他那无比辉煌的明智君王的道路。对此，闻名中外的史学家司马光在他的《资治通鉴·唐纪》中是这样评论的：

"立嫡以长，礼之正也。然高祖所以有天下，皆太宗之功；隐太子以庸劣居其右，地嫌势逼，必不相容。向使高祖有文王之明，隐太子有泰伯之贤，太宗有子臧之节，则乱何自而生矣！既不能然，太宗始欲俟其先发，然后应之，如此，则事非获已，犹为愈也。既而为群下所迫，遂至喋血禁门，推刃同气，贻讥千古，惜哉！夫创业垂统之君，子孙之所以仪刑也。彼中、明、肃、代之传继，得非有所指拟以为口实乎！

第四章

——

胡人挑起的叛乱

——安史之乱

阅读引言

在唐玄宗开元天宝时期，天下没有战争，社会也在繁荣发展，百姓们也都能够安居乐业，国家的粮仓十分充盈，中国的封建社会发展到了昌盛的最高点。面对这样的景象，就连杜甫，这个伟大的现实主义诗人，也情不自禁地拿起笔，写下了对那个时代的溢美诗篇：

忆昔开元全盛日，小邑犹藏万家室。

稻米流脂粟米白，公私仓廪俱丰实。

九州道路无豺虎，远行不劳吉日出。

齐纨鲁缟车班班，男耕女桑不相失。

当然了，杜甫的诗中所讴歌的那个时代早已经成为了过去，他只不过是在饱受战乱的痛苦时对以前社会安定与繁荣生活的一种回忆罢了，所以，杜甫才将这首诗命名为《忆昔》。

实际上，在这繁华的背后却隐藏着一场重大的社会动乱。唐玄宗李隆基在其统治的后期，非常昏庸腐败，整天只知道寻欢作乐，根本不再用心处理朝政。他慢待忠臣，宠信小人，才使得李林甫、杨国忠、安禄山等奸佞之臣专权了二十多年，最后，引发了"安史之乱"，将一个原本很昌盛的唐王朝送上了衰败的道路。

叛乱纪实

忠直之臣被贬

提起李林甫，也算是出自大唐王朝的宗室。他是唐高祖李渊的堂弟——长平肃王李叔良的曾孙。李林甫有一个乳名，叫作哥奴，对音律十分精通，并且善于察言观色，溜须拍马。李林甫曾经与担任侍中之职的裴光庭的夫人有过一段私情，借助这层关系才巴结上了高力士、韩休等人，所以，没用多长时间，他就被提拔为吏部侍郎。后来，他又巴结上了唐玄宗李隆基非常宠爱的一个妃子——武惠妃，不久之后，就被提升为礼部尚书以及同中书门下三品。就这样，李林甫凭借着他投机钻营的本事，平步青云，在开元二十二年（公元734年），就成为了与那个时候著名大臣张九龄与侍中裴耀卿齐名的朝廷重臣。

李林甫有着极其深的城府，非常善于演戏。他表面上对人十分和善，能说会道，但是在背地里做一些落井下石的勾当。所以，那个时候的人都说李林甫是"口有蜜，腹有剑"。成语"口蜜腹剑"就是出自这里。

当李林甫担任礼部尚书、同中书门下三品之后，不管是脑袋里想的，还是实际上做的，其目标只有一个，那就是怎样更好地奉迎唐玄宗李隆基，将张九龄从宰相之位上赶下来。而张九龄也是当之无愧的一代名相，他不仅学识渊博，而且敢于直谏，性格刚正不阿，做事干净利落，因此，受到了唐玄宗李隆基的赏识。张九龄和裴耀卿能够和睦相处，两个人都是当朝宰相，可以做到相得益彰，这实在是唐朝的大幸运。然而，自从李林甫被提升为礼部尚书之职，进入宰相的圈子之后，曾经多次在唐玄宗李隆基面前诋毁张九龄，导致唐玄宗李隆基慢慢地疏远了张九龄。

开元二十三年（公元735年），唐玄宗李隆基对于将入侵的契丹兵打退的幽州刺史张守珪的才能十分欣赏，想要任命他为当朝宰相。但是，张九龄却进谏说："宰相的职责是帮助天子对天下政务的官员进行管理，而不是用来赏赐有功之人的。"唐玄宗李隆基说："仅仅给他挂一个虚名，并不是将实权交给他，这样也不可以吗？"张九龄依旧坚决反对，说道："不可以。名与位是君主用来控制臣子的，不能随便地送人。更何况，张守珪只不过是将契丹的入侵打退了，陛下就任命他为宰相，那么，倘若将奚和突厥彻底消灭了，陛下又应当如何对他进行封赏呢？"尽管唐玄宗李隆基最终还是接受了张九龄的意见，但是心中始终感觉有点儿不舒服。再加上，事发之后，李林甫在唐玄宗李隆基的面前诋毁张九龄多嘴多舌，使得唐玄宗李隆基与张九龄之间有了隔阂。

第二年秋天，唐玄宗李隆基感觉住在东京洛阳的时间太长了，都有点儿腻了，所以，他就特别想去西京长安看看。张九龄与裴耀卿得知这个消息之后，连忙进行劝导："目前秋收还没有结束，请求陛下等到入冬之后再起驾回西京。"对于唐玄宗李隆基的那点儿心思，李林甫看出来了，所以，在张九龄与裴耀卿走了之后，他单独留了下来，对唐玄宗李隆基说道："长安与洛阳，只不过是陛下的两座宫殿，行幸往来，为什么还必须选择时间呢？即便妨碍点秋收，只要将沿途的赋税免除就行了。臣请求陛下宣喻百司，立刻起驾西行。"唐玄宗李隆基听了李林甫的话后非常高兴，觉得只有李林甫对自己最为体贴。于是，他不再理会张九龄等人的谏言，当即就起驾西行了。

唐玄宗李隆基回到西安之后，想要提拔曾经在河西做出了一些政绩的朔方节度使牛仙客为尚书。张九龄再次表示反对，说道："不可以。所谓尚书，古代称之为纳言，不应当如此轻率地授予官职。自我朝以来，只有德高望重、名扬中外之人才能够担任。牛仙客只不过是河湟地区的一个命官，一下就将他提拔为国家的重臣，恐怕这会有羞于朝廷。"唐玄宗李隆基说："那么就给他封爵赐邑吧。"张九龄又进行劝阻："不可以。封爵是为了更好地激励有功劳的人的。作为一个边将的牛仙客充实仓库、修理器械，也只不过是做了他应当做的正常政务罢了。陛下想要对他的勤于政绩进行奖赏，赏赐给他一些金帛就可以了。如果裂土封爵赐邑，恐怕就有点儿不合适了吧。"唐玄宗李隆基听了之后，没有再说一句话。在张九龄离开之后，李林甫又进谗言道："牛仙客有着宰相之才，岂止是一个尚书。张九龄的书生气太重了，一点儿也不识大体。"李林甫的话让唐玄宗李隆基对张九龄更加不满了。

第二天，唐玄宗李隆基再一次提到这件事情，张九龄依旧坚持自己原来的意见。唐玄宗李隆基非常生气，板着脸说道："难道什么事情都必须由你说了算吗？"张九龄连忙跪在地上，叩首谢罪说道："陛下不以臣愚忠，让臣担任宰相之职。事情存在不妥的地方，我不敢不将实话说出

来。"尽管唐玄宗李隆基听张九龄的解释,心中的怒气稍稍消了一点儿,但是他依旧说道:"你反对牛仙客担任尚书之职,是嫌弃他出身寒微吗?那么,你又出生在什么样的门第中呢?"张九龄回答说:"我出生在十分偏僻的贫穷人家,根本比不上牛仙客生在中原繁荣的地方。但是,我进入台阁,典司诰命已经有很多年了,而牛仙客仅仅是边地的一名小吏,不认识几个字,如果委以这样的重任,恐怕最终会让众人感到非常失望的。"下了早朝之后,李林甫又向唐玄宗李隆基进谗言道:"只要他具有才能就行了,为什么一定要学识很高呢?天子想要提拔与重用一个人,这有何不可呢?"没过多长时间,唐玄宗李隆基就赐封牛仙客为陇西县公,食封三百户。

让张九龄更加难以招架的是,李林甫与武惠妃勾结在一起,共同对自己进行诋毁与中伤。武惠妃为唐玄宗生下了一个儿子,即寿王李瑁,唐玄宗李隆基非常宠爱她。但是,当朝太子却不是她的儿子,而是唐玄宗李隆基做临淄王的时候所宠爱的赵丽妃为他生的儿子李瑛。太子李瑛以及鄂王李瑶、光王李琚都由于亲生母亲失去唐玄宗的宠爱而有些怨言,所以,经常聚在一起发发牢骚。李林甫知道之后,觉得有可乘之机,于是就与武惠妃串通起来,想要将太子李瑛废掉,改立李瑁为太子。于是,武惠妃就跑到唐玄宗李隆基的面前去哭诉:"太子结党营私,想要加害臣妾母子,并且还对陛下进行斥责与诽谤。"唐玄宗李隆基听了这些话之后,大怒不已,马上将宰相召来,想要将太子、鄂王以及光王废掉。但是,张九龄却说:"陛下登基已经将近三十年,太子与各位王爷基本上没有离开陛下左右,天天接受圣训。天下所有的人都为陛下享国长久、子孙昌盛而庆祝。如今,您的这三个儿子已经长大成人,从未听说有什么大的过错,为什么陛下要听信那些流言蜚语而将他们废黜呢?以前,晋献公错信骊姬而将太子申生杀害,致使三世大乱;汉武帝偏听偏信江充,将太子治罪,导致了京城流血;晋惠帝错误地听信贾氏的谗言将怀太子废除,使得中原生灵涂炭;而隋文帝则遵从孤独皇后的话将太子杨勇废除,而立了隋炀帝,结果,最终丧失了天下。由此可以看出,太子的确立与废黜，必须得谨慎。倘若陛下果真要那样做，那么，臣不敢奉诏行事。"张九龄的这番话说得相当具有深意，使得唐玄宗李隆基也开始犹豫不决，拿不定主意了。

张九龄回到府邸后没多久，武惠妃就派遣宫奴牛贵儿前来要挟，说道："有废一定会有立，如果你能够支持立李瑁为太子，那么你的相位就可以长久地保持下去了。"但是，张九龄并不吃这一套，反而怒斥牛贵儿："宦阉怎么能够参与国家政务，不要再与我进行饶舌了！"而李林甫则在私底下对唐太宗曾经宠信的宦官们说："这原本就是陛下的家务事，根本不需要去向外人询问。"尽管在张九龄的极力阻止下，李瑛的太子之位保住了，但是李林甫却与武惠妃内外进行相结，日夜不停地在唐玄宗李隆基面前对张九龄进行诋毁，使得唐玄宗李隆基对张九龄更加疏远。

俗话说得好，"物以类聚，人以群分"。李林甫是一个阿谀奉承、趋炎附势的高手，但却也是一个目不识丁的无赖。有一次，他在礼部主管考试的时候，有一名考生在答案中使用了《诗经》中的一个词——"杕杜"，李林甫不认识这个"杕"字，需要向部下进行询问。牛仙客也是胸无点墨，李林甫却很喜欢他，将他视为自己的知己与心腹。还有一个名叫萧炅的人，同样是一个不认识多少字的白丁，曾经将"伏腊"读成"伏猎"，但是，李林甫同样欣赏他，非要提升他担任户部侍郎之职。中书侍郎严挺之对此非常生气，就对张九龄说道："省中怎么能够容纳'伏猎'侍郎！"张九龄也因为这件事情而把萧炅贬出了京城，使其担任岐州刺史之职。因此，李林甫对张九龄与严挺之非常怨恨。没过多久，担任蔚州刺史之职的王元琰犯了贪赃之罪，严挺之曾经想尽办法去营救他。因为王元琰的妻子是严挺之原本休掉的妻子，所以，李林甫就以此向唐玄宗李隆基进谗言说道："严挺之因为私情而对王元琰有所偏袒，应当治罪。"唐玄宗李隆基转而向张九龄进行询问，张九龄回答："王元琰所纳的妻子是严挺之曾经休掉的妻子，他们之间不可能存在私情。"但是，唐玄宗李隆基却认为张九龄这么说是在为严挺之进行辩护，非常生气地说道："尽管他们已经离异了，但是还是存在私情的。"于是，异常愤怒的唐玄宗李隆基就将新账老账一块算了，以张九龄与裴耀卿是朋党作为理由，把张九龄贬为右丞相，裴耀卿为左丞相，禁止参与政事。

张九龄素来以忠心、正直而闻名。在张九龄被罢免之后，朝廷的大臣们都为了保全自己，不敢再向唐玄宗李隆基直谏了。李林甫为了将直谏的言路堵塞住，甚至将中书、门下两省的左右拾遗以及左右补阙等谏官召集起来，用手指着大殿门外面的那八匹立仗石马说道："这立仗马每天都规规矩矩地站在这里，就能够吃到三品上等草料；倘若它们叫唤一声，就会被贬斥拉走。到那个时候，它们想要后悔也晚了。"

但是，朝廷中偏偏就有人不愿意做那"立仗马"。补阙杜进向唐玄宗上书言事，书到了中书省那里就被扣了下来。第二天，杜进就被贬到了下邽去做县令。开元二十五年（公元737年）四月，担任监察御史之职的周子谅对牛仙客进行弹劾，说他根本就不具备宰相的才能，只是占着宰相的位置却不做宰相应当做的事情。不过，唐玄宗李隆基并没有接受他的意见，反而在李林甫的谗言之下，命令左右侍卫在朝廷上当着各位大臣的面，将周子谅狠狠地打了一顿。周子谅被打得当场就昏了过去，后来，就被流放到了边境。不过，当他走到蓝田时候就死了。而李林甫给唐玄宗李隆基上奏，说周子谅当初是张九龄推荐的人，所以张九龄也应当受到惩罚。于是，唐玄宗李隆基就下令将张九龄贬为荆州长史，从京师中赶了出来。从此之后，李林甫独揽朝政大权，唐王朝的政治从开明走向了黑暗，社会也从昌盛走向了衰败。

由于李林甫为非作歹，将唐王朝弄得乌烟瘴气。他指使部下向唐玄宗李隆基进谗言说，太子李瑛、鄂王李瑶以及光王李琚想要将武惠妃母子二人害死，最终导致这三位喜爱学习、有真实才华的皇子无辜被杀。为此，天下的人都为之扼腕痛惜。李林甫陷害具有卓越功勋的著名将领王忠嗣，将曾经揭发他的赵奉章杀害，对佞臣酷吏杨慎矜以及吉温等加以重用。李林甫的"顺我者昌，逆我者亡"的手段，导致唐朝的政治一天比一天腐败。到了天宝十一年（公元723年），李林甫把持朝政已经有十九年了，导致原本处于鼎盛时期的唐王朝迅速地走向了衰落，终于招来了一场关乎唐王朝生死存亡的叛乱——"安史之乱"。

安禄山的崛起

说起安禄山等人的崛起，也和李林甫有着很大的关系。安禄山原本是营州的一个杂胡，刚开始的名字叫作轧荦山。他的母亲是一个巫婆，父亲死了之后，母亲带着他嫁给了突厥人安延偃。没有过多长时间，安延偃的部落就被打散了，轧荦山逃到了唐朝，并且为自己更改了姓名，改为安禄山。安禄山非常狡黠，十分擅长揣度别人的心思，并且作战的时候也相当骁勇。所以，当他在幽州刺史张守珪部担任互市牙郎之职的时候，因为张守珪很赏识他，就将他收为养子，并且开始重用他。

开元二十四年（公元735年），张守珪派遣已经被提升为平卢讨击使、左骁卫将军之职的安禄山征讨奚族与契丹。安禄山仗着自己勇猛，贸然前进，结果被打得惨败而归，按照当时的法令，应当斩首示众。在将行刑的时候，安禄山就对着张守珪大声喊道："大人不是想要将灭奚、契丹灭掉吗？为何要将我安禄山杀掉？"对于他的骁勇，张守珪十分赏识，就想要保全他的性命，将他送到了京师，让朝廷进行定夺。那个时候，担任宰相之职的张九龄用军法来定他的罪，拿起笔批复道："以前穰苴诛杀庄贾，孙武斩杀官嫔，都是按照军法来定罪的。如果张守珪按照军令行事，那么，安禄山的死罪就不应该免除。"唐玄宗李隆基对安禄山的才能也非常爱惜，就下令将他的官职免除，命令他用白衣的身份接着做将领。但是，张九龄也是一个固执之人，他进谏说道："因为安禄山违背了军令，导致部队与城池都有损失，按照法令必须诛杀。更何况，臣对他的面相进行观察，发现他面带反相，如果不将他杀了，恐怕以后一定会成为朝廷的大患。"唐玄宗李隆基心中对张九龄很不满，说道："卿可不能像王夷甫识别石勒那样，枉害了忠良之臣。"说完之后，他竟然立即下令赦免了安禄山，使得他逃脱了法令的制裁。

李林甫在用人的时候，没有使用忠臣良将，专门使用安禄山这个没有什么文化的胡人作为蕃将，这为安禄山后来雄踞一方提供了一个非常有利的条件。自从唐朝建立以来，边关的元帅都是使用那些忠厚的著名将领。这些边关元帅的任职时间都不是很长，不遥领，不兼统，有着显著功名的人后来都成了宰相，比如，李靖以及娄师德。边关的元帅即便是文武全才也不能独自一个人承担御边的责任，一定要派出大臣对其加以节制，从而严防形成封建割据军阀。李林甫为了将"边关将领成为宰相"这条路堵死，自认为胡人不认识汉书，能够担当蕃将。于是，他就给唐玄宗李隆基上奏说："文官为将，怯当矢石，不若用寒微胡人。胡人英勇善战，寒族则孤立无党。陛下诚以皇恩融洽其心，彼必能为朝廷拼死效力。"对于李林甫的这个建议，唐玄宗李隆基表示赞同，于是，安禄山开始被朝廷重用。根据《资治通鉴·唐纪》记载那个时候："诸道节度使尽用胡人，精兵咸戍北边，天下之势偏重，卒使禄山倾覆天下，皆出于林甫专宠固位之谋也。"

尽管安禄山是一介武夫，但是他非常善于利用一切可以利用的条件打通自己的仕进之路。他在担任平卢兵马使之职的时候，只要是唐玄宗李隆基派来的侍臣，他总是用非常丰厚的礼物进行贿赂。担任御史中丞之职的张利贞作为河北采访来到了平卢后，安禄山降低自己的身份进行接待，就连张利贞身边的随从也都收到了一份很丰厚的礼物。张利贞向朝廷上奏，对安禄山大加称赞。随后，安禄山就被唐玄宗李隆基任命为营州都督，兼任平卢军使，为两蕃、勃海、黑水四府经略使。第二年，又分平卢为节度，以安禄山为节度使。第三年，又以安禄山兼范阳节度使。李林甫等人都在唐玄宗李隆基的面前不断地称赞安禄山，所以，唐玄宗李隆基对安禄山的宠信日益增强。

安禄山表面看起来十分粗犷，但是心中却有计谋。从表面上来看，安禄山给人一种非常憨厚而且忠直的印象，但是他的骨子中却极其狡诈。他长得相当胖，腹部都垂过了膝盖，其体重自称有三百多斤。虽然他身体肥胖得像一头猪，但是他的嘴却特别甜，对答敏捷，往往还夹杂着诙谐的语言，擅长逢场作戏，随机应变能力相当强，所以，得到了唐玄宗李隆基的欢心。有一次，唐玄宗李隆基曾经指着安禄山的肚子开玩笑地说道："这胡腹中装的是什么东西，居然这样硕大无比呢？"安禄山轻轻地拍打着自己的肚子，顺口回答："臣的肚子中并没有装任何的杂物，装的都是对陛下的赤胆忠心啊。"安禄山的一句话，就让唐玄宗李隆基心花怒放。

唐玄宗李隆基命令安禄山对太子进行参拜，但是，安禄山就是不愿意拜，并且说道："臣是一个胡人，没有看到过朝仪，不知道太子到底是一个什么官。"唐玄宗李隆基说道："太子就是储君。等到朕千秋万岁后，他就会代替朕管理你。"然而，安禄山依旧装聋卖傻地说道："臣非常愚笨，素来只知道陛下只有一个，从来不知道还有什么储君。"最后，在万般不得已的情况下，安禄山才向太子跪拜行礼。从此之后，唐玄宗李隆基对安禄山更为恩宠。唐玄宗李隆基摆下宴席招待文武百官，文武百官都列坐在勤政楼下面，仅仅只有安禄山一个人的座位设在御座的前面，而且"命卷帘以示荣宠"。

当时，唐玄宗李隆基最宠爱的妃子杨玉环听到关于安禄山的各种传闻之后，心中很想见见这个英雄。然而，当她亲眼看到这个人的时候，却感觉他的长相肥胖而滑稽，非常好玩。不过，更为有趣的还在后面。当安禄山拜见唐玄宗李隆基之后，居然像看不到任何人一样，直接来到杨玉环的面前，向她深深地鞠了一躬，然后称其为母亲。这让唐玄宗李隆基和杨玉环都很吃惊，不知道他为什么要这么做。安禄山解释说，他知道自己的母亲是谁，却不知道自己的父亲是谁，而且在很小的时候，母亲就去世了。所以，他很尊重与怀念自己的母亲，渴望自己能再有一个母亲。但是，他觉得一般人不配做他的母亲，只有杨玉环才配做他的母亲。

对于他的这个建议，唐玄宗李隆基与杨玉环更为惊讶，因为杨玉环比安禄山小十几岁，儿子比母亲还大很多，这实在太荒唐了。但是，看到他说得十分认真，知道他不是在开玩笑，于是，在片刻的思考之后，唐玄宗李隆基表示自己没意见，让杨玉环自己决定。杨玉环觉得这事很

有趣，自己只要点点头，就可以多出一个这么大的儿子，而且还是她一直想见的人。所以，她也没多想什么，就爽快地点头答应了。于是，宫中马上开始摆盛宴对这件事情进行庆贺，同时，唐玄宗还将不少金银赐给了安禄山，而且还给他加官晋爵，将北部边塞的军政实权给了他。这样，又有十万人马归入了他的帐下。天宝九年（公元750年），唐玄宗李隆基赐安禄山爵东平郡王，开创了大唐王朝将帅封王的先例。

叛乱前的准备

随着安禄山越来越受唐玄宗李隆基的宠爱，就慢慢地开始不把众位大臣放在眼里，甚至摆架子都摆到了李林甫的面前。有一次，李林甫将安禄山召来。安禄山到了相府之后，就直接坐到了客座之上，浑身上下都流露出一种蛮横自大的姿态。李林甫看到之后，虽然心中很不高兴，但是嘴上并没有说什么，只不过是用眼睛从上到下地打量着安禄山。安禄山感受到李林甫非常严厉的目光之后，原先的威风也丧失了一半。这个时候，李林甫就假装有事情，派遣下人将王鉷大夫召来。那个时候，王鉷在朝中的地位很高，仅仅次于李林甫。

王鉷看到李林甫之后，表现得诚惶诚恐，甚至小心谨慎地对其行跪拜之礼。安禄山知道自己做得不对，马上变得十分恭谨。王鉷走了之后，李林甫仅仅用了几句话，就弄清楚了安禄山内心深处的想法，惊得他汗流浃背。从此之后，尽管安禄山在对待其他朝廷大臣的时候，仍然十分侮慢，但是，他却唯独非常害怕李林甫。每次与李林甫相见，即便是在寒冷的冬季，他也常常大汗淋漓，将里面的内衣都弄湿了。在范阳的时候，每每安禄山派遣到京师的眼线刘骆谷从长安回来之后，安禄山一定会问道："李林甫都说了什么？"倘若是表扬他的话，他就立即会心喜若狂；倘若是要他自律自省的话，他就马上回自言自语地说道："哎呀，这次我要完了。"所以，在李林甫在世的时候，安禄山没有敢带兵造反。

到了杨国忠掌权的时候，安禄山就加快了其祸害大唐王朝，实现皇帝梦的脚步。杨国忠，原名为杨钊，是蒲州永乐（今西芮城西南）人。尽管他的长相比较端正，但是年轻的时候不喜欢读书，是一个整天游手好闲，不学无术，只知道吃喝玩乐的恶少。他最擅长玩一种赌博游戏——樗蒲，精于算计，每次出手都一定会胜利。杨钊和杨玉环属于同族，按照辈分来排的话，杨钊应该算是杨玉环的远房堂兄。杨钊常常去杨玉环家玩，并且与杨玉环二姐的关系非常密切。杨玉环被册封为贵妃之后，杨钊就是通过杨玉环见到了唐玄宗李隆基，并且因为善于玩樗蒲游戏而被唐玄宗李隆基所赏识。没有过多长时间，杨钊就被任命为金吾兵曹参军之职，打开了他进入大唐王朝最高权力机构的大门。

杨钊也是一个很会钻营的人。李林甫专权的时候，他就是李林甫的爪牙，充分利用自己不离开唐玄宗李隆基左右的特殊身份，前去向李林甫告密，因而得到了李林甫的器重。所以，他的仕途一帆风顺，他的官职也是水涨船高，在短短的一年时间中居然兼任十五使。到了天宝六年（公元747年），杨钊又被提升为给事中，兼任御史中丞之职，专判度支事。到这个时候，杨钊基本上已经把唐王朝的财政大权掌握在了自己的手中了。天宝九年（公元750年），杨钊因为图谶当中含有"金刀"这两个字，碰巧与自己名字相符合，所以，就提出修改名字的请求。于是，唐玄宗李隆基为他赐名为"国忠"。

从这一年开始，杨国忠在唐玄宗李隆基的"恩宠日深"之下，不断地扩张自己的势力，随后又开始对李林甫的宰相之位进行觊觎，想要取代他，自己做宰相。于是，他极力拉拢李林甫的心腹吉温，借着御史中丞宋浑贪污巨万赃款的罪名，将宋浑与萧炅摆平了。之后，安禄山利用邢縡、王鉷的案子将王鉷整垮了，并且趁着这个有利之际对李林甫进行追究。于是，唐玄宗李隆基开始逐渐地疏远李林甫。天宝十一年（公元752年），李林甫死了之后，杨国忠马立即被提升为右丞相之职，将朝政大权抓到了手中。

与李林甫相比，杨国忠的嚣张跋扈更为厉害。他执政之后，兼任四十余使，处理朝政，随意批复，就好像儿戏一样。在文武百官面前，他

更是颐指气使，胡说八道，“台省官有才行时名不为己用者，皆出之”。天宝十三年（公元754年），他对没有依附自己的京兆尹李岘非常厌恶，就把出现天灾的原因算到了李岘的头上，把李岘贬为长沙太守而赶出了京城。

杨国忠的儿子杨暄参加明经考试的时候，学业非常差，卷子答得乱七八糟的。担任礼部侍郎之职的达奚珣对杨国忠的权势非常害怕，所以被迫在没有定名次之前让自己儿子——达抚去试探一下杨国忠的态度。达抚来到杨国忠的府门外等了很长的时间，当杨国忠从门中出来，坐到马上，打算去上朝的时候，达抚急忙跑到杨国忠的马前。杨国忠看到达抚，还以为自己的儿子已经入选，达抚过来是为了给他报喜讨赏的，所以，面带笑容地看着达抚。但是，达抚却说：“令郎的试卷答得不合格式，但是也不敢落榜。”杨国忠听了之后，非常生气地说道：“我的儿子怎么会愁不富贵，根本用不着你们这群鼠辈来到我的面前卖弄。”说完之后，杨国忠打马离开了。达奚珣听到儿子回来所说的话之后，心中很是不平，但是又无可奈何，最终为了避免招来祸端，只能取杨暄为第一名。等到杨暄担任户部侍郎之职的时候，达奚珣才从礼部迁到了吏部。

更让人感到气愤的是，杨国忠大量索取贿赂，大肆敛收民财。只不过短短几年的时间，杨国忠家里积聚的财富居然比皇帝还多，各种奇珍异宝，数不上数，光是上等好缣就有三千万匹。他曾经对部下说道：“我原本是贫苦出身，只不过依靠着椒房之亲才有了现在的地位与财富，不知道未来能够混成什么样子，大概名声也不会好，还不如尽情地享受，反正多享受一天赚一天。”

比起李林甫，杨国忠的权术就显得略逊一筹了，但是他那如同暴发户式的贪婪与残忍以及投机取巧的龌龊、卑鄙的手段，比李林甫更厉害。这样两个人交替掌握唐朝大权二十年多年之久，国家必然会发生动乱。不过，二者相比较来说，李林甫专权的时候，带给唐王朝的都是内伤，属于慢性病，是导致安禄山迅速崛起的主要原因；而杨国忠专权的时候，带给唐王朝的则是明伤，属于突发病，是激起安禄山发动叛乱的直接

原因。

安禄山早就暴露出了祸乱唐王朝的野心。早在天宝六年（公元 747 年），安禄山就有了造反的野心。他以对契丹的入侵进行防御作为借口，大肆修建雄武城，贮藏大量的兵器。河西、陇右节度使王忠嗣对此有所察觉，曾经多次向唐玄宗李隆基上奏说"安禄山必定会造反"，但是，唐玄宗李隆基却被安禄山制造出来的假象迷惑，对于王忠嗣所说的事情根本不相信。后来，一直有人不断地奏报安禄山行为不轨、想要叛乱，然而，唐玄宗李隆基根本不当回事。天宝十年（公元 749 年），安禄山已经领三镇，刑赏可以自己处理，其傲慢的姿态一天比一天明显。他看到唐玄宗李隆基已经老了，对杨贵妃非常宠爱，又看到唐朝的武备堕废不堪，就有了"轻中国之心"。杨国忠担任宰相之职后，由于安禄山没有乖乖地依附于他，反而看不起他，多次向唐玄宗李隆基说，安禄山想要阴谋造反，但是唐玄宗李隆基依旧不听。不仅这样，唐玄宗李隆基反而越来越信任安禄山。

天宝十三年（公元 752 年）正月，杨国忠为了除掉安禄山，再一次对唐玄宗李隆基说，安禄山必定会反叛。如果陛下不相信的话，可以颁发诏书，将他召进京城。如果他有反叛之心就不敢来长安。唐玄宗李隆基的圣旨还没有送到安禄山的手里，在长安的安禄山的耳目早已经把这个消息传给了他。安禄山考虑到，那个时候，他拥有的马匹不是特别多，大多数的部下都是汉人，而且唐玄宗李隆基非常相信自己等因素，安禄山马上起程来到了长安，在华清池拜见唐玄宗李隆基。在拜见唐玄宗的时候，安禄山哭着说道："臣身为一个胡人，蒙受陛下天大的隆恩才得到了重用，如今，杨国忠却十分忌妒臣，恐怕用不了几天，臣就要被杀了。"安禄山的快速到来，不但将杨国忠挫败，而且还让唐玄宗李隆基对他更加宠信。唐玄宗李隆基不仅给了安禄山很丰厚的赏赐，而且还加封他为左仆射。

这一次来到京城，安禄山可以说是大获而归。他奏请唐玄宗李隆基让他兼任了闲厩、陇右群牧等使，将全国军马的管理权拿到了手，从而

方便了他派自己的亲信前去挑选数千匹良马分槽进行饲养，以便为发动叛乱作准备。与此同时，他还给唐玄宗李隆基上奏说，自己的部下在征讨奚、契丹作战的过程中，立下了很大的功劳，请求朝廷不要拘于常规进行提拔，可以超资给予一些奖励，要求朝廷能够给他一部分委任状，以便他能够随时任命与提拔下属。对此，唐玄宗李隆基想都不想就答应了。于是，安禄山快速提拔了将军五百多名，不但很好地收买了人心，而且还广泛地拉拢了一大批党羽，从而加快了发动叛乱的步伐。他从契丹杂胡中挑选出了兵将八千名，号称"曳落河"（胡语，意为壮士），当作发动叛乱的主力部队，加紧对其进行训练，从而保证叛乱的成功。

天宝十四年（公元755年）二月，安禄山派遣自己的副将何千年前往长安上奏折，其主要内容是想让唐玄宗李隆基任命三十二名蕃将，这样安禄山就可以把原来的汉人将领赶走，让蕃将来取代他们的位置，唐玄宗李隆基马上就答应了他的请求而且赐给了他们委任状。因为安禄山的各种反叛迹象被韦见素看在眼里，并且这种迹象已非常明显，所以他和杨国忠一块儿入朝面见皇上。唐玄宗李隆基见他们两个人来，就问道："两位爱卿又在怀疑安禄山要叛变吧?"由于韦见素向唐玄宗李隆基总是说安禄山的叛变迹象，唐玄宗李隆基在心里已经非常地不高兴了。次日，杨国忠和韦见素又入朝去参拜唐玄宗李隆基，他们俩建议把安禄山召入京城当宰相，然后再另外选择三个大臣去安禄山的属地分别做三个镇的节度使，这样就等达到削弱安禄山势力的目的。唐玄宗李隆基虽然是同意了他们所提的建议，但就在下达诏书的时候却把诏书扣留下来而不允许发出，只是让宦官辅璆琳去把一些鲜珍果品给安禄山送去，顺便暗中观察一下安禄山的动向。由于辅璆琳被安禄山用重金收买，他回到长安后一直为安禄山说好话，唐玄宗李隆基听后，更觉得安禄山忠心不二，并对杨国忠说："朕用诚心、恩惠来对待安禄山，他绝对不会存有叛变的想法。我朝北方边境，都是依赖他在防御。朕一定不会看错人的，爱卿们还是不要多虑了。"

杨国忠心里早就明白安禄山叛变是迟早的事，他为了证明自己的判断给唐玄宗李隆基看，就采取一些措施来刺激安禄山，让其早日叛变。杨国忠命令京兆尹抓捕安禄山的门生李超等，然后扔进御史台大狱，并且一起秘密处死。安禄山的儿子安庆宗得知这个消息之后，立即把此消息上报给安禄山，安禄山感到非常恐惧，因为他知道自己叛变的秘密已经暴露了。所以当他接到唐玄宗李隆基发来的让其进京的手谕之后，七月，安禄山以自己生病作为幌子进行推辞。安禄山为了试探朝廷是否已经得知自己想要造反的事情，上奏说，向朝廷上交三千匹战马，每一匹马配两位马夫，同时还派遣二十二名蕃将进行护送。刚开始的时候，唐玄宗李隆基已经有了批准的想法，但是突然又收到了河南尹达奚珣的密报，说安禄山的这一举动可能有诈，不能够不防。正好在这个时候，辅璆琳收受贿赂的事情也曝光了，唐玄宗李隆基才开始稍稍怀疑安禄山的真心。于是，他就派遣宦官冯神威前去安禄山那里宣谕："献马的事情推迟到冬季，由朝廷派人去接收，不需要劳烦军队。十月间，卿可以来京师，朕为你新凿一汤池，予卿洗尘。"冯神威来到范阳进行宣旨的时候，安禄山的态度相当傲慢，居然半躺在床上接旨，根本不下跪，只问了一句"陛下近来可安好"，就命人把冯神威软禁起来。过了好几天之后，安禄山才将冯神威放了回去，而且也没有任何的奏表上达。冯神威回到长安之后，一见到唐玄宗李隆基就立即哭着说："臣差点儿就看不到陛下了。"

安禄山之乱

在杨国忠的多次刺激之下，安禄山下定决心将造反的时间提前。他和屯田员外郎高尚、太仆丞严庄以及将军阿史那承庆秘密进行谋划，对外假称收到了密敕，命令安禄山率领大军进入长安征讨杨国忠。各位将领听了之后，都感到相当震惊，相互看着对方，但是谁也不敢有异言。十一月九日，安禄山鼓动所部以及奚、契丹、室韦等部众，在范阳反叛，叛军人数达到了十五万，浩浩荡荡，直奔长安。

起初，唐玄宗李隆基怎么都不肯相信安禄山的造反。当太原守官将安禄山造反的事情详细地上奏的时候，唐玄宗李隆基还以为是讨厌安禄山的人在污蔑安禄山。等到叛军攻入了河南之后，唐玄宗李隆基才接受了这个事实，被迫召集朝廷众位大臣部署防务。杨国忠得知安禄山造反的消息之后，非常得意，面带喜色地说道："现在反叛的只是安禄山一个人罢了，他手下的那些将士并不想造反。所以，用不了十天八日，肯定会将他的首级斩下，送到京师的。"唐玄宗李隆基也是这样认为的，而其他大臣却相互看看，脸色苍白。于是，唐玄宗李隆基就征调担任安西节度使之职的封常清前往洛阳招募兵士，得到了六万人，将河阳（今河南孟县北）的那座桥拆掉，以便阻挡叛军过河；任命郭子仪担任朔方节度使之职，在黄河以南进行防守；在关中招募了兵将共计十一万，任命皇子荣王李琬为元帅，任命高仙芝为副帅，任命宦官边令诚为监军，率领大军屯驻在陕州（今河南陕县）。

因为唐王朝已经太平的时间太长了，所以即便是士兵也不懂战争，根本没有什么抵抗能力。而安禄山所率领的叛军则不一样，他们御边多年，在战争不断的熏陶之下，有着非常强的素质，可以说兵精将勇。再加上契丹等少数民族的士兵，常年将掠夺作为自己的职业，更是相当剽悍。所以，叛军所经过的地方，基本上都是对方望风瓦解，守将有的打开城门，投降叛军；有的放弃城池，自己逃窜；有的被叛军所擒获，一路上可以说势如破竹，直接席卷而南。这样一来，叛军占领博陵，攻破藁城，从灵昌渡过黄河，快速地将陈留拿下，攻下了荥阳，在武牢与封常清的部队交战，并且大获全胜，接着又将东都洛阳攻了下来。封常清不得不召集残部，与高仙芝会合之后，退守到了潼关，以便保证都城长安的安全。他们刚刚达到潼关，叛军就随后赶了上来。封常清与高仙芝率领部众拼死进行抵抗，终于还是没有拦住叛军，让其越过了潼关。

天宝十五年（公元 756 年）正月，安禄山自称为大燕皇帝，改元圣武。随后，安禄山命令部队向潼关发起猛烈的进攻。这个时候的潼关，守将早已经更换了人选，守备已远远比不上以前。这是怎么回事呢？原来，监军边令诚曾经多次向高仙芝索要贿赂，但是都被高仙芝拒绝了。而他又数次对军务进行干预，高仙芝也都没有同意。于是，边令诚就怀恨在心，向唐玄宗李隆基上书，说高仙芝与封常清的指挥作战能力都不行，所以才导致唐军惨败的，而且还说高仙芝由于克扣军饷，因此军心十分散乱。唐玄宗李隆基看完之后，非常生气，根本没有查证这是否属实，就直接下令将高仙芝与封常清就地斩杀。高仙芝与封常清是唐朝那个时候非常著名的将领，他们决定退守潼关，使得叛军进入关中的速度延缓了很多，为唐王朝调集各地勤王军队争取了宝贵的时间，其功绩是毋庸置疑的。高仙芝与封常清被处斩的时候，军营中的将士们都拥上前去，为他们喊冤，痛哭声震动了整个潼关。这样好的两位将军居然死在了宦官的随意诬陷中，由此可以看出，那个时候的唐玄宗李隆基已经多么昏庸。

高仙芝与封常清这两位将军被害死后，唐玄宗李隆基任命在家养病的哥舒翰担任兵马副元帅之职，率领八万大军前去讨伐安禄山，再加上高仙芝与封常清的旧部，号称有二十万大军。尽管哥舒翰因为疾病已经不能很好地处理政务，他手下的诸位将领之间也存在很大的矛盾，但是用二十万大军在潼关扼守，如果坚持死守的策略，安禄山的叛军想要轻易地进犯长安也是不可能的。

哥舒翰在潼关坚守了两个月之后，战局逐渐地向对唐王朝有利的方向进行发展。二月，颜真卿与清河、博平两郡部众进行联合，将叛军打得落花流水，攻下了魏郡（今河北大名）等地，使得河北唐军的声威大振；担任河东节度使之职的李光弼出了井陉，将常山收复，将史思明打败，将河北七县夺了回来；担任朔方节度使之职的郭子仪在常山和李光弼进行会和，他们的部众达到了十多万，逼得叛将史思明不得不退守到博陵。之后，他们又在嘉山（今河北正定东），将史思明的主力部队打败了，占领了河北十七郡，叛军只剩下了范阳、卢龙、密云、渔阳、汲、邺等六郡。这样一来，唐军已经将安禄山的后路给截断了，使叛军成了一支孤军，随时都有可能被围歼。为此，安禄山非常生气，将当初劝

说他起兵反叛的谋士骂得狗血淋头，打算将潼关与洛阳放弃，然后逃跑。

　　然而，非常可惜的是，唐玄宗李隆基在这个时候又犯了一个要命的错误。这是怎么回事呢？原来，杨国忠向来与哥舒翰有嫌隙，哥舒翰看不起杨国忠。有人劝说哥舒翰趁着这个机会将杨国忠杀掉，但是哥舒翰没有接受，认为如果自己真的那样做了就像安禄山一样了，最后会落得一个谋反的嫌疑。而有人劝说杨国忠要对手握重兵的哥舒翰进行防备，杨国忠却采纳并且照办了。他请求唐玄宗李隆基，选拔"监牧小儿"三千名用以保卫京师的安全。唐玄宗李隆基同意之后，杨国忠就招募了一万多名新军驻扎在灞上防备着哥舒翰。更令人不齿的是，杨国忠居然在朝廷生死存亡之际，以"哥舒翰从不积极出兵，只知道一味地死守潼关作"为理由，多次向唐玄宗李隆基上书，想要将哥舒翰置于死地。昏庸无能的唐玄宗李隆基听信了杨国忠的谗言，根本听不进去哥舒翰关于在潼关死守的申诉，也不听郭子仪与李光弼关于潼关军事地位的重要性、"只要将潼关守住才能救活全局"的分析，先后数次下旨催促哥舒翰出兵作战。面对一道又一道圣旨的严旨逼迫，哥舒翰实在没有办法了，最后他大哭了一场，然后，率领部众出关迎战叛军。结果，哥舒翰大败，潼关也失陷了。

　　潼关失守之后，京师再也没有别的屏障了，叛军就好像凶猛的洪水似的涌向长安，朝廷上下陷入了一片混乱中。第二天夜里，唐玄宗李隆基就私自带着杨玉环、皇子、嫔妃、公主、皇孙、杨国忠、韦见素以及比较亲近的宦官，将延秋门（长安宫城西门）打开之后，向西逃去了，想要到成都去避难。至于那些住在宫外的皇子、公主以及文武大臣等，唐玄宗李隆基全都不管了。所以，第二天，还有按照惯例前来上朝的官员，走到宫门的时候还听到了漏声，禁卫也都肃然地站立着，一切都如以前一样。但是，等他们进入宫门之后，却发现皇宫中早已经乱成了一锅粥，都说不知道皇上到哪里去了。于是，王公大臣们也开始四处逃窜。而盗贼则趁着这个机会进入了宫禁以及王公的府第中进行抢掠珍宝。西京留守崔光远派他的儿子向东前去将叛军迎接过来，而宦官边令诚则献上了皇宫中的钥匙。

　　唐玄宗李隆基从长安逃了出来之后，中午的时候就来到了咸阳。咸阳也陷入了一片混乱之中，当地的官员们早就不知道逃窜到哪里去了，根本没有人前来接驾。已经过了中午，他们君臣都还没有吃一点儿东西，杨国忠不得不拿出一些金银珠宝，换了一些胡饼。那些小皇孙争抢着吃了些胡饼，但是还没有吃饱就没有了。到了半夜的时候，唐玄宗李隆基逃到了金城，这里的县令也已经逃跑了，跟随唐玄宗李隆基西逃的人只好在驿站中相互靠着，熬过了一个晚上。

　　当他们走到马嵬驿的时候，随行将士一个个饿得精疲力竭，胸中憋着冲天的怨气。负责护驾的龙武大将军陈玄礼对太子李亨说，想要将杨国忠杀了。而太子李亨一时之间拿不定主意。就在这个时候，杨国忠正好在与二十几个吐蕃使者对话，就听到将士们中有人喊了一声"杨国忠和胡虏造反了"，然后众人蜂拥而上，用箭射中了杨国忠的马鞍，杨国忠拨马逃跑了。不过，杨国忠刚刚逃到马嵬驿西门，就被将士们追上，然后用乱刀砍死了。随后，将士们又去将杨国忠的大儿子杨暄、韩国夫人以及魏国夫人等杀死了。韦见素听到外面非常混乱，刚刚走出驿门想看看到底发生了什么事情，就被将士们打得头破血流。

　　唐玄宗李隆基在无可奈何之下，只能硬着头皮，手里拿着拐杖从驿门走了出来，前来抚慰将士，但是将士们仍然围着驿门，根本不听从他的旨意。这个时候，唐玄宗李隆基才惊慌起来，急忙命令高力士出门向陈玄礼询问，究竟是什么原因。陈玄礼回答："杨国忠造反已经被将士们杀了，现在也不能再供奉杨贵妃了，请陛下割恩正法。"听到这样的话，唐玄宗李隆基低着头，好半天都没有说一句话。京兆司录韦谔连忙走上前，跪到地上，给唐玄宗李隆基叩头直到流血，说道："如今已经犯了众怒，安危就在一瞬间，希望陛下早做决断。"唐玄宗叹着气，说道："贵妃常年都住在深宫中，怎么可能知道杨国忠要造反呢?"高力士说道："也许贵妃真的没有罪，但是，现在将士们已经将杨国忠杀了，如果贵妃仍然侍奉在陛下左右，他们又怎么可能有安全感呢? 希望陛下能够谨慎

地思量此事，只有将士们安定了，陛下才能安全。"唐玄宗李隆基仍然举棋不定，但驿门外的将士们喧哗声越来越高了。唐玄宗李隆基不由得泪流满面，过了半晌才说道："既然事情已经到了这个地步，也顾不上贵妃了，就赐她自尽吧。"高力士才起身走入内室，将杨贵妃带到了佛堂，让其自缢而亡，然后把她的尸体放到了驿庭之中，哗变的将士们看到之后，都高呼着："万岁！万岁！"一代美娇娘，乱了李隆基的心，也乱了大唐的江山，最终也在乱中丢了性命。

杨贵妃，名叫玉环，从小就失去了父亲，由他的叔父抚养长大。因为她长得非常美丽，在开元二十二年（公元734年），嫁给了寿王李瑁，成为了寿王妃。唐玄宗李隆基非常宠爱寿王李瑁的亲生母亲武惠妃。武惠妃去世之后，唐玄宗里李隆基非常伤心，尽管后宫有数千位佳丽，但是没有一个让唐玄宗李隆基满意的。有人对他说，寿王妃杨玉环美若天仙，举世无双。于是，唐玄宗李隆基派高力士前去寿王的府第，召杨玉环进宫，以便看看她的容颜。杨玉环真的长得倾国倾城，将唐玄宗李隆基迷得神魂颠倒。于是，唐玄宗李隆基也顾不上什么名分了，直接占有了杨玉环。后来，他又让杨玉环假扮女道士，赐号为太真，住在皇宫中，同时，让他的儿子寿王另外娶了左卫郎将韦昭训的女儿为妻。

杨玉环长得漂亮并没有什么罪，但是她却依靠自己的特殊地位，援结死党。唐玄宗李隆基自从得到了杨玉环妃之后，就更不用心处理朝政了。杨玉环凭借唐玄宗的宠爱，将杨国忠送上了宰相的位置，为安禄山的受宠信建立了阶梯。安禄山对杨玉环百般求媚，杨玉环也是相等回报。安禄山叫杨玉环为干娘，杨玉环则在宫中为他举办洗儿仪式。她命令宫人用锦绣作为大襁褓，将安禄山裹起来，用十六人的大轿抬着在皇宫中招摇过市。唐玄宗李隆基认为此事非常好笑，居然赐给杨玉环洗儿钱。从此之后，安禄山出入皇宫，再也没有一点儿禁忌，或者与杨玉环对饮，或者与杨玉环联榻，甚至晚上都不出宫，导致丑闻都传到了市井。但是，唐玄宗李隆基却从来不会过问，类似于这样的事情，还有很多。

由此可以看出，安禄山敢于产生野心、发动叛乱，主要原因就在于唐玄宗李隆基、李林甫、杨国忠以及杨贵妃这些当权者的姑息养奸与助纣为虐。所以，随行的将士们把奸相杨国忠杀死之后，又逼着唐玄宗李隆基将杨玉环赐死，这才消了内心的怒气，然后护送着唐玄宗李隆基来到了成都。而太子李亨却被兵将们留在了灵武，以便主持军务。没有过多久，李亨就登基称帝，历史上称为唐肃宗，尊唐玄宗李隆基为"上皇天帝"，改元至德。

安禄山攻进长安之后，骄傲自满，开始日夜饮酒作乐，再也没有了其西向进攻的志向。所以，唐玄宗李隆基才能够顺利地到达了成都，唐肃宗李亨也没有陷入被追逐的痛苦中。安禄山下令将长安的官员、宦官以及宫女都搜捕出来，命令孙孝哲在崇仁坊将霍国长公主、王妃以及驸马等杀死，以便祭祀他那被杀的儿子安庆宗。与此同时，安禄山还下令将杨国忠、高力士的党羽以及厌恶安禄山的人共计八十三人全部杀死，将皇孙以及郡、县主二十多人杀死。正是因为安禄山的鼠目寸光，才为唐王朝征调军队、平定叛乱赢得了足够的时间。

平定安史之乱

安禄山非常野蛮残暴，将百姓的心逼向了唐室。叛军每攻破一座城池之后，都会大肆进行抢掠与杀戮。"城中衣服、财贿、妇人皆为所掠。男子壮者为之负担，羸病老幼，皆以刀槊戏杀之"。得到长安之后，安禄山听闻民间有很多趁着乱世盗取府库中宝物的人们，于是就命士兵们大索三天，并且其私财全都掠夺了出来。又命令府县进行追查，"铢两之物无不穷治，连引搜捕，枝蔓无穷，民由是骚然，益思唐室。"

很显然，这样的局面对于唐王朝平叛是非常有利的。唐肃宗登基没多久，大将郭子仪等率领五万精兵从河北赶到了灵武，使得唐王朝的军威得以壮大，让人感觉平定叛乱总算有了希望。不久之后，出色的政治家李泌也来到了灵武，唐肃宗看到之后非常高兴，出则与李泌并辔，入则同李泌对榻，不管大事小事都要向他咨询，而且只要是他的意见没有不遵从的。如此一来，唐王朝快速地形成了平定叛乱的最高指挥中心，有了勉勉强强能够称为平叛旗帜的东西。

但是，唐肃宗首先需要面对的却是内部的分裂势力。太上皇唐玄宗李隆基逃到成都之后，曾经"命诸子分总天下节制"。当时，谏议大夫高适表示，如果这么做只会让局势变得更加混乱，但是唐玄宗李隆基就是不听，一意孤行。于是，永王李璘才能够领四道节度都使，在江陵镇守。李璘看到江陵的租赋堆积得像小山一样，顿时生出异心。在他的儿子与部下的不断怂恿下，李璘认为如今天下已经大乱，只有江南还没有遭受兵祸，异常富庶，就应当像东晋故事中所讲的那样，占领金陵，保有江东，割地自雄。于是，李璘在江陵起兵，公然反叛。唐肃宗得知这个消息之后，叹着气说道："李璘是朕的弟弟，从小失去母亲，是被朕所抚养的，常常是朕抱着他入睡的，为什么背叛朕而反叛呢？"于是，唐肃宗一方面上表奏明太上皇，一方面给李璘颁发诏书，命令他归蜀。李璘收到这个诏书之后，将诏书扔到地上说道："我哥哥李亨没有得到诏命，已经在河北称帝了，为什么我不能再江东称帝吗？"于是，他发兵进攻并占领了丹阳，江淮为之大振。

永王李璘的反叛不但使得内乱的程度变得更加严重，而且对唐王朝的经济补给线产生了很大的影响，极有可能导致唐朝军队陷入绝境。安史之乱爆发之后，黄河流域战火漫天，百姓流离失所，死伤无数，经济也是萧条败落，所以，叛军也好，唐军也罢，都把江淮地区当作己方赖以生存的后方。因此，唐肃宗任命高适担任淮南节度使之职，领广陵等十二郡，任命来瑱担任淮西道节度使之职，领汝南等五郡，与江东节度使韦陟等联合起来，一起征讨永王李璘。在经历了将近三个月的苦战之后，终于将皇族内部的叛乱势力消灭，将李璘斩杀。

在这一段时间内，安禄山的叛军内部也出现了相当大的变故。安禄山自从率兵反叛以来，其眼睛就慢慢地失明了，到了至德二年（公元757年）二月的时候，已经完全看不清东西。眼睛失明，再加上生病，使得安禄山的脾气变得极其暴躁，稍微有一点儿不顺心的地方，就对左右不是鞭笞，就是斩杀，甚至即便是当时非常受安禄山宠信的严庄与阉竖头领李猪儿也很难自保。已经瞎了很多天的安禄山感觉自己用不了多久就会离开人世了，就想要将他的大燕皇帝之位传给宠妾段氏所生的儿子安庆恩。但是，安禄山的大儿子安庆绪不服气，就与严庄、李猪儿勾结在一起，将安禄山杀死，自立为皇帝。

然而，安庆绪不仅极其昏庸无能，而且就连话都说不好，不是颠三倒四，就是前言不搭后语。严庄担心部众对其不服，就把安庆绪藏在深宫中，不让他外出与部众见面。这样一来，安庆绪也自得其乐，整天饮酒作乐，任命严庄为御史大夫、冯翊王，不管大事小事，都交给严庄进行处理。

趁着唐王朝集中精力对江淮矛盾进行调整，安禄山叛军内部上层擅杀替夺的机会，史思明在河北将原本失去的土地又夺了回来，从而使自己的势力得以发展壮大。在安禄山拿下东西两京的时候，所得到的各种各样的奇珍异宝全都被押送到了范阳。史思明再一次占据着河北各郡之后，被任命为范阳节度使，兼领恒阳军事，同时被册封为妫川王。他的手中握有重兵，占据巨大的财富，所以一天比一天骄横，对于安庆绪的命令，也不再服从了。而安庆绪对此也是一点儿办法也没有。从此之后，叛军内部也开始进行明争暗斗，而且愈演愈烈。这种局势为唐王朝平定叛乱提供了一个有利之机。

唐朝军队与叛军间的争夺首先在睢阳地区拉开了序幕。睢阳（今河南商丘），不仅是江淮之间的交通枢纽，而且也是攻下东京必须争夺的地方，其战略地位相当重要。为了将关中地区与江淮地区之间的经济联系切断，安庆绪特别命令尹子奇担任河南节度使之职，率领十三万大军直奔睢阳，并且向睢阳发起猛烈的进攻。张巡从宁陵（今河南宁陵），率领三千劲卒对睢阳进行援救，与睢阳太守许远的兵马合并到一起，与叛军昼夜苦战了整整十六天，抓获了六十多名叛将，斩杀了两万多敌军，最后终于逼退了叛军。

两个月之后，尹子奇又卷土重来，率领部众再次向睢阳发起进攻。

张巡杀猪宰羊，激励将士们奋勇杀敌。每次上战场，他都会身先士卒，与叛军斗智斗勇，终于再一次将叛军打退了。七月，尹子奇又纠集叛军数万之众，对睢阳进行围困。那个时候，城中已经没有多少粮食了，将士们不得不以树皮来充饥。在被困三个月之后，城内就连鼠雀都被吃完了，张巡的夫人自杀而死，以便给将士们果腹，许远的奴婢也自杀来充当将士们的食物。到最后的时候，城中仅仅只剩下四百人，饿得难以支撑，睢阳被攻破了，张巡与许远全都慷慨就义了。

睢阳之战先后打了十个月，张巡与许远仅仅用一万多兵马，抵挡住了叛军二三十万大军的反复进攻，历经大小战斗共计四百多次，使江淮财富不断地运往河西各地的唐军有了保障，为平定叛乱作出了突出的贡献。

这一年九月，郭子仪等率领部众在扶风等地集结，打算进行反攻。然而，从唐肃宗到唐朝的高级将领们对于战胜叛军没有一点儿信心。郭子仪觉得回纥兵具有非常强的战斗力，就劝说肃宗向回纥借兵，以便更好地征讨叛军。回纥英武可汗派遣他的儿子叶护率领四千多精兵来到了凤翔，肃宗接见叶护的时候，应允了回纥的所有的要求，并与之约定："克城之日，土地士庶归唐，财帛子女皆归回纥。"这样一来，唐王朝总共集结了十五万兵马，号称二十万，以李嗣业作为前军、郭子仪作为中军、王思礼作为后军，浩浩荡荡地杀向了长安。

唐军与叛军在香积寺以北、沣水以东地区。展开了一场决战。叛军大约有十万人，叛将李归仁假装失败而撤退，唐军误中了对方的计谋，导致叛军在反击的时候，唐军的军中出现了惊乱。幸亏李嗣业能够身先士卒，奋勇杀敌才将军队的整个阵脚给稳住了。最终，唐军将叛军打得七零八散，杀敌六万多人，将叛军布置在长安的主力部队全部消灭了。当天晚上，叛军就趁着夜色迅速地从长安撤了出去。第二天，唐朝大军长安城，老百姓们扶着老人，带着孩子，夹道表示欢迎。

当身在凤翔的唐肃宗收到已经将长安收复的捷报之后，欣喜若狂，文武百官也前来朝贺。唐肃宗当天就派遣宦官啖庭瑶前去成都，向太上皇唐玄宗奏请，东归回銮。与此同时，唐肃宗还派遣左仆射裴冕前往西京祭告郊庙，对百姓进行安慰。

十月，郭子仪等率领部众打出了潼关，连续攻下了华阴、弘农（今河南灵宝），逼得叛将张通儒不得不撤退到陕郡。安庆绪任命严庄为三军统帅，派出洛阳所有的叛军，在河南新店（今河南陕县西）地区与唐军一决高低。郭子仪命令回纥兵悄悄绕到了叛军的侧翼，以便对叛军形成了夹击之势。郭子仪先从正面攻击叛军，而叛军靠着他们人多势众，向唐军猛然反扑，导致郭子仪很难招架，慢慢地向后撤退。等到回纥兵向叛军发起攻击的时候，叛军才发现自己已经陷入了被两面夹击的困境中，最终被打得溃不成军，非常狼狈地四处逃窜。叛军主帅严庄逃回了洛阳，安庆绪惊慌失措，仓促地将其党羽召集起来，然后将唐朝将领哥舒翰以及程千里等三十多人斩杀之后，连夜从洛阳逃了出去，直奔河北而去。

唐军将东都洛阳收复之后，然而，百姓却迎来了另一场灾祸。回纥兵进入洛阳城之后，就开始大肆进行抢掠，导致百姓家财散尽，哀啼不止。就这样，回纥兵骚扰了两天两夜，仍然不满足。这个时候，郭子仪实在看不下去了，就向广平王请示，将东都父老召集起来，募集了一万匹罗绵作为酬谢，送给了回纥兵。回纥兵这才善罢甘休。

在收复东都之后，李泌就向唐肃宗李亨请求隐退。早年时期，李泌就与李亨成了好朋友。等到他们长大之后，李泌变得更为成熟，经常能够提出一些高论良策，当时还是太子的李亨就将他当作自己的先生。后来，因为杨国忠厌恶李泌，李泌就选择了在颍阳隐居。长安失陷之后，李泌就投奔了唐肃宗李亨，等到长安之后，李泌就曾经提出隐退的请求，理由就是："臣遇陛下太早，陛下任臣太重，宠臣太深，臣功劳太高，事迹太奇，有此五虑，必有五死，所以不可复留。"唐肃宗不想让他离开，就再三进行挽留，李泌最后才答应等到将东都洛阳收复之后，再做打算。如今，东都洛阳已经收复，李泌就趴在地上极力恳求道："如今，两京已经收复了，上皇也归来了，臣报德已经完毕，但是希望陛下能够降下隆恩，赐臣骸骨。"唐肃宗看到怎么都挽留不下李泌了，最后才不情不愿地

答应了他的请求。就这样，李泌在功成名就的时候，背着一卷行李，带着两袖清风，飘然向衡山隐居去了。

东京收复之后，唐肃宗就从凤翔启驾回到了西京长安。十二月，唐玄宗李隆基也从成都赶了回来。父子二人相见，痛苦得泪流满面。当然，这两个人也免不了要相互推让一番，最后仍然是唐肃宗做皇帝，而唐玄宗做太上皇。于是，颁下诏书，大赦天下，只有与安禄山一起谋反的人以及李林甫、杨国忠、王鉷子孙不在赦免的行列中。与此同时，加封郭子仪为司徒，李光弼为司空，其他护驾立功的各位大臣，也都全部加官进爵。叛军还没有被完全清除，唐王朝就被庆功酒宴给弄得飘飘然，忘乎所以了。

安庆绪逃到邺城之后，将邺城改为安成府，改元天成。刚开始的时候，跟着安庆绪的骑兵仅仅只有三百人，而步卒也只不过有一千人左右。为了保住邺城，他就开始到处征兵，部众迅速增长到六万多人，只有史思明没有给他一兵一卒，也没有派遣使者与之进行联系。安庆绪心中很清楚，史思明这是有了二心，于是就派遣阿史那承庆、安守忠以及李立节三个人率领五千人马来到范阳，借着征兵的名义，寻找时机对史思明进行袭击。史思明得知这个消息之后，觉得安庆绪已经是"似叶上露，不久必亡"，所以，就下定决心向唐王朝投降。最后，他利用计谋拿下了阿史那承庆等人，并且向唐王朝上表归降。唐肃宗知道之后非常高兴，敕封史思明为归义王，让其依旧兼任范阳节度使。这样一来，河北也算是平定了。

对于史思明这个人，唐肃宗可以说是大跌眼镜。史思明，原名叫作史窣干，与安禄山是老乡，并且他们的生日只相差一天，所以，从小就非常亲近。长大之后，两个人都是互市牙郎。史窣干曾经因为欠了官债而逃到了奚中。不过，当他看到奚王之后却长揖不拜，并且声称自己是唐王朝派来的和亲使者，因而骗取了奚族良将琐高的信任。琐高率领三百多人跟随着他入朝。到达平卢的时候，史窣干又把琐高的所有随从都坑杀了，并且把琐高押送到了幽州。担任幽州节度使之职的张守珪因为他的功劳向朝廷上奏，称赞史思明做事果敢坚毅，后来经过多次升迁就成了一名将军。唐玄宗李隆基看到他的时候，也给了他很高的评价，并且为他赐名为思明。这样一个与安禄山一同祸乱大唐的叛军之将，唐肃宗居然在听说他投降之后，封他为归义王。然而，史思明做了归义王之后，并没有做到真正的归义，还没有过半年，在乾元元年（公元758年）六月，史思明就再一次反叛了，再一次将叛乱的战火点燃了。

九月，唐肃宗命令九位节度使，分别为朔方郭子仪、兴平李奂、淮西鲁炅、镇西及北庭李嗣业、滑州许叔冀、郑蔡季广琛、河东李光弼、河南崔光远以及关内王思礼等，率领六十万大军，大举征讨安庆绪。唐肃宗觉得，郭子仪与李光弼都是元勋，很难相互统属，所以没有设置元帅，但是却任命宦官鱼朝恩担任观军容使之职，以便对各路节度使进行监督。这样的部队编组，看着似乎非常强大，实际上内部存在着各种各样的矛盾，其战斗能力自然不可能太强。

郭子仪首先率领部众经过太行山，在获嘉（今河南新乡市）将叛军安太清的部队打败，逼得他率领残部退守到了卫州（今河南汲县）。后来，郭子仪又在卫州附近将安庆绪的援军击败，一举拿下了卫州，继而与其他各路兵马一起将邺城团团包围。

这个时候的安庆绪的部队已经变成了一支孤军。为了获得生存，他在万般不得已的情况下，以将大燕皇帝让出来作为代价，向史思明求援。史思明也想趁着这个时候，继续发展个人的势力。于是，他马上派出部队，占领了魏郡（今河北大名县东北地区）。但是，从此之后，他就开始犹豫不定，观望不前，只是偶尔派出一小股部队，对唐军的后方进行骚扰，抢劫唐军的粮草，让唐军防不胜防。为此，李光弼提出建议，将部队分成两路，一路由郭子仪与李光弼本人带领对史思明的部队进行围歼，另一路由其他七位节度使带领，继续对邺城进行围攻。这个建议本身是正确而且可行的，但是因为这支军队没有统帅，所以被鱼朝恩否定了。结果，唐军在对邺城围攻了四个多月的时间之后，不仅没有拿下邺城，反而损兵折将，部队的战斗力已下降到了令人担心的地步。史思明抓住这个有利的时机，果断地从邺城发兵。在城外与唐军展开了一场激烈的决战。最终的结果很容易猜测：唐军被打得相当凄惨，九位节度使在不得已的情况，只能将残兵败将收拢起来，然后退保河阳。就这样，唐军的这次大反攻以失败告终。而宦官鱼朝恩就是致使这一次讨伐失败的元凶。

唐军从河北战场撤退之后，史思明就通过阴谋诡计将安庆绪杀死了，占据了安庆绪原本所占领的所有州县，并且率领部众退回了范阳，自称为大燕皇帝，改元天顺，立他的儿子史朝义为怀王，任命周挚为宰相，任命李归仁为将军，将范阳改为燕京。

乾元二年（公元759年）九月，史思明再一次率领大军南下，分成四路大举向中原进犯。这个时候，朝政大权又落到了宦官李辅国与皇后张良娣的手中，他们对评判战争一点儿也不重视。九位节度使在平定叛乱战争的过程中失利之后，担任观军容使之职的鱼朝恩因为没有得到郭子仪的贿赂，就向朝廷进谗言，诋毁郭子仪想要造反。唐肃宗听信了他的谗言，罢免了郭子仪的官职。因为这件事情，将士们都痛哭流涕，就连宫中很多宦官也极力劝说唐肃宗将郭子仪留下，但是唐肃宗却没有听进去。郭子仪在万分愤怒之下，骑上马离开了。李光弼代替郭子仪掌管了朔方节度使兵权，但是郭子仪的原有部下都不听从李光弼的指挥，导致东都洛阳再一次失陷。

不过，史思明过得也不甚好。他这个人喜怒无常，喜欢杀戮，在自称为大燕皇帝后，对待部众更为残忍，稍微有点儿不如意的地方，就会将对方的九族灭掉。与之相反的是，他的大儿子史朝义却对部众关爱有加。他整年随着史思明四处征战，即便立下大功也十分谦虚谨慎，绝对不会居功自傲，所以，大多数将士的心都归于他。然而，史思明却不喜欢这个大儿子，反而对他的小儿子史朝清十分宠爱。为此，史思明动不动就会说出"将史朝义杀了，立史朝清作为皇太子"之类的话。史思明将李光弼击败，占领洛阳之后，想要乘胜攻占关中，于是，就派遣史朝义作为前锋从北道向陕城发起袭击。然而，史朝义的部队在礓子岭的时

候却遭到了唐军的阻拦，并且，攻打了很长时间都没有攻下。史思明得知这个消息之后，又喊着要将大儿子史朝义杀了。就这样，史朝义终于奋起反抗，发动了兵变。上元二年（公元761年）三月，史朝义将他的父亲史思明杀死之后，自立为大燕皇帝，改元为显圣，并且秘密地派人前往范阳，将史朝清母子以及不想归附自己的十多个人全部杀死了。一时间，史思明的余党相互之间进行残杀，范阳城中的内乱接连不断，过了好几月才算平息下来。

宝应元年（公元762年）春天，唐肃宗病得十分严重，唐朝宫廷内部为了争夺最高领导权的斗争也变得越来越激烈。宦官李辅国和内射生使程元振相互进行勾结，不仅将唐肃宗逼死，而且还将与自己存在分歧的张皇后、越王李系以及内谒者监段恒俊等一百多人全部杀死，拥护李豫登上了皇帝之位，历史上称为唐代宗。从此之后，李辅国担任司空之职，同时兼中书令，手中掌握着禁军，更为嚣张骄横。他对唐代宗说道："陛下只需要住在禁中就可以了，外面的事情都让老奴来处理。"唐代宗害怕李辅国的势力，虽然心中很不甘心，但是也不得不将朝廷中的大小事全部交给他处理。半年后，唐代宗派遣刺客将李辅国暗杀了，并且割掉了他的头颅以及一只胳膊。

十月，唐代宗任命雍王李适担任兵马大元帅之职，与诸道节度使以及回纥兵在陕州集结，大举对史朝义进行讨伐。唐代宗想要任命郭子仪为副帅，但是鱼朝恩以及程元振等人大哭着进谏进行阻止，唐代宗不得不"加朔方节度使仆固怀恩同平章事，兼绛州节度使，领诸军节度使行营以辅佐李适"。

这一次平定叛乱的总反攻还算是顺利的。仆固怀恩率领大军与史朝义的部队在横水、昭觉寺、石榴园以及老君庙一带展开了一场决战，结果，史朝义的叛军被唐军打败，六万多叛军被杀，两万多叛军被俘。唐军再一次将东都收复了，并且对已经成败势的史朝义继续进行追击，连续攻克了郑州、汴州、滑州、卫州、贝州以及莫州等城。到了十一月，唐军已经收复了黄河以北所有的地方。广德元年（公元763年）正月，

在范阳留守的叛将李怀仙向唐军投降。于是，唐王朝就派遣兵马使李抱忠率领三千兵马将叛军的老巢范阳接管了。史朝义对此并不知情，想要进入范阳城没有成功，在迫不得已的情况下，率领一多名胡人骑兵向东奔向广阳，但是，也没有被收留，因此，史朝义就想要向北去投奔契丹。然而，结果他还是达到契丹的地盘，就被李怀仙的部队追上了。最后，史朝义在一片树林中自缢而亡了。到了这个时候，历时八年之久的安史之乱终于被平定了。

事件点评

安史之乱所带来的后果是非常严重的，主要包括以下几点：

第一，社会混乱。

安史之乱使得社会遭受了一次空前的大浩劫，根据《旧唐书·郭子仪传》记载："宫室焚烧，十不存一，百曹荒废，曾无尺椽。中间畿内，不满千户，井邑榛荆，豺狼站嗥。既乏军储，又鲜人力。东至郑、汴，达于徐方，北自覃怀，经于相土，人烟断绝，千里萧条"，基本上包括黄河中下游地区，全部变成了一片荒凉。亲身经历了战乱之苦的杜甫，也为此写下了："寂寞天宝后，园庐但蒿藜，我里百余家，世乱各东西。"由此足以说明经过这场战乱，天下的老百姓都陷入了无家可归的状态中。

第二，藩镇割据。

安史之乱导致统治基础被摧毁，封建集权被削弱，为封建割据创造了有利的条件，使得大唐王朝由强盛走向衰弱，从此一蹶不振。此后，中央政府再也没有能力控制地方，全国各地拥有兵权的王侯等，都纷纷割据，不服从朝廷的管制，与唐王朝进行分庭抗礼，直到唐王朝灭亡，这种现象也没有停止。

第三，剥削加重。

因为长期的战争，导致劳动力出现严重不足，统治阶级不得不加强税收的力度，使得统治阶级的压榨变得更为深重，因而致使农民阶级与地方阶级之间的矛盾一天比一天尖锐，最后逼得农民被迫举起了义旗，与朝廷进行对抗，促使唐朝中叶农民叛乱此起彼伏，纷争不断。

第四，边境不稳。

经过安史之乱后，唐王朝丧失了控制周边地区少数民族的能力。在安禄山起兵的时候，唐王朝就把陇右、河西以及朔方一带的部队全部调到了内地，导致边境防御变得空虚起来，西边吐蕃趁着这个机会进犯，得到了陇右以及河西走廊，安西四镇就这样相继失去了。之后，吐蕃的侵犯继续深入，唐王朝就连长安城也不一定能保住了。从此之后，唐王朝就变得内忧外患，朝不保夕，面临着灭亡的威胁。

第五，经济重心南移。

安史之乱使得"北民南迁"，导致致使全国的经济中心进一步向南移动。安史之乱对北方造成了非常大的破坏，使得众多北方人向南迁移，"四海南奔似永嘉"。南方地区相对比较安定一些，北方人口向南迁移，也为南方带去了大量的劳动力以及先进的生产技术，极大地促进了南方的经济发展，南方的经济就逐渐地超过了北方。

总而言之，历时七年零两个月的安史之乱，尽管最终被平定了，但是，它仍然对中国后世的政治、经济、社会、文化以及对外关系的发展都产生了巨大而深远的影响。司马光在《资治通鉴》写道："（安史之乱爆发之后）由是祸乱继起，兵革不息，民坠涂炭，无所控诉，凡二百余年。"

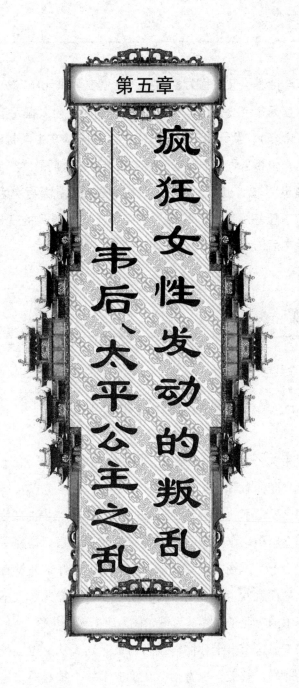

第五章

疯狂女性发动的叛乱

——韦后、太平公主之乱

阅读引言

　　唐玄宗李隆基，又被称为唐明皇，出生在垂拱元年（公元 685 年），死于代宗宝应元年（公元 762 年）。其在位的时间为太极元年到天宝十五年（公元 756 年），共计四十四年。唐玄宗李隆基在中国封建的历史上，也算得上是一位相当著名的君王。唐玄宗李隆基时期的"开元盛世"，是继"开皇盛世"与"贞观之治"之后使中国封建社会再次达到了鼎盛时期。唐玄宗李隆基从掌权到称帝，曾经经历了一系列的宫廷权利争斗，其中就包括韦后、太平公主之乱，可谓是惊心动魄！

叛乱纪实

皇后韦氏的女皇美梦

　　神龙元年（公元 705）年正月，担任宰相之职的张柬之、崔玄暐与担任尚书右丞之职的敬晖、担任司刑少卿之职的桓彦范以及担任相王府司之职的袁恕己发动了"五王政变"，迫使已经八十二岁的武则天从皇帝之位退下，拥立唐中宗李显再次登基称帝，改周为唐。这样一来，所有的事情又重新走上了李唐王朝原来的轨道。然而，好景并没有维持多长时间，在宫廷内部就发生了皇后韦氏、安乐公主李裹儿与太平公主、相王李旦以及相王的三儿子李隆基为争夺权力而出现的斗争。

　　唐中宗李显这个人十分懦弱，当初被武则天从皇位上赶下来，然后贬到房州的时候，整天担惊害怕，几乎成了一个神经质。每一次听说朝中有敕使前来，往往惶恐不安，甚至好几次都想要自杀。他的妻子韦氏

同样与他一起受到幽禁，可以说饱尝了各种酸甜苦辣。但是，与唐中宗李显不一样的是，韦氏是一个非常坚强而且特别有主见的女人。每当李显想不开的时候，韦氏都会劝说他："人世间的福祸无常，不一定就是赐死，为什么王爷要自己吓唬自己呢?"几年来，在韦氏的不断开导下，李显才没有轻生，坚持了下来，才有后来重新登基为帝的机会。所以，李显对韦氏深信不疑，从再次登上皇帝宝座开始，每次上朝的时候就会像当年武则天在唐高宗的龙椅旁一起参与朝政那样，让韦后也坐在自己的身边，与自己一起处理朝政。然而，韦后却在参与朝政的过程中，慢慢地表现出了想要效仿武则天称帝的野心。

韦氏先与武三思私通，并且与之结成韦武集团。后来，武三思被杀之后，她又勾结朝中的一些大臣，极力培养自己的势力。宗楚客因为曾在暗地里向韦氏上奏，请求她效仿先太后武则天那样革新唐鼎，自己做女皇而受到韦氏的宠幸。在她的干预下，一大批像宗楚客这样的奸佞小人成为了中书要地的官员，贿赂的风气愈演愈烈，直到最后公开贩卖官爵，妄自挑起边境争端。于是，国家的各种灾祸此起彼伏，弄得民怨载道。韦后想要成为第二个武则天，坐上女皇之位的野心更是急剧膨胀，而且她也一天比一天更加愤恨唐中宗李显的妹妹太平公主、弟弟相王李旦以及三侄子李隆基。

太平公主是武则天的女儿，生性沉着冷静，反应迅速灵敏，其雄才大略一点儿也不逊于自己的母亲。武则天执掌大权的时候，非常宠爱她，不少事情都有她的参与。在唐中宗李显第二次登上皇帝宝座的时候，她为唐王朝做出了很大的贡献。朝中有很多大臣，都是太平公主推荐的。太平公主曾经与台阁大臣萧至忠等一起成为了唐中宗李显最为有利的支持者。这使得韦后不敢轻易地做出决定，唯恐出现什么闪失。相王李旦也曾经在武则天将唐中宗李显废掉之后，被推上皇帝的宝座，过了几天当皇帝的日子。他在大臣与百姓的心中，向来以宽和仁爱而著称，有着很大的影响力与势力。李旦的三儿子李隆基从小就十分聪明伶俐，所以武则天曾经很喜欢与宠爱他，为他开府置官，并且预言他将来肯定会对江山社稷有非常显赫的建树。唐中宗李显登位没有多长时间，他忽然从潞州别驾任上回到了兴庆坊的临淄王府，广泛地与朝中的文武百官进行结交。这也让皇后韦氏感觉很受牵制。

唐中宗李显再次上台之后，相王李旦与太平公主就集体上奏，请求早日册立太子，以便巩固国本。皇后韦氏生了一个儿子，名叫李重润，但是却被武则天给杖毙了，现在只剩下了安乐与长宁两个女儿。唐中宗李显在没有与皇后韦氏商量的情况下，就立了后宫嫔妃所生的儿子李重俊为太子，这让皇后韦氏感到相当愤怒。不过，安乐公主李裹儿才是最为恼怒的那个人。安乐公主李裹儿出生在唐中宗李显带着皇后韦氏前往房州的路途中。也许由于安乐公主李裹儿出生在唐中宗李显遭遇厄难的时候，并且也跟着受了一些苦，因此唐中宗李显与皇后韦氏对她格外宠爱。安乐公主李裹儿就仗着李显与韦氏的宠爱，骄横嚣张，权倾朝野。有的时候，她甚至会自己写好诏书，而将内容盖住让唐中宗李显签名。唐中宗李显在没有册立太子的时候，她还曾经还向李显提出要求，册立她为皇太女。当李重俊被册立为太子之后，因为武三思的挑唆，安乐公主李裹儿就经常与自己的丈夫武崇训一起去欺负李重俊，有的时候甚至直接称呼他为奴才。

李重俊因为受不了这样的侮辱，就在神龙三年（公元707年），与左羽林大将军李多祚、李思冲、李承况、独孤祎之以及沙吒忠义等人假传唐中宗的圣旨，调集军队冲进了武三思的家中，将武三思以及武崇训父子全部斩杀了，然后，又冲入后宫，想要向唐中宗李显进行申诉。皇后韦氏与安乐公主李裹儿却在唐中宗李显的面前，直接污蔑太子李重俊想要造反，并且逼着唐中宗李显不听取他的任何申诉，直接下令让军队对其进行镇压。结果，李重俊等人因为寡不敌众被斩杀了。

皇后韦氏与安乐公主李裹儿利用这个难得的有利之机，让唐中宗李显追究太子李重俊余党的罪过。结果，肃章门内外诸吏全都被杀害了，然后皇后韦氏与安乐公主李裹儿就让自己的亲信重新派遣兵马前去肃章门驻守。她们又勾结宗楚客等奸佞小人，对相王李旦与太平公主进行陷害，说他们与太子李重俊共同谋划造反事宜，请求将其逮捕归案，关入天牢中。这个时候，担任吏部侍郎兼御史中丞之职的萧至忠，跑到在唐中宗李显的面前哭着进谏："陛下拥有四海，却不能够容忍自己的一个弟弟与一个妹妹，乃令人罗织成狱么？"唐中宗李显听了萧至忠的话，才善罢甘休，不再找相王李旦与太平公主的麻烦了。太子李重俊失败被杀之后，皇后韦氏的气焰变得更加嚣张。八月，皇后韦氏派命令百官向唐中宗李显上疏，并献上尊贵称号"应天神龙皇帝"，将玄武门改为"神武门"，"玄武楼"改为"制胜楼"。随后，宗楚客又率领百官上奏，请求加皇后韦氏尊贵称号"顺天翊圣皇后"。对于这些请求，唐中宗李显全部给予批准。景龙二年（公元708年），唐中宗李显与皇后韦氏一起前往太庙，大赦天下，皇后韦氏与唐中宗李显一起被称为"二圣"。

这个时候，安乐公主李裹儿与皇后韦氏的妹妹郕国夫人、崇国夫人等也都仗着手中的权势，随心所欲地卖人情，收贿赂，最后居然公然贩卖官爵。只要向他们行贿达到三十万，不管是什么人，即便是屠夫或者奴仆也能够得到相应的官职。她们将任命状外面的斜封都交给中书省进行处理，而中书省也没有胆子拒绝，所以，那个时候的人们都将如此得到官职的人称为"斜封官"。她们的这种行为进一步腐化了国家的政治。景龙四年（公元710年），定州人郎岌叩阎告变，向唐中宗李显上疏具体地阐述了"斜封官"给国家带来的各种危害，明确地指出皇后韦氏与宗楚客等将会反动叛乱。没有想到的是，皇后韦氏的亲信中途将他的奏书给拦截下来，并且呈递给了皇后韦氏。皇后韦氏看完之后，非常生气，命人将郎岌活活打死了。为了防止朝中的局势突然发生变化，皇后韦氏数次将宗楚客以及她的弟弟韦元等召集到她的寝宫，一起商量怎样将太平公主、相王李旦以及临淄王李隆基除掉，以便能够尽早地实现自己当女皇的美梦。宗楚客等人殷切地告诫她，一定要做到"胆欲大而心欲小"，一定要小心谨慎地行事。与此同时，韦元还献出计谋如下：首先，要在近期内，想尽一切办法逼着唐中宗李显将相王李旦与临淄王李隆基远置京都，寻找机会在边远州府将他们除掉。其次，向唐中宗李显奏请下敕，命令全国各道、州以及县的"斜封官"，在"老母节"的前夕进入京师，在曲江为他们赐宴，一起欢度佳节，以便能够广集党羽，等到他日有着大用。

皇后韦氏按照这个计谋，让唐中宗李显颁下诏书，命令天下的斜封官进入京师，与皇帝一起欢度"老母节"。这个时候，许州司马参军燕钦融正想要在唐中宗李显的面前，将宗楚客等人的恶劣行为揭穿，于是，他便在六月五日那一天混进了斜封官队伍中，来到了内苑。于是，燕钦融就冒着死罪进言，说皇后韦氏淫乱后宫，干预朝政，与安乐公主李裹儿、武延秀（安乐公主后来的丈夫）以及宗楚客等人相互进行勾结，利用阴谋伺机危害国家。燕钦融的话引起了唐中宗李显的注意，于是，就将燕钦融召过来，当面进行盘问。燕钦融跪在唐中宗李显的面前，详细地陈述了那些事情，其脸上的神色十分坚定。然而，唐中宗还没有来得及说什么，安乐公主李裹儿就指使宗楚客等人，假传唐中宗李显的命令将燕钦融捕杀了。唐中宗李显得知这个消息之后，非常生气，大声吼道："你们眼中，还有朕这个皇帝吗?"说完之后，唐中宗李显脸上密布着阴云，拂袖离开了。

深宫政变

唐中宗李显愤然离开之后，皇后韦氏、安乐公主李裹儿以及宗楚客等人非常惊恐不安，认为如果唐中宗李显只要仔细调查这件事情，那么，他们肯定会有大祸降临。于是，他们就开始密谋杀害中宗李显，篡权夺位的行动。

皇后韦氏马上将宗楚客、杨均、韦元以及马秦客等人召集起来，一起商量具体的行动计划。宗楚客非常明确地提出由皇后韦氏"顺天承运"，效仿武则天那样革新唐鼎的计谋。于是，他们经过商量，决定由韦元与韦播一起统辖南、北两个衙门的一万多名羽林卫士将三府围困起来，宗楚客派遣兵部崔日用调兵前来京师进行护驾。至于怎样处置唐中宗李

显，韦元则断然提出了"如果不将昏君除掉，很难行革鼎之举"，他建议皇后韦氏亲自制作毒饼，然后借着"老母节"吃饼的风俗将唐中宗李显毒死。而皇后韦氏则用奖励册封安乐公主为皇太女作为诱饵，极力劝说李裹儿亲自将毒饼献给还处于盛怒之下的唐中宗李显。就这样，在景龙四年（公元710年）六月六日，唐中宗李显被毒死了。

唐中宗李显死了之后，皇后韦氏首先将这个消息封锁住，密不发丧，然后，自己则匆匆忙忙地将手中的权柄集中起来。在中宗死后的第三天，她将宰相召集到内宫中，征调五万兵马在京城屯守，由驸马都尉韦捷与韦灌、左千牛中郎将韦锜、卫尉卿韦璿以及长安令韦播等人分别带领。韦元在六街巡行，薛思简率领部众前往均州镇守。担任刑部尚书之职的裴谈、担任工部尚书之职的张锡与中书门下三品留守在洛阳。这个时候，安乐公主的现任丈夫武延秀在公主将唐中宗李显毒杀之后，为了自己的目的，也趁着这个机会起用自己的部属。他将自己的心腹高力士从内侍省宣送太监举荐做了内给事中，委任为四品监军。宗楚客也将自己的心腹崔日用派到景风门与高力士进行会合，率领麻嗣宗等"首平临淄王府。"

太平公主在知道燕钦融因为上谏被残忍杀害，唐中宗李显愤然离开的事情之后，心中为软弱无能的李显担心，就匆匆忙忙地带着儿子薛崇简前往大内。这使得韦温在去公主府抓太平公主的时候扑了空。与此同时，皇后韦氏与安乐公主李裹儿对于太平公主突然来到大内感到非常惊讶。心机非常深的上官婕妤献计，留下太平公主，告诉她皇帝已经驾崩的消息，然后将她先软禁在大内，等到大局稳定之后再进行处理。太平公主得知其真实的用意之后，并没有半点儿慌张的表情，表面上装着非常从容地接受了这种安排，而暗地里派遣自己的儿子秘密地将这个消息告诉李隆基，然后静心看着整个局势的发展变化。

韦氏集团将所有的事情都安排好之后，自认为登基做皇帝的事情已经十拿九稳了。但是，尽管担任兵部侍郎之职的崔日用，在平常的时候与宗楚客有着很深的交情，但在知道宗楚客以及皇后韦氏的阴谋之后，一方面对于这件事情败露之后，自己也会大祸临头感到担忧；另一方面他的内心早已经被李隆基的文治武功所折服了，于是，就派遣宝昌寺和尚普润长老暗地里去见李隆基，然后将皇后韦氏等人的阴谋告诉了李隆基。高力士同样也是这样。他与武延秀保持密切往来的原因，只不过是因为信奉自己为人处世的信条所致。然而，在与各派势力进行交往的过程中，他的心已经在不知不觉中倾向了李隆基。他认为有着伟大志向的李隆基正是如今朝廷所需要的"大家"。之后，他受到了李隆基的赏识，非常荣幸地参加了在禁苑总监钟绍京府院中举办的一次大聚会，发现羽林万骑的重要将官，比如，陈玄礼、麻嗣宗等人，兵部崔日用的哥哥崔日知以及前朝邑尉刘幽求等，都已经聚在了李隆基的帐下。而且根据他所知道的，临淄王府中早就有了与禁苑相通的秘密通道，南北卫队中有很多将士都是效忠李隆基的。所以，他在接受韦氏集团的任命之后，马上毫不犹豫地将自己所知道的情况秘密地告诉了钟绍京，然后由钟绍京通过暗道传递给了李隆基。

在景风门下，李隆基的使者向高、崔二军说明了情况之后，他们马上进行了倒戈，只要等李隆基这边将信号发出，他们便会斩关杀人。而这个时候，韦元以及韦播等人担忧羽林军的将领会有所不服，就把陈玄礼以及麻嗣宗等人抓了起来，然后囚禁在禁苑当中。就在这个非常紧急的时刻，李隆基与他的谋臣经过商量，最后决定马上发动宫廷政变，来一个先发制人。六月二十日，李隆基将自己的服饰更换之后，就率领刘幽求等人从密道中偷偷地进入了皇苑，然后，派遣钟绍京火速地将苑中百工召集起来，前去营救陈玄礼等将官。这个时候，被韦氏集团囚禁起来的陈玄礼也正在考虑着如何进行脱险。他和果毅校尉葛福顺找了一个机会，将韦璿、韦播斩杀之后，逃了出来，然后向羽林军将士宣称："皇后韦氏已经将先帝李显毒死了，想要图谋这个国家，现在，我们应当齐心协力把诸韦诛杀，另外拥立相王李旦安定天下，谁要是敢依附叛臣，就将其三族诛灭！"羽林军原本就对于韦氏集团的嚣张跋扈非常不满，听到陈玄礼如此说之后，马上人心大乱了，纷纷开始倒戈相向。陈玄礼趁着这个机会将羽林军召集起来，向皇宫内苑各门发起进攻，并且顺利攻破，然后率领部众迅速地来到了太极殿。皇后韦氏正在留宿殿中为唐中宗李显守灵，突然听到外面一片喧哗声，就在宠臣杨均以及马秦客等人的挽扶之下逃到了正骑营。陈玄礼接到李隆基的命令之后，手里拿着大刀将皇后韦氏的人头砍了下来。

这个时候已经是黎明时分了，刘幽求等人又来到了安乐公主李裹儿的府邸。安乐公主李裹儿尚且不知道外面发生了什么事情，正在对着镜子为自己画眉，做着即将成为皇太女的美梦。突然，她听到外面的动静，还没有来得及回头，就被冲进来的将士们用刀砍死了。

李隆基下令将韦姓家人、各城门守卫以及韦氏的党羽全部诛杀。就连原本与皇后韦氏等人一伙，后来在李隆基到来的时候，跪迎表示归顺的上官婕妤也没有被放过，当场就被斩杀了。直到天色基本上已经亮了的时候，皇宫内外才恢复了原来的秩序。李隆基从皇宫出来之后，前去晋见了自己的父亲李旦，并且向父亲请罪，原谅自己在事情发生之前没有及时报告。随后，李旦进入皇宫辅佐被皇后韦氏立为傀儡皇帝的李重茂。二十三日，太平公主给傀儡少帝李重茂传达了训令，在太平公主与李隆基联手的安排之下，让其将皇帝之位禅让给了相王李旦。李旦接受之后，正式登基称帝，历史上称为唐睿宗。

姑侄之间的斗争

睿宗李旦做了皇帝之后，大唐王朝并没有就此平静下来。没过多长时间，唐朝宗室内部又爆发了一场李隆基与太平公主各为一方的宫廷斗争。

太平公主因为在对韦、武集团进行镇压的过程中立下了汗马功劳，所以更加受到朝野上下的尊重。唐睿宗李旦经常与他一起讨论朝政大事。太平公主每次进宫的时候，都会与唐睿宗李旦坐着谈论很长时间。有的时候，如果太平公主好几天没有进宫，唐睿宗李旦就会命令宰相前去公

111

主府中与太平公主磋商。每每宰相提出什么报告的时候，唐睿宗李旦都会询问有没有与太平公主进行商量？然后，再询问有没有与三郎——李隆基进行商量？如果得到的答案都是肯定的，唐睿宗才会批准他的奏请。太平公主也是一个有着非常强大的权力欲望的人，总是想着自己要像母亲武则天那样成为一代女皇帝。但是，在武则天当权的时候，她没有敢将自己的这种想法表现出来。唐中宗李显再一次登上皇帝之位后，她充分利用自己对唐中宗的影响，将萧至忠与岑羲两位宰相安插在中书省，想要在合适的时机将那个时候皇后韦氏安排的前三名宰相——宗楚客、唐休璟以及韦巨源挤掉，将中书省的内阁大臣全部都换成自己的心腹，她觉得到了那个时候，就有能力与皇后韦氏一较高低了。但是，燕钦融事件的出现使得皇后韦氏篡位的脚步加快了，最后由自己的侄子李隆基将韦氏之乱平定了下来。这样一来，她就不得不将自己的计划延缓下来。唐睿宗李旦上位之后，太平公主仗着自己的功劳很高，进一步将宰相以下官员的升降权控制了，朝廷内外投入她门下的人络绎不绝。她的儿子薛崇行、薛崇敏以及薛崇简也都分封了王爵。与此同时，她的家产也是与日俱增，整个京城的郊外遍布着她家的田地庄园。随着地位的上升与显赫，太平公主的权力欲望也是急剧膨胀起来。刚开始的时候，她并没有将年纪轻轻的李隆基放在眼中，认为控制他是一件十分容易的事情。但是，随着李隆基一天天显示出来的杰出才能，她便开始对李隆基嫉恨起来，将他视为实现自己女皇美梦的最大障碍，所以，围绕睿宗李旦册立太子的事情，她与李隆基展开了一次正面的交锋。

　　唐睿宗李旦在挑选太子人选的时候，一直举棋不定，不知道到底该选谁。因为宁王李成器是他的嫡长子，但是平王李隆基却在铲除韦氏集团的过程中立下了大功。宁王李成器知道父皇李旦为立嗣的事情烦恼之后，就主动地拜见父皇李旦，对太子之位进行辞让，还说，国家安定的时候，应当先考虑立嫡长子为太子，但是，国家处于危险的时候，就应当先考虑有功的皇子为太子，否则，肯定会与众人的愿望相违背的。因此，他宁死也不敢居平王李隆基之上。

即便宁王李成器如此推辞，唐睿宗仍然犹豫不决，不能下定决心。于是，他又询问朝廷的文武大臣，大部分的官员也都支持立李隆基为太子。不过，太平公主又怎么会甘心让李隆基成为皇嗣呢？所以，她一方面加紧在中书省安插自己的心腹大臣，导致七位中书大臣中除了李隆基推荐的姚元之与宋璟之外，其余五位都已经是自己的人；另一方面下定决心要将很懦弱的大侄子李成器扶上太子之位，从而对李隆基登上皇权顶峰的脚步进行阻拦。

她在为唐睿宗李旦重登皇帝之位进行庆祝的前一天，就将那五位宰相以及自己的儿子召集起来，一同商量册立太子的事情。没有想到的是，他们居然一致同意册立平王李隆基为太子，并且指出册立宁王李成器为太子就会将事态给激化，其后果是难以预测的。在反复进行权衡之后，太平公主最终决定先顺势将平王李隆基送到东宫中，然后，再寻找机会将他废掉。于是，大唐景云元年（公元710年）六月二十七日，李隆基被正式册立为太子。随后，唐睿宗李旦颁下诏书："则天大圣皇后武曌，恢复其旧有称号'天后'；追赠雍王李贤为章怀太子；追赠郎岌与燕钦融为门下省谏议大夫；将武三思、武崇训所有的爵位与尊贵称号全部撤销，并且捣毁其棺木，将尸首掘出来，将其坟墓铲平。另外，改封李成器为雍州牧兼太子太师，李成义为申王，李隆范为岐王，李隆业为薛王，增加太平公主实封采邑满一万户。"

在父亲李旦重新登上帝王之位的初期，李隆基就已经深刻地认识到不管册立谁为太子，都将会成为他与姑母太平公主之间矛盾表面化的导火索。他与太平公主两人之间有着无法逾越的沟壑：姑母想要成为第二个武则天，而自己则想要成为第二个唐太宗。虽然在皇后韦氏时期，他们曾经一起将韦氏集团铲除，但是随着韦氏集团的覆灭，他们之间的对抗就会慢慢地从次要矛盾上升为主要矛盾。但是，令李隆基没有想要的是，正是姑母太平公主与表弟薛崇简向父皇李旦上表，要求册立自己为太子。同时，太平公主还将自己的心腹大臣窦怀贞安插到了宰相之列。李隆基能够非常清晰地看出来，他所要面临的这一场对决，要比平定皇后韦氏与安乐公主之乱要复杂得多。所以，他一方面暗中保存与拓展自己的势力，一方面不动声色地继续观察事情的发展。

景云二年（公元711年）正月，太平公主表现出了对废长立幼不满意的言语。她向唐睿宗李旦提出册立皇后的要求，唐睿宗李旦说道："已经死去的刘氏与窦氏二妻都是死于非命，没有留下尸骨，如何能够忍心再这样册立继后呢？"太平公主说道："刘妃是您的正配妻子，而且为您生下了宁王李成器，应当追封为皇后。而窦氏虽然是三郎李隆基的亲生母亲，但是却不能够与刘妃相媲美，应当有嫡庶之分。"太平公主言下之意，就是太子并不是嫡出的，所以，册立的名分不符。尽管唐睿宗李旦对太平公主所提的建议不愿意听从，但是迫于其带来的压力，在无可奈何之下，只能将刘氏与窦氏同时追册为皇后。对于皇兄李旦的不甚服帖，太平公主的心中非常不满，发誓说道，既然自己能够将李隆基送上太子之位，就能够将他从东宫赶出去。于是，在之后相互斗争中，废除太子的事情就成为了贯穿始终的一条主要线索，时而紧时而松。

在这一年七月的一次朝会之上，中书省明确地提出了需要迅速地讨论决定四项大事：第一，宰相宋璟与姚元之所呈奏的派遣羽林将官从朝堂出去，前往各个州县担任外官，从而避免在京城仗着自己的功劳，骚扰百姓的事情；第二，关于逆王李重福发动叛乱，已经率兵直逼洛阳，请皇帝颁发诏书，命令部队讨伐的事情，这也是宋璟与姚元之非常着急地奏请的事情；第三，宰相窦怀贞、萧至忠以及岑羲所奏请的，唐中宗李显已经葬在了定陵，其后宫嫔妃中选择陪葬，需要皇帝进行定裁；第四，唐睿宗李旦自己登基称帝已经有小半月了，还没有正式举行庆贺，这与礼仪是不相符的，需要迅速地选定良辰吉时举行大醮。

原本这四件事情，唐睿宗李旦只需要召集中书省的七位宰相进行初议，然后，交给相关的省司官员进行复议之后，就能够颁发诏书进行办理了。然而，李隆基支持前两件事情，而太平公主则主张先处理后两件事，所以，夹在中间的唐睿宗李旦一时不知道到底应该谁先谁后了。而且这姑侄两个人各自支持的事情，却又是互相违碍的。比如，如果举行

大酺，那么，除了朝廷需要庆贺数次之外，还要涉及改元、大赦等各项非常重大的仪典。大赦诏令一出，还如何讨伐发动叛乱的逆王呢？所以，唐睿宗李旦感到极其为难。

太平公主早在召开朝会前，就已经把这次朝会涉及到的各项大事透露给了窦怀贞等人，让他们认真地做好准备，促使唐睿宗李旦颁下诏书办后两件事情。这也是太平公主将东宫威信削弱的非常重要的一步。消灭韦氏集团，已经使得东宫在百姓当中的声威大增，但是依附于东宫的羽林将官近来对百姓进行骚扰的行为，又使得百姓非常不满。倘若能够将调遣羽林将官出京师的事情阻止，那么，民间的百姓就会因为这些害民功臣而加深对东宫的不满，而且东宫原先所获得的崇敬也会随之消失。另一方面，阻止早日讨伐李重福，就能够为李隆基埋下一个长久的隐患，可以削弱李隆基与太平公主进行竞争的力量。所以，在这次朝会的对决中获得胜利，对于双方而言，都是相当重要的。

接到太平公主的授意之后，窦怀贞抓住机会，抢先一步向唐睿宗李旦呈上奏折，要求早日使先帝李显安心地举行大酺的事情。李隆基听了之后，非常担心父皇李旦再一次听信挑唆而颁发诏书。于是，在窦怀贞刚刚说完，回到行列之后，就马上启奏，说道："如今，叛王李重福已经集结兵马发动叛乱，弄得整个朝野不宁，而在京师内，'斜封官'勾结在一起，无事生非，很多羽林将官也仗着自己曾经立下的功劳，而对百姓进行骚扰！这两件事情是导致国家不能稳定的关键因素，希望陛下能够三思而后行，能够派遣精良的兵将，前去平定叛乱，并罢黜'斜封官'以便正纲纪！"唐睿宗李旦听了之后，心中觉得非常有道理，正想着要同意李隆基的意见。

这个时候，太平公主却开始表示不同意见了，她说道："李重福集结兵马反叛的事情尚且属于浮言，还没有打听到真实的情况，就派遣大军前去讨伐，恐怕对新君与朝廷都非常不利；至于'斜封官'的事情，尽管是诸韦所为，但是，到底也是经过先帝李显敕封过的，倘若将其罢免，对先帝李显是有损的；下诏将羽林将官调出京城做外官的事情，就更不能实施了。他们曾经为朝廷立下过很大的功劳，怎么能够仅仅因为稍稍对百姓有所骚扰的行为，就将他们从京师赶出去呢？你身为东宫太子，应该潜心对典籍进行研究，学习先圣治理国家安定百姓的要术才是!"唐睿宗李旦听了之后，又对妹妹太平公主的话很是赞同。因此，唐睿宗李旦没有等李隆基进行辩驳，就直接下诏选择先办理后附葬以及进行大酺之仪的事情了。

李隆基在这次朝会上所遇到的挫折，让他感觉相当沮丧，几乎想要将自己的太子之位辞去。幸亏高力士以及宋璟等人极力劝说，李隆基才打消了辞去太子的念头。

太平公主退朝回到自己的公主府之后，想起在朝堂上李隆基居然公然与他当面进行顶撞就极其愤怒，就产生了找个机会将李隆基害死的想法。于是，她就派遣自己的女婿唐畯将太子少保韦安石邀请到公主府作客。但是，韦安石非常坚决地拒绝了。唐睿宗李旦听说这件事情之后，就秘密地将韦安石召了过来，对他说道："朕听说朝廷的官员都愿意为东宫效忠，你为我好好调查一下这件事情。"韦安石听了之后，却说道，"为什么陛下要听信这样的亡国之话？这是太平公主想要谋害太子李隆基的阴谋诡计。太子李隆基对国家有功，仁爱英明，温和孝顺，这些天下人都知道的，希望陛下您不要轻易地相信谗言啊!"唐睿宗李旦听到这里，才说道："我明白了，你不需要再说了。"

太平公主因为这个计谋没有成功，心中非常不甘心，所以，她就亲自坐着辇车来到了光范门，将各位宰相召集起来，进行聚会，并且暗示他们更换太子的意思。各位宰相听了之后，一个个都大惊失色。其中，宋璟更是当面顶撞道："太子李隆基对天下建立了莫大的功勋，乃是真命天子，为什么突然会有这样的意见呢？"太平公主听了之后，也不知道怎么回答，最后闷闷不乐地拂袖离开了。宋璟出来之后就与姚元之一起进宫，拜见了唐睿宗李旦，说道："宁王李成器为陛下您的嫡长子，而邠王李守礼则是唐高宗的嫡长孙，太平公主从中进行挑拨离间，会使得太子李隆基惶惶不可安宁的。还不如命令宁王李成器与邠王李守礼一同出任刺史，并且将岐王、薛王兼管的左右羽林军罢免，改编为太子东宫的左右翼侍卫，从而使太子东宫的戒备得以充实。将太平公主以及她的丈夫武攸暨安置到东都洛阳，这样一来，就可以避免朝廷内部出现混乱了。"唐睿宗李旦很重视太平公主这个妹妹，不忍心将唯一的一个妹妹远逐东都洛阳，就没有同意这个建议。但是，对于其他的事情，唐睿宗李旦全部采纳并且很快就实施了。当宋璟向唐睿宗李旦进谏的时候，太平公主正好悄悄地躲在绣帘下偷听他们的谈话。她在得知了宋璟所提出的建议之后，就恨透了宋璟，再也不能容忍其存在了。于是，太平公主马上派遣属下对宋璟进行暗杀。非常幸运的是，高力士提前得到了消息，最后才将宋璟救了下来，然后送出了京城。

又过了几天，唐睿宗李旦又听左右的侍从说道："近日有一位术士说，五日之内肯定会有乱兵闯进皇宫之中，你们一定要小心谨慎地提防着。"中书侍郎同平章事张说得知这个消息之后，就立即向唐睿宗李旦进谏说道："这肯定是好事之人，想要离间陛下您与太子李隆基之间的关系。倘若陛下您能够命令太子李隆基监督朝政大事，那么，谣言就会不攻自破的。"大臣姚元之也在一旁表示同意，并且迫切地希望唐睿宗李旦能够将这个建议立即施行。唐睿宗李旦听从了他们的建议，于是，马上命令太子李隆基进行监国，六品以下官员的任用与罢免全部交给太子李隆基进行负责。与此同时，唐睿宗李旦又颁发诏书，任命李成器担任同州刺史之职，李守礼担任幽州刺史之职，并且将太平公主以及她的丈夫武攸暨送到了蒲州。

太平公主得知这个消息之后，怒不可遏，立即就将太子李隆基召了过来，厉声问道："我为了你们父子二人可以说费尽了心力，如今，你们却用怨恨来回报我的恩惠，想要将我贬到蒲州去居住。你的父亲是一个十分厚道，而且有仁爱之心的人，这个主意肯定是你想出来，并且从中进行挑拨的，所以，才会有今天的这道敕命！"等到太平公主把所有的话说完之后，太子李隆基却什么话也没有说，而是迈着小步慢慢地退了出去。随后，太子李隆基就给唐睿宗李旦上敕对姚元之与宋璟进行弹劾，

第五章 疯狂女性发动的叛乱——韦后、太平公主之乱

说他们挑拨自己与太平公主以及父皇之间的感情，请求对他们进行重重的惩罚。李隆基的这个反常举动，让太平公主感到非常惊讶，一时之间没有计谋可以实施。但是，这也正是太子李隆基高明的地方。他心中很清楚，太平公主会拿这件事情在朝廷中大作文章，以便给他安上一个灭姑害亲的罪名。所以，他还不如争取到主动，这样一来，就可以将太平公主的嘴给堵住了。于是，唐睿宗李旦下旨将姚元之贬为申州刺史，将宋璟贬为楚州刺史。尽管这两个人被贬出了朝廷，但是却也消除了太平公主日后对他们的迫害。尤其是，他们向唐睿宗李旦所奏请的几件事情，唐睿宗李旦都接受了，并且按照圣旨执行着，所以，太平公主夫妇二人最终仍然被遣送到了蒲州进行居住。

同年四月，唐睿宗李旦将三品以上的大臣召集起来，举行了一场宴会。期间，唐睿宗李旦对众位大臣说道："我素来心情十分恬淡，并不认为皇帝有多尊贵。先前我作为皇嗣、皇太弟，后来，我坐上了皇帝之位，都是由于当时的局势所逼迫的，并不是出于我的本意。如今，我已经年过半百了，不愿意再亲自总揽朝政大权了，我想要将传位传给太子李隆基，你们觉得怎么样呢？"文武大臣们听了唐睿宗李旦的话之后，一个个面面相觑，谁也不敢先给予回答，只有太平公主的党羽——殿中侍御史和逢尧离开座位，向唐睿宗李旦进言，说道："陛下的年龄一点儿也不老，正是被四海所敬仰的时候，怎么能够将皇位禅让给太子李隆基呢？"这个时候，太平公主的其他党羽也都纷纷站出来进行附和。唐睿宗李旦听到这里之后，才没有继续坚持下去，但是却仍旧下诏说："所有的朝政大事都交给太子李隆基进行处理。"五月，应太子李隆基的恳求，唐睿宗李旦批准了太平公主回到京城的请示。于是，太平公主马上收拾行装启程回到了京城。

但是，太平公主回到京城之后，仍然不肯就此善罢甘休，而是继续大力拉拢朝廷官员，广泛地培植自己的党羽，以便实现自己的女皇美梦。太平公主在唐睿宗李旦面前极力地推荐崔湜与窦怀贞，并且奏请对岑羲、萧至忠以及薛稷等人的官职进行恢复。姚元之与宋璟两位宰相被贬之后

空出来的中书职位，也被太平公主安插上了自己的心腹大臣。因为韦安石不愿意归附于自己，太平公主就通过给韦安石加授诸如左仆射、太子宾客等虚职的方式，将他手中的实权给剥夺了。为了加快力量恢复的速度，太平公主还充分利用奸僧慧范，让其"使法"，以唐中宗李显显灵作为借口，反对将"斜封官"罢免。胆小怕事的唐睿宗李旦立即启用了"斜封官"。就这样，太平公主的声势再一次兴旺起来。

没有成功的政变

景云三年（公元 712 年）七月，西边的天空突然出现了一颗彗星，散发出数丈的光芒。太平公主想要借助这个机会打击太子李隆基，所以，就马上派遣慧范进宫，向唐睿宗李旦进谏，说天空出现了彗星，这是除旧布新的景象，可能是皇太子李隆基要做皇帝了。其实，太平公主原本的意思是想要借此激起唐睿宗李旦心中的怒火，促使他为了维护自己的皇帝之位而对太子李隆基产生愤恨之情，然后自己再继续进谗言。

令她意想不到的是，夹在太子李隆基与太平公主争斗之间的唐睿宗李旦，早就厌倦了这样的皇帝生涯，反而将慧范的话当真了，并且十分庆幸，所以，他毅然说道："朕在很早的时候，就已经有了禅位的想法，现在，天象又是这样，还有什么值得怀疑的呢？我意已决！"慧范眼看着事情已经弄巧成拙，再也不敢多说一句话，急急忙忙地返回公主府，向太平公主汇报。太平公主听了之后，非常吃惊，马上将她的党羽们全部召集起来，一起商量挽回这件事情的措施。随后，她一方面亲自出马，前去阻止唐睿宗李旦的传位；另一方面派人前去劝说太子李隆基固辞皇位。太子李隆基得知这个消息之后，也惊慌失措地跑到皇宫中，跪在地上叩头向唐睿宗李旦请求，说道："儿臣仅仅因为曾经立过一点很小的功劳，就被陛下册立为东宫太子，内心深处已经很担心自己难以胜任，如今，陛下又着急着将皇位传给儿臣，儿臣实在不能接受。"唐睿宗李旦却告诉他："国家之所以能够从危险转为安全，都是因为你的力量。如今，

'帝星'有了变化，所以，将皇位传给你，为的就是让你能够将灾祸转为福气。"太子李隆基又要进行辞让，唐睿宗李旦脸上隐隐有不高兴的神色，说道："如果你想要做一个有孝心的儿子，就必须听我的话。难道一定要等到在我的灵柩之前登基称帝才算是真的孝吗？"太子李隆基听到这里，也没有什么话可以说了，只能留着眼泪退了出来。

第二天，唐睿宗李旦就下诏将皇位传给了太子李隆基。太平公主极力劝阻，没有任何效果，只好向唐睿宗李旦提出建议："尽管已经将皇位传了出去，但是总要对国家大事进行过问吧。如今，太子李隆基还年少不懂事，恐怕没有能力非常妥当地进行处理。"于是，唐睿宗李旦又下诏："以前，虞舜禅位于禹之后，尚且亲自出巡进行察访，朕虽然已经将皇位传给太子李隆基，难道就能够忘记国家吗？一切国政大事，我会抽出时间进行处理的。"八月三日，李隆基正式登基成为了李唐王朝的皇帝，历史上称为唐玄宗，尊唐睿宗李旦为太上皇。太上皇仍然自称为"朕"，其命令称为"诰"，每隔五天前往太极殿一次接受百官的朝见。皇帝自称为"予"，其命令称为"制"、"敕"，每天在武德殿办理国家大事。三品以上官员的任免以及重要朝政大事都必须上奏太上皇，其他的事情则由皇帝自行决定。五日，唐玄宗李隆基上大圣天后武曌尊号曰"圣帝天后"；七日，大赦天下，改行正朔。

河内人王琚是一个满腹韬略之人。在李隆基还是太子的时候，他就看出了李隆基拥有过人的才华，将来肯定会是一位英明的君主。有一天，王琚在晋见太子李隆基的时候，故意走到庭院中，并且摆出一副大摇大摆，鼻孔朝天的样子。东宫的侍从对其进行呵斥，告诉他太子殿下就在帘内，不得在这里放肆。而王琚却回答："如今哪里还有什么太子殿下，天下人都只知道有太平公主了。"帘内的太子李隆基听了他的话之后，急急忙忙地亲自出来迎接，将他带到了房内，两个人促膝相谈。王琚说道："皇后韦氏谋害君王，人心不服，因此，殿下才能够一呼百应，非常轻易地就将她杀了。如今，太平公主却仗着自己有功，而且非常狡猾，朝中不少大臣都是她的爪牙与党羽，皇帝因为与她之间有着兄妹之情，所以

对她格外宽容，我私下里非常为殿下您感到担忧。"太子李隆基听了之后，顿敢他的话极其贴心，流着眼泪悲伤地说道："父皇的一母同胞就只剩下太平公主一个人了，倘若发生什么意外，恐怕父皇会十分伤心的。"王琚接着说道："皇帝的孝道不同于普通百姓的孝道，只有追求国家稳定才算是大孝。太平公主早就有了废除皇帝而自立的野心，一旦真的行动起来，难道不是要对国家社稷产生危害吗？到了那个时候，太子殿下您即便想要尽孝道，恐怕也是不可能的了。"太子李隆基听了之后很受启发，于是，就擢升王琚担任太子舍人之职。当他等到登基称帝之后，再一次提升王琚为中书侍郎。

随着李隆基登上了皇帝的龙椅，他与太平公主之间的斗争也变得更为激烈了。那个时候，所有的宰相已经全部成为了太平公主的心腹了。面对这种情况，王琚就与刘幽求等人一起商量，策动羽林军将太平公主的党羽全部诛杀掉。刘幽求派遣担任右羽林将军之职的张暐秘密地向唐玄宗李隆基奏报，提出大臣窦怀贞、崔湜以及岑羲等全部都是太平公主一手提拔起来的，他们天天做着阴谋发动叛乱的准备。倘若不尽早将其处理掉，恐怕他们在近几日就会发难。到了那个时候，即使是太上皇也不可能获得平安了。唐玄宗李隆基对此点头表示同意，但是说还需要再观察一下。张暐将话传完之后，就退了出去。在回去的路上，正好遇到了担任侍御史之职的邓光宾，张暐居然将所有的实话全都说了出来，于是机密就这样被泄露了。邓光宾立即将这个非常重要的情报汇报给了窦怀贞与崔湜，这两人又急急忙忙地转告给了太平公主。太平公主马上进宫向太上皇奏报这件事情。于是，太上皇就立即将唐玄宗李隆基召了过来进行责问，唐玄宗李隆基感到非常为难，只能将所有的责任都推给了刘幽求与张暐。结果，刘幽求被流放到了封州。而太平公主的党羽崔湜暗示担任广州都督之职的周利贞，等到刘幽求到了封州的时候，就找个合适的机会将他杀掉。不过，刘幽求在经过桂州的时候，因为与担任桂州都督之职的王晙是老朋友，被王晙留了下来，这才得以捡回来一条命。

太平公主仗着太上皇对她的信任与支持，努力地将朝政大权往自己的手中揽，蛮横地对朝政大事进行干涉，朝中的文武大臣有一半都是她的亲信，所以，她也越来越不能容下新君李隆基了。于是，她开始与自己的亲信们秘密地制定计划，将新君李隆基废除，另外拥立新君。她派出不少密探对李隆基进行监视。其中，有着"上官之魂"之说的元荣荣，想要在太上皇赐给李隆基名为"赤箭粉"的药物中投毒，以便能够将李隆基杀死。上官婉儿原本是元荣荣的义母，当李隆基将上官婉儿杀死之后，元荣荣就将李隆基当成了不共戴天的仇人。太平公主正是利用她的这想要报仇的心理，就对她说："李隆基这个人非常阴险歹毒，一点儿也不逊于皇后韦氏，你应当为了大唐的江山社稷、天下的黎民百姓、你的义母上官婕妤，而深潜在东宫之中，寻找合适的时机，将这个大唐的祸种除掉！"然而，元荣荣还没有来得及动手，就被王琚派去的密探探听到了消息。王琚对唐玄宗李隆基说道："这件事情十万火急，不能不迅速地做出决断！"担任荆州长史之职的崔日用，在入朝奏事的时候，也悄悄地告诉唐玄宗李隆基说道："太平公主已经计划了很长时间了，想要加害于陛下您。如果陛下还是东宫太子，想要征讨她一定要使用谋略。如今，陛下已经荣登大宝，成为了一国之君，只需要下一道诏书，有谁敢不遵从呢？万一奸人谋事成功，那么，陛下您再想后悔就已经来不及了。"唐玄宗李隆基担忧会惊动太上皇李旦。而崔日用却表示，天子应该以四海安定作为孝道，不应当在这区区小节上进行纠结。万一小人得逞了，那么国家就会灭亡。到了那个时候，哪里还有什么孝道可言呢？如果想要不惊动太上皇，陛下您可以将北军掌握在自己的手中，然后再对逆党实施逮捕。这样一来，就不会有什么意外发生了。崔日用的这番话，说得唐玄宗李隆基没有办法不同意。于是，唐玄宗李隆基当即就任命崔日用担任吏部侍郎之职。

太平公主看到唐玄宗李隆基对王琚与崔日用等人加以重用，就猜到李隆基已经开始对她进行防备了。于是，太平公主就将自己的党羽召集起来，秘密地计划反叛的事情。崔湜献上计策，说道："公主可以派遣常元楷将军与李慈将军率领禁军士兵，冲到武德殿中，逼着当今的皇上退

位；然后再由窦怀贞仆射等人号召南牙士兵起兵进行响应，用不了半天的时间，我们就能够取得成功。"太平公主与窦怀贞以及萧至忠等人对此建议表示赞同，只有陆象先出声反对。这个时候，太平公主"大义凛然"地应声进行解释："原本废长立少已经是不符合常理的事情，而且李隆基又缺乏身为君王的品德，为何不能够将他罢黜呢？"众人也都纷纷出言讽刺陆象先太过迂儒了。陆象先生气地拂袖离开了。太平公主的儿子——薛崇简也不同意母亲的计划。他语重心长地对太平公主说道："母亲现在过着养尊处优的日子，应该知道满足了，为何还要故意挑起内乱？如果这件事情没有成功，那么恐怕将会招来灭门的灾祸的。"太平公主听了之后大怒，抄起手杖将儿子打得血流满面。等到她的怒气稍稍平息一点儿之后，又与众人定下了发动政变的具体时间。

左散骑常侍魏知古收到消息之后，急急忙忙地跑道唐玄宗李隆基的面前进行汇报。唐玄宗李隆基马上将岐王李隆范、薛王李隆业、担任兵部尚书之职的郭元振、担任龙武将军之职的王毛仲、担任殿中少监之职的姜晈、担任太仆少卿之职的李令问、担任尚乘奉御之职的王守一、担任内务给事之职的高力士以及果毅将军李守德等人召集起来，一起商量对策，计划利用武装进行镇压。七月二日，唐玄宗李隆基向太上皇李旦奏请下诰，命令太平公主第二天早上进宫，陪着太上皇李旦前去骊山进行狩猎，从而将太平公主已经部署好的计划给打乱了。

七月三日终于到了，唐玄宗李隆基命令王毛仲征调了皇苑马匹，率领三百士兵从武德殿来到虔化门进行埋伏，然后，由唐玄宗李隆基召见常元楷与李慈。这两个人对此一点儿也不知道，也没有什么准备，当他们刚刚走进大门的时候，就被王毛仲率领部将其拿下，并且斩杀了。随后，唐玄宗李隆基又利用相同的方法将萧至忠、岑羲等人骗来，并且一起拿下并且斩杀了。太上皇李旦得知事变的消息之后，就登上了承天门楼对这件事情进行询问。大将郭元振向太上皇李旦奏称，因为窦怀贞等人与太平公主进行勾结，想要图谋造反，所以，皇上才下令进行诛杀，今日开始执行。太上皇李旦听完之后，叹着气返回到自己的宫中，在第二天下诰："从今往后，军政大事全部交给皇帝进行处理，我就迁往百福殿颐养天年了。"唐玄宗李隆基接到太上皇李旦的这个诰令之后，才正式命令王毛仲与高力士前往公主府，将太平公主抓捕归案。

太平公主得知这个消息之后，立即带着全家逃到了山中的一座寺庙中，不过却在三天之后，被王毛仲率领兵将给搜了出来。唐玄宗李隆基颁发诏书，让她在房内自杀了；她的同伙全部被处死；她的儿子中除了薛崇简之外全部都被处死；她的所有财产全都被查抄了。随后，唐玄宗李隆基又对朝中的众位大臣进行了规模巨大的清洗活动。到此，太平公主与李隆基之间的斗争以太平公主的彻底失败而告终了。七月六日，唐玄宗李隆基在经历了两次非常重大的纷争之后，重新登上承天门，大赦天下，从此真正开始了他为期四十多年的统治。

事件点评

神龙元年（公元 705 年），唐中宗李显复位。每次上朝，皇后韦氏都要隔着帷幔坐在殿上，旁听朝政大事。唐中宗李显让曾经为武则天掌管文书的昭容上官婉儿负责撰述诏令，任命武三思为相。于是，朝廷中就形成了以韦氏为首的武、韦专政集团。武、韦集团掌权之后，就开始为非作歹、铲除异己。

因为太子李重俊不是皇后韦氏所生，所以，皇后韦氏对其非常厌恶。韦后的女儿安乐公主与其丈夫武崇训常常对太子李重俊进行侮辱，逼得太子李重俊在不得已的情况下，发动政变。神龙三年（公元 707 年）七月，太子李重俊发动部分羽林军将武三思与武崇训杀死，并且想要诛杀皇后韦氏以及安乐公主。但是，由于随从的羽林军倒戈，导致这次政变最终以失败而告终，太子李重俊被杀。武、韦集团的权势仍然不减。

这个时候，全国各地灾祸不断，百姓生活在水深火热之中。但是，唐中宗李显却与皇后韦氏恣意淫乐，不理朝政，还将告发韦氏乱政的人

处以极刑。据说，景龙四年（公元710年），皇后韦氏害怕其丑行暴露，同时也渴望登上皇帝的宝座，成为一代女皇，而安乐公主想要成为皇太女，于是，韦氏与安乐公主母女二人就合谋将唐中宗李显毒死了。皇后韦氏临朝摄政，让李重茂做了一个傀儡皇帝，史称唐少帝。接着，皇后韦氏又任用韦氏子弟统领南北衙军队，并且想要废除唐少帝李重茂，自立为帝。但是，她的愿望没有实现。临淄王李隆基与太平公主等人发动禁军攻进皇宫之中，将皇后韦氏、安乐公主、上官婉儿以及诸韦子弟杀死，逼迫唐少帝李重茂退位，立相王李旦为皇帝，史称唐睿宗。韦后之乱到此结束。

但是，这并不意味着唐王朝就此进入了平稳发展阶段，因为太平公主也想要效仿母亲武则天，干预朝政，最终成为一个女皇帝。于是，为了争夺政权，太平公主就开始与她的侄子李隆基明争暗斗。不过，最终太平公主也没能如愿，在夺位斗争中以失败告终。

太平公主为什么会失败呢？大致包括以下几方面的原因：

第一，太平公主在生活上奢侈淫逸，在经济上横征暴敛财物。而且她还纵容属下抢夺百姓的财产，与百姓争夺利益，所以，太平公主不得民心。

第二，太平公主在扩充自己势力的过程中，基本上都是依靠金钱进行收买，"谓儒者多窭狭，厚持金帛谢之"，所以，为她效力的士人大部分品性不正。这些人不是将怎样治理好国家作为宗旨，而只是非常热衷于权力，热衷于保护太平公主的私人利益。从品德与能力方面来看，比起李隆基手下的宋璟以及张说等臣僚，他们就差得太多了。

第三，太平公主在政治上并没有什么建树。她只是想要掌控权力，实现女皇帝的梦想。举个例子来说，在唐中宗李显时期，安乐公主、上官婕好以及尚宫柴氏等女人通过对朝政进行干预，制定了"斜封"授官这一政策。可以说，"斜封官"是女人对朝政进行干预的一个标志。唐睿宗李旦继承皇位之后，姚崇、宋璟等人奏请唐睿宗李旦将"斜封官"全部停罢了，但是四个月之后，由于太平公主的强行干预，"斜封官"又全部恢复了。在太平公主眼中,"斜封官"的制度是否存在,象征着女人是否能够对朝政进行干预。然而,对于老百姓而言,"斜封官"的制度却是一种腐败政治的体现,因为那个时候的人们都说:"姚、宋为相,邪不如正;太平用事,正不如邪。"

第四,自从武则天登基称帝,将唐王朝改"武"之后,朝廷上下对于女人干预朝政就形成了一种本能的警惕。在这样的社会大背景之下,不管什么样的"女人干政"的企图都一定会失败的。所以,韦后之乱会失败,太平公主之乱同样也不会例外。

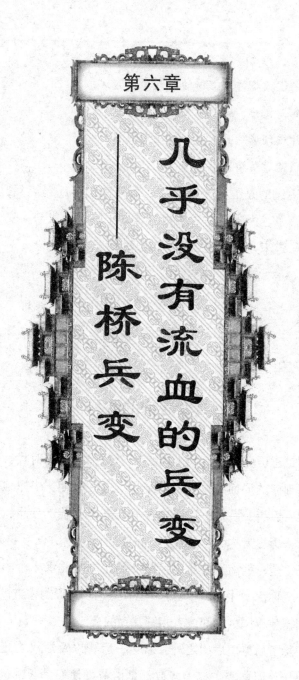

第六章

几乎没有流血的兵变

——陈桥兵变

阅读引言

梁宋遗墟指汴京，纷纷禅代事何轻。

也知光义难为帝，不及朱三尚有兄。

将帅权倾皆易娃，英雄时至忽成名。

千秋疑案陈桥驿，一着黄袍便罢兵。

这首诗讲述的是五代十国时期，藩镇割据者纷纷起兵，称王称帝，直至成名的情景。大宋就是宋太祖赵匡胤于陈桥驿发动兵变之后，将后周的政权夺了过来，从而建立起来的王朝。

叛乱纪实

兵变之前的政局

在中国封建历史上，五代十国是一个纷扰割据的时代，是由大唐王朝后期藩镇割据的局面继续发展的结果。这一时期，中原地区已经先后经历了后梁、后唐、后晋、后汉以及后周五个朝代的变更，一共有八姓十四个皇帝，历史上称为"五代"。除此之外，南方又有吴越、吴、闽、南唐、南汉、楚、荆南、前蜀、后蜀以及北方的北汉十个小国先后进行更替，历史上称为"十国"。另外，还有燕、岐、殷与南方的大理、北方的契丹等割据政权同一时间或者相继并存的。

五代中除了后梁、后周之外，后唐、后晋以及后汉均是由沙陀族建立起来的政权，而这些政权大多数都是由节度使发动叛乱、夺取皇位而建立起来的。比如，后梁就是原本担任宣武节度使的朱全忠起兵抢到皇帝之位而建立起来的政权；后唐就是由李存勖在继承了他的父亲李克用的河东节帅之后，发动兵变灭掉了梁而建立起来的，他的继位者李嗣源原本担任镇州节度使之职，后来，率领部众在镇压魏州兵变的时候，与兵变的士兵联合起来夺得了皇帝之位；唐末帝李从珂原本担任凤翔节度使之职，后来发动兵变抢到了皇帝宝座；后晋就是由原本担任太原节帅之职的石敬瑭，在得到契丹的帮助之后，将皇帝之位抢到了手而建立起来的；后汉是由原本担任太原节度使之职刘知远由夺下皇帝的龙椅之后建立起来的；到了后周的时候，周太祖郭威也是从天雄军节度使邺都留守通过发动兵变的戏码而夺下皇帝之位的。

既然皇帝大多数都是由节度使发动兵变抢夺而来的，因此，那个时候一些比较强大的封建军阀都有着想要当皇帝的野心。后晋的成德节度使安重荣曾经亲眼看到了唐末帝与晋高祖都从藩侯的职位上发动政变，夺得皇帝之位。所以，他曾经非常露骨地说道："天子宁有种乎？兵强马壮者为之尔。"而那些节镇士兵们，由于拥立成功之后可以得到非常丰厚的赏赐，因此，也经常愿意拥立节度使做皇帝。既然皇帝大多是由节度使而来的，那么，地方行政长官，比如刺史等，也大多是使用武将的。在这样的军阀之间纷争不断，各类社会矛盾也是此起彼伏的情况下，后周政权就开始崭露头角了。

显德元年（公元954年）初期，北汉主刘崇觉得周太祖郭威刚刚死去，而周世宗年龄小，实力弱，就想要趁着这个机会，与契丹联合起来，大举向后周发起进攻。契丹一万多骑兵与北汉三万兵马，合力向潞州（今山西长治）发起猛烈进攻。在这样的情况下，周世宗柴荣力排主动妥协派冯道等人的意见，亲自率领大军前去反击。北汉大军屯兵于高平南，而周军在泽州（今山西晋城县东北地区）驻扎。两军在高平进行交战，周世宗柴荣命令侍卫马步军都虞候李重进率领部众作为左军，命令侍卫马军都指挥使樊爱能作为右军，宣徽使向训以精良的骑兵居中作为中军，并且命令殿前都指挥使张永德率领亲军进行护驾，自己骑着战马前往阵前进行督战。北汉主看到后周的兵力不多，就指挥着部队发起猛烈的进

第六章 几乎没有流血的兵变——陈桥兵变

攻，后周将领樊爱能与何徽等被敌军的气势吓住了，最后，率领部众先行逃跑，最后导致右军被打得七零八散。就这样，后周的阵势已经自己先动摇了。周世宗柴荣看到形势变得如此危急，就率领亲兵冒着箭矢与垒石前去督战。与此同时，周世宗柴荣还派遣赵匡胤与张永德各自率领两千兵马与敌军努力奋战，最后终于将北汉击退了，取得了高平之战的胜利。

经过高平战役指挥，周世宗柴荣非常深刻地认识到了严明的军纪到底有多么重要，于是，下定决心对军队进行整顿。周世宗柴荣提升赵匡胤担任殿前都虞侯之职，将在战场上逃跑的樊爱能以及何徽等将领，按照军法处以死刑。又下令招募了一些山林中的亡命之徒与勇猛无比的人作为亲军。接着又命令对军队中的步兵与骑兵进行删选，将老弱之兵裁掉。由此，周军的军威大振。

同时，周世宗柴荣在经济方面继续推行改革措施，为统一大业奠定了物质基础，然后有条不紊地拉开了统一全国的战争序幕。周世宗柴荣首先向后蜀发兵，夺下了秦、凤、成、阶这四个州市。没有过多长时间，周世宗柴荣又想要向南唐发兵。这个时候的南唐已经将闽、楚消灭掉了，其强盛的程度稍逊于后周，并且派遣使者前往契丹，与之进行结交，同时与北汉进行联络，与后周形成了一种对峙的状态。从世宗显德二年（公元955年）十一月开始，周世宗柴荣先后三次御驾亲征，到了显德五年（公元958年）春天，已经攻下了南唐江北与淮南土地，拿下了光、黄、蕲、舒、泗、楚、海、扬、寿、庐、滁、和、濠以及泰等十四个州六十多个县，并且根据协议从南唐得到了十万两白银、十万匹绢、十万贯钱、五十万斤茶、二十万石米麦犒劳军队，另外，南唐还答应每年都会按时向后周进贡。

显德六年（公元959年），周世宗柴荣为了将被石敬瑭白白送给契丹的幽、云十六州夺回来，再一次向契丹发兵。四月，周世宗柴荣亲自率领大军出征，攻下了宁州、莫州、瀛州以及瓦桥、益津等各个关口。正当后周的部队向北进军之势犹如破竹一样节节胜利的时候，令人意想不到的事情发生了。周世宗柴荣在途中患上了疾病，不得不班师回朝。当年六月，三十九岁的周世宗柴荣因为疾病而去世了。在临死之前，周世宗柴荣留下遗诏立年龄只有七岁的小儿子——柴宗训为皇帝，由皇太后符氏在一旁辅佐，朝政大事由宰相范质等人掌管。这个时候的后周，因为当权者是孤儿寡妇，其最高的权力事实上已经形成了一种真空状态。在这样的情况下，一场篡夺皇帝之位的阴谋诡计就开始在暗地里策划并且加快了实施的进程。而已经被晋封为开国侯、任殿前都点检、掌握禁军兵权的赵匡胤，便是这次阴谋夺位的核心人物。

乱世之中出豪杰

赵匡胤出生的时候，正好是唐朝末年之后五代十国藩镇割据的混乱时期，也是一个"称王称帝者如同春雨之蒸菌"的时代。社会的动荡，使得各行各业的人都急切地盼望能够出现一位真龙天子。甚至就连有的已经自称为帝王之人，也在盼望出现一位能够将全国统一的真命天子。

根据历史的记载，后唐明宗李嗣源出身于沙陀族，他基本每天都会非常准时地在星光之下，对天进行祝告："我是一个蕃人，处于乱世之中，被众人拥戴，成为了一位皇帝，盼望着上天能够早早地降下一位圣人，与百姓为主。"

天成二年（公元 927 年）三月二十一日，距离洛阳皇宫很近的夹马营中一个赵姓军官家中，充满了红色的光芒，奇异的香味缭绕着整间屋子，"香孩儿"——赵匡胤出生了。赵匡胤的祖籍为河北涿县，他的父亲赵弘殷是后唐时期的禁军飞捷指挥使。相传，赵匡胤出生的那一天晚上，后唐明宗正在点燃香烛进行祷告，几缕香烟随着清风在天空旋转了几圈之后，慢悠悠地飘进了夹马营中，随后就传来了一阵初生婴儿的啼哭声。父亲赵弘殷就为刚出生的赵匡胤取了一个"香孩儿"的乳名，盼望着能够借此和明宗"焚香"祝告联系在一起，能够让这个孩子沾上一点儿富贵的气息。

赵匡胤十岁那一年，后唐的河东节度使石敬瑭与北方的契丹进行勾结，并且借助契丹强大的政权力量，将后唐彻底推翻了，以将幽云十六州割让出去以及当"儿皇帝"作为代价，获得的契丹的帮助，建立了后晋王朝。赵匡胤三十一岁那一年，契丹军队向后晋发起进攻，担任后晋河东节度使之职的刘知远复于晋阳登基称帝，并且率领部众杀进了洛阳，随后创建了后汉政权。赵匡胤年轻的时候，就生活在这样一个政局非常动荡、军阀割据纷纷称雄的时期，军人世家与武人专权的社会对他产生了相当大的影响。赵匡胤年轻的时候，体型十分魁梧，容貌也非常雄伟，为人宽容大度，拥有着非凡的气质。他精通武术，尤其是骑马射箭的本领，不是一般人能够与之相提并论的。他曾经对父亲赵弘殷说道："治世用文，乱世用武。如今世事很乱，兵戈没有停止，儿子愿意研习武事，以便等待后世使用。"

赵匡胤在年满二十一岁那一年离开了家乡，踏上了游历天下的旅程，希望依靠自己的才能找到一个安身立命的地方，实现自己的政治抱负。他去过河北、中原以及西北等很多地方，已经真切地感受到了军阀割据与天下分崩离析给老百姓所带来的疾苦。在此过程中，赵匡胤不仅增长了很多见识与阅历，而且一路上也做了很多行侠仗义的事情，与不少有志之士进行结交，成为了好朋友。

有一天，赵匡胤来到了非常重要的城镇襄阳，因为身上的盘缠已经花完了，所以不得不住在一座山中的寺院里。这座寺院的住持是一位声望很高的老僧，饱经岁月的沧桑，有着很深的阅历。他在和赵匡胤进行交谈的时候，发现赵匡胤这个人器宇轩昂，就对赵匡胤进行指点，说他应该向北走，而不应该向南走。因为汉水以南的诸个政权都相对十分稳定，而北方则不断地发生战乱。正所谓"乱世出英雄，鸿图方可展"。只有身处乱世，才更容易做出一番大事业。并且，他预言道："遇郭而安，历周始显，两日重光，囊木应谶。"

后汉乾祐三年（公元 950 年），赵匡胤走到了河北邺都，遇到了后汉枢密使郭威，并且投于其帐下，成为了一名普通的士兵。这个时候，手

握重兵的郭威正接受了皇帝的任命而进行西征。后汉乾祐四年（公元951年），郭威就发动兵变，将后汉政权给灭了，然后创建了后周王朝。赵匡胤因为卓越的战功而被提升为禁军东西班行首，主要负责管理宫廷的禁卫。在这个时候，赵匡胤认识了郭威的养子——后来的周世宗柴荣。柴荣因为赵匡胤的才华与气度而给他留下了非常好印象。没有过多长时间，他们又遇上了郑恩，因为这三个人非常投缘，所以就决定结拜成了兄弟。其中，柴荣年龄最大，为大哥，赵匡胤年龄居中，为二哥，而郑恩的年龄最小，为三弟。后来，柴荣就把赵匡胤调到了自己的身边，使其担任开封府马直军使之职。

后周显德元年（公元954年），郭威因为疾病去世了，柴荣继承王位，历史上称为周世宗。周世宗柴荣即位后，就积极主动地准备创建统一大业，于是，他开始集中精力练兵，全力搜罗具有统帅之才的人。赵匡胤趁着这个机会把自己的一群朋友，比如，石守信、慕容延钊以及韩令坤等人推荐入朝为官。

高平一战使得赵匡胤声名大振，从此之后，周世宗柴荣对他更加信任，没多久就提拔他做了殿前都虞候，成了后周禁军里的高级将领。经过高平战役之后，周世宗柴荣为了尽快完成统一大业，在深思熟虑之后，下定决心首先对禁军进行整顿，并且将这一重任交到了赵匡胤的手中。于是，赵匡胤亲自管理，淘汰老弱之兵，精心挑选勇猛之士，组成了殿前司诸军。

这就为赵匡胤在禁军中培养自己的势力提供了一个相当好的机会。赵匡胤利用自己主持整顿的这个机会，把自己的心腹，比如，罗彦环、潘美、郭延斌、田重进、米信以及王彦升等人安插进了殿前司诸军中，做了基层的将领。与此同时，赵匡胤又和禁军中高级将领，比如，韩重斌、石守信、王审琦、李继勋、刘守忠、刘庆义、刘廷让、王政忠以及杨光义等人结拜为异姓兄弟。因为他们全部都在后汉时期就开始为郭威效命的，所以，彼此进行约定，结成了异姓兄弟，并且在手臂上刺出血，立下重誓："凡我十人，龙蛇混杂，他人得了富贵不要相互忘记，如果谁忘记了此誓言，就让天神降下惩罚。"因为这个原因，赵匡胤终于在禁军里建立了以自己作为核心的势力圈子。

显德六年（公元959年），周世宗柴荣向后蜀发起进攻，最先派去的将领王景与向训出战并不顺利，于是就转而派遣赵匡胤前往战场进行指挥作战。赵匡胤去了之后，根据实际情况，对禁军的布置进行了调整，结果，没有费太大的劲儿就将后蜀的秦、凤、成、阶四个州夺了过来。

从显德三年到显德五年（公元956年—公元958年），周世宗柴荣先后三次向南唐发起进攻，因为赵匡胤的出色的指挥，顺利地攻陷了南唐淮河以南、长江以北的十四个州。除此之外，他们还从契丹的手中将易、莫、瀛三州以及瓦桥、益津、淤口三关夺了回来。

在经历了数次的南征北讨之后，后周将原本实力与自己差不多的后蜀与南唐的势力削弱了，为周世宗柴荣将天下统一创造了十分有利的形势。战争结束之后，周世宗柴荣按照功劳进行封赏，赵匡胤因为多次建立奇功而被提拔为忠武军节度使，兼任殿前司都指挥使之职，对后周禁军中最为精锐的殿前司诸军进行管理与指挥。

禁军属于后周政权的力量支柱，是一支擅长作战的精锐部队。这支军队的组成部分主要包括侍卫亲军司与殿前司。其实，通过赵匡胤的整顿之后，殿前司早已经发展成为了一支"甲兵之盛，近世无比"的有着强大战斗力的部队了，其实力要远远地高于侍卫亲军司。赵匡胤担任殿前司都指挥使之职，殿前都点检与殿前副都点检是殿前司的最高长官，因为那个时候副都点检的职位空缺，所以他事实上已经成为了殿前司诸军的第二统帅，占据着极其重要的地位。而节度使的职位，是唐宋时期的诸位大臣中官衔最高的，拥有着十分崇高的地位，很难获得。而这个时候的赵匡胤不仅担任殿前司都指挥使之职，而且担任忠武节度使之职，可以说是集军权与社会地位于一身，确确实实成为了后周政权中影响力最大的人物之一。

不过，赵匡胤对于自己的现状并没有满足。原本他从年轻的时候就开始勤奋地习练武艺，就是想着用武力治理乱世。在他出生的时候，他

的父亲赵弘殷就盼望着他借助后唐明宗的祝告，日后能够成就一番大业。这个时候的赵匡胤已经算是权高位重了，又怎么会心甘情愿地居于人下呢？他的脑海中再一次出现了十年前在商丘高辛庙中求神问卜时的情形。他首先祷告自己做一个小校，后来又祈祷自己做一个节度使，但是，结果都没有应。这让他感到非常惊讶，"难道还能够成为天子不成？"想到这里，他再一次掷出了竹签，结果居然真的应了。既然如今自己已经成为了一名节度使，那么离做天子不就只剩下了一步之距了吗？

从此之后，赵匡胤就开始悄悄地为自己的"天子梦"精心地进行准备。于是，他除了培养武将心腹之外，又开始努力地与文臣进行结交，结果，他结交到了赵普、楚昭辅、王仁瞻以及李处耘等人。其中最为重要的就是在征讨南唐的时候认识的，对他日后的各项决策均产生重大影响的赵普。

赵普，祖上居住在幽州蓟县（今北京附近）地区，后唐时期，赵普迁居到了洛阳，没有多久就受到了周世宗柴荣的赏识。在赵匡胤向南唐的军事重镇滁州发起进攻的时候，朝廷任命赵普为滁州军事判官。这个时候，赵匡胤的父亲赵弘殷正因为疾病而卧床不起，赵普日夜进行看护，精心进行照顾。因为这一层的原因，所以，赵匡胤和赵普在初次见面的时候就一见如故，二人之间的关系很快就变得非常密切。

有一次，赵匡胤抓获了一百多名盗贼，打算将其全部斩首。赵普担心在这当中有无辜被抓的人，就极力劝说赵匡胤重新进行审问，以免错杀无罪之人。赵匡胤觉得赵普的顾虑也是有道理的，于是就接受了他的意见。随后，赵普对这一百多名盗贼挨个进行询问，结果，果真不出所料，其中有不少人都是没有罪的，于是就将那些无罪之人释放了。因为这件事情，滁州的百姓都交口称赞赵匡胤仁慈贤明，颇得民心。从此之后，赵匡胤对赵普更加信赖，将其视为左右手，并且把他收入了自己的幕府中，使其成为了自己的第一谋士。后来，赵匡胤被任命为定国军、归德军节度使的时候，赵普就充当他的书记官，一直在他身边为其出谋划策。

为了实现自己的"皇帝梦"，赵匡胤除了搜罗文人之外，一改往日不喜爱读书的鲁莽作风，开始留心于经史子集。在南唐发起进攻的时候，他曾经收集了各类书籍数千卷，以便随时进行阅读。周世宗柴荣非常诧异他的这种改变，为什么突然专心于弄文舞墨了？于是，周世宗柴荣询问他："卿是一位将帅，应当以治戎装、磨刀剑作为正事，为什么开始读起书了？"他非常巧妙地进行掩饰，说道："我接受了皇上的重任，经常感到力不从心，因此，才想要多学多闻，自己能够增加一些见识，以便不辜负皇上给予的重托与厚望。"

除异己养亲信

从显德六年到显德七年（从公元 959 年到公元 960 年），周世宗柴荣去世前后的这一段时间，赵匡胤将自己的活动范围扩展得更大了。除了加紧对禁军的控制之外，他又开始极力笼络与收买后周的那些老将领、节度使、各地藩镇、朝中宰相以及宗室贵戚等。如果不能收买成功的就想办法将其翦除，或者把他们驱赶到距离京师比较远的城镇。对于赵匡胤的这种行为，他的母亲与弟弟赵匡义也是十分赞同的。一时之间，赵匡胤府门前车马络绎不绝，家中高朋满座，仿佛满朝的文武百官都与他成为了好朋友。

为了能够顺利地从节度使转变为天子，赵匡胤就开始逐渐地谋夺军权。在后周的军制中，以殿前司诸军为最。最初的时候，太祖郭威为了更好地对郭氏政权进行巩固与维护，就任命自己的外甥李重进担任殿前都指挥使之职，对铁骑左右两厢骑兵进行管理，对两厢步兵进行控制，总共包括二万人之多。后来，郭威又让驸马张永德担任殿前都指挥使之职。因此，后周的君权一直都被皇亲国戚控制着。

周世宗柴荣继位之后，对赵匡胤十分信任，命令对殿前司进行整顿。这个时候，殿前司包括将近三万人之多，殿前司的实力要比侍卫司亲军强很多。但是，这个时候，张永德与李重进之间产生了矛盾，二人闹起

了内讧。显德元年（公元954年）七月，担任侍卫都虞候之职的李重进被提升为侍卫司都指挥使，而张永德的地位并没有发生任何的变化，与升职之后的李重进相比，他的地位就低了一级，因此，张永德的心里对此非常不服气。

更令张永德感到难堪的是，显德三年（公元956年）正月，他跟着周世宗柴荣征讨南唐的时候，李重进被任命为淮南道行营招讨使，成了南征军队中最高的指挥官。于是，在嫉妒与愤怒的驱使下，张永德常常在部下面前对李重进进行诋毁，甚至派遣自己的亲信秘密地向周世宗柴荣告状，说道："李重进心中怀有奸谋。"

幸亏周世宗柴荣对李重进的为人很清楚，没有理会这件事情。李重进也想到了两个人不和会对军心产生影响的问题，专门向张永德敬酒以表示自己的诚意。之后，周世宗柴荣为了使他们两个人和睦相处，被迫采取了平衡的办法，在同年十二月，特意设置了殿前都点检的职位，让张永德担任。这样一来，张永德的地位就得到了相对的提高，留下来的空缺——殿前都指挥使，周世宗柴荣就让赵匡胤担任了。这正好应了那句"鹬蚌相争，渔翁得利"的话，在李重进与张永德相互进行争夺的过程中，赵匡胤得到了非常大的好处，成了禁军中第二统帅。

周世宗柴荣征讨南唐之后，转而又开始北征，分成了水陆两路大军，陆军的指挥官为韩通，水军的指挥官则为赵匡胤，最后成功地夺下了莫州与瀛州。在向幽州进攻的时候，周世宗柴荣不幸地患上了很严重的疾病，不得不将进军的计划停止了，返回了都城。在班师回朝的途中，周世宗柴荣的病情略微有了一些好转，从囊中将文书拿出来，重行披阅。令人没有想到的是，他突然看见了一方直木，大约有三尺长，上面画着不少卦，卦旁写着"点检作天子"五个大字。周世宗柴荣一时间感到非常奇怪，不明白这意味着什么。

等他们回到开封之后，京城中又开始流传着"点检作天子"的谣言，而这个时候正是张永德担任着殿前司都点检之职。周世宗柴荣自从病倒了之后，就害怕高级将领们会突然发动政变，再加上这个时候，谣言越传越猛，更将周世宗柴荣弄得疑神疑鬼的。周世宗又联系到木牌的事情，为了安全起见就立即下令将张永德的都点检的之职免除了。那么，这个空缺由谁来填充呢？周世宗柴荣想起来赵匡胤。一来，赵匡胤在每次战争中，都表现得非常忠诚，并且他这个人性格也比较耿直豪爽，所以，周世宗柴荣觉得他不可能会产生异心；二来赵匡胤的弟弟赵匡义，娶了符彦卿的女儿作为妻子，正好是周世宗柴荣妻子的妹妹，这样一来，赵匡胤也算得上是国戚了。综合上述的考虑，周世宗柴荣就任命赵匡胤担任殿前都点检之职，赵匡胤也因此全面控制了后周的军队。但是，这个时候，赵匡胤仍然有两个十分强大的敌人：一个是担任侍卫司都指挥使之职的李重进，另一个就是担任侍卫司副都指挥使之职的韩通。赵匡胤真正地将禁军控制在自己的手中，还是在周世宗柴荣去世之后实现的。

赵匡胤在控制军权的同时，还进一步笼络文武大臣，除了收服了赵普等人外，又相继将宰相范质以及王溥等人笼络到自己的麾下。

在周世宗柴荣去世之前，担任宰相之职人范质与其他朝臣因为周世宗柴荣的疾病难以痊愈，上书提出册立太子的事情。于是，周世宗柴荣册立儿子柴宗训为梁王。那个时候，柴宗训只有七岁，周世宗柴荣的皇后又在这个时候去世了，只好改立皇后的妹妹作为继后。没有过多久，周世宗柴荣的病情又加重了，周世宗柴荣就马上将范质等人召集起来，在临终之际，重言嘱托，让他们用心辅助储君柴宗训好好地治理国家。周世宗柴荣对翰林学士王著尤为看重。尽管王著是一个嗜酒如命之人，但是他可不是一无是处的酒囊饭袋，他早就成为了周世宗柴荣的"藩邸旧人"，跟随周世宗柴荣很多年了。他有着出众的才华，并且在士大夫及官员中的威望也非常高。原本，周世宗柴荣是想让王著辅佐幼主的。然而，担任宰相之职的范质心中非常清楚，自己现在的地位不如王著。一旦王著担任宰相之职，那么，他肯定会失势。所以，范质在刚刚接受周世宗的遗命，从宫中出来的时候，就悄悄地向人私语道："王著整天迷醉在乡，就是一个不折不扣的酒徒，怎么可以担任宰相之职呢？这肯定是因为主子在病重的时候迷乱了，不能够遵从的，千万不要将此话泄露出去。"

当天夜里上，年龄只有三十九岁的周世宗柴荣在寝殿驾崩了，范质等辅佐梁王柴宗训登基称帝，尊称皇后符氏为皇太后。赵匡胤也对王著担任宰相之职很担忧，于是与范质联合起来将王著排除在外。就这样，赵匡胤将一个极有可能成为自己登上龙椅的障碍铲除了。更为重要的是，赵匡胤以此作为契机，获得了以范质为首的执政文官的认可与支持。赵匡胤的羽翼一天比一天丰满，归附于他的人也逐渐地增多了，另一位担任宰相之职的王溥也悄悄地与赵匡胤往来交好。

在周世宗柴荣驾崩前三个月，赵匡胤生平最为害怕的宰相——王朴也因为疾病突然去世了。在王朴的面前，赵匡胤始终都是恭恭敬敬、唯唯诺诺，不敢有一丝一毫的放肆。就在死亡前几天，王朴还把赵匡胤狠狠地训斥了一顿。因此，王朴的死让赵匡胤大大地松了一口气。

周世宗柴荣死了之后，柴宗训继承了王位，历史上称为恭帝。这个时候的形势对于赵匡胤来说，是非常有利的。君主年龄小，刚刚即位，人心尚且疑惧不安，皇后符氏也是在六月九日刚刚册立的，其年龄也只有二十三岁，没有什么政治经验。而赵匡胤的羽翼已经丰满了，在他的左右，文臣也好，武将也罢，都已经形成了势力。

从军事方面而言，赵匡胤很轻松地拿下了都点检之职，控制着好几万的精锐之兵。他从最开始的士兵逐渐地被提升为都点检，有一帮兄弟，心甘情愿地为他卖命，有"义社十兄弟"之称。到周世宗柴荣去世之前，这十个人大部分都已经是高级或者中级禁军将领了。这个时候，石守信担任殿前都指挥使之职，王审琦担任右厢都校之职，杨光美担任铁骑都指挥使之职，而李继勋则担任战耀左厢都部署。除此之外，还有那个曾经与赵匡胤结拜为兄弟的赵彦徽，也已经是虎捷右厢都指挥使了。这些人的手中掌控着实权，都是赵匡胤非常得力的助手。

从文官方面来看，自显德三年（公元956年）开始，赵匡胤就不断地搜罗人才，结果有大量的人才都成为他的智囊团。除了前面已经提过的赵普之外，还有刘熙古、吕余庆、沈义伦以及李处耘等人。他们要么善于理财，要么善于谋划，使得赵匡胤如虎生翼。

然而，赵匡胤并没有将周世宗柴荣所留下的大臣全部拉拢过来，所以，他想要登上"天子"之位，还是有很大的阻力的。其中，担任侍卫亲军司都指挥使之职的李重进，就是赵匡胤最大的一个政敌。李重进是郭威的外甥，善于作战，手中拥有重兵。而担任侍卫亲军司副都指挥使之职的韩通，则是赵匡胤另一个比较大的政敌。韩通是一个有勇无谋的人，誓死为周室效忠，如果不将其除去，也一个十分强大的阻力。除此之外，担任潞州节度使之职的李筠，在潞州呆了八年的时间，在镇守期间利用征收的赋税养着三万多兵马，基本上也可以视为雄镇一方的割据势力了。这些人都是不可小觑的异己力量，赵匡胤一定要早早地除掉他们。

为此，赵匡胤就开始动手消灭政敌。他使用的手法就是对禁军进行整顿，对禁军的将领进行调整。周世宗柴荣死后的半年当中，赵匡胤借着自己的弟媳——弟弟赵匡义的妻子符氏向她的姐姐符太后上奏，通过符太后的嘴对外宣布调令，对禁军的高级将领作出有利于自己的任命和安排。

原本周世宗柴荣在临终之前，担忧禁军会将年仅七岁的儿子柴宗训推翻，本着"相互制衡"的宗旨，对禁军的高级将领们做了一次大调整，使得包含赵匡胤在内的任何一个禁军统帅都不能够在禁军中形成绝对的优势。然而，在赵匡胤的精心筹划之下，通过对禁军的统帅所作的变动，将周世宗柴荣原来的部署打破了。原本空缺出来的殿前司副都点检，赵匡胤让慕容延钊担任，因为慕容延钊和赵匡胤之间的关系非常好，两个人经常称兄道弟，可以说是莫逆之交。

他又选择王审琦出任殿前都虞侯之职，而王审琦原本是赵匡胤的布衣朋友，后来，又和赵匡胤等人结拜成了兄弟，即成为了"义社十兄弟"中的一员，同时也是赵匡胤集团中的核心成员。而在整个殿前司禁军当中，担任都点检之职的是赵匡胤，担任都指挥使之职的是赵匡胤的好兄弟石守信。换句话说，禁军中所有的将领全都是由赵匡胤势力集团的人担任的。

　　与此同时，赵匡胤相应地调整了侍卫司系统。李重进与韩通原本与赵匡胤就是政敌，而袁彦与赵匡胤也没有过多的往来，只有韩令坤和赵匡胤以兄弟相称。没有过多长时间，赵匡胤就提拔韩令坤做了都虞候之职，高怀德出任空出来的侍卫马军都指挥使之职，而张令铎出任步军都指挥使之职。因为高怀德、张令铎与赵匡胤有着非常密切的关系，一年之后，又相继与赵匡胤结成了姻亲关系，其中，赵匡胤的妹妹嫁给了高怀德作为妻子。这样一来，在侍卫司系统中有五分之三的高级将领是支持赵匡胤的。这仅仅只是赵匡胤的第一步行动。其第二步的行动就是把手中握着重兵的李重进征调到距离京师较远的地方，让他到时候陷入远水不能救近火的处境中。

　　七月十七日，赵匡胤把侍卫步军都指挥使袁彦调到了陕州担任节度使。七月十九日，赵匡胤又把侍卫司最高将领马步军都指挥使李重进征调到了淮南担任节度使之职，允许其保留军职，但是手中没有多少兵马可以让其进行调用。经过这一系列的调动之后，赵匡胤将原本手中掌握着实权的政敌全都排挤出去了。

　　对于官衔低一级的厢兵统帅，祁廷训担任龙捷右厢都指挥使之职，张君翰担任虎捷左厢都指挥使之职，而赵彦徽担任虎捷右厢都指挥使之职，张君翰与赵彦徽这两个人原本都是赵匡胤的心腹，而祁廷训则是一个"临事多规避"的十分胆小怕事之人，虽然没有入伙，但是也不会坏什么事。到了这个时候，即使是中级将领几乎也都是赵匡胤的支持者了。赵匡胤抢夺皇帝之位的时机逐渐地成熟了。

兵变陈桥

　　显德六年（公元 959 年），周世宗逝世的消息迅速传到了南唐，南唐主非常惊讶地说道："天下又要开始出现纷乱了。"而这个时候的赵匡胤已经做好了万全的准备，只等着合适的机会出现了。他和自己的心腹赵普以及石守信等人加快了密谋的速度，赵普等人极力劝导赵匡胤要以周太祖郭威将后汉天下抢夺过来的先例作为榜样。

显德七年（公元 960 年）正月初一，后周全国上下正在庆贺新年的到来，就在这个时候，朝廷突然接到了北方边镇的飞马传书，说北汉皇帝刘钧与辽国的军队联合起来向后周的边关进犯，边镇向朝廷提出，马上派遣大军前去救援，从而抵抗北汉的侵略，使边关得以稳定。此时的后周皇帝柴宗训还是一个小孩子，根本没有自己的主见，符太后也没有多少的军事经验，所以只好召集朝中众臣一起商量如何退兵。朝中宰相范质建议让赵匡胤为将率兵前去抵抗，以殿前副点检慕容延钊作为先锋。符太后也没有别的好办法，只能采纳了这个建议。她急忙把赵匡胤召到宫中，任命他为统帅，又下令让其他将领集合起来北征，全部交给赵匡胤进行指挥。赵匡胤接旨以后，就马上率领禁军北上。正月初二，担任副都点检之职的慕容延钊率领先锋部队出发。之后，赵匡胤就下令征调各路的将领，高怀德、王审琦、石守信、张令铎、张光远以及赵彦徽等人接到命令之后都集结自己的部队，相继率领各自的部队来到赵匡胤的身边听候其号令。就这样，赵匡胤把全国大多数精壮的兵马掌握在自己的手中，并且每个将领都是自己的心腹。

赵匡胤为了迷惑百姓，又派出很多他信任的人装扮成不同身份的人在民间四处游动，散布各种谣言。就这样，赵匡胤率领部队抵御北汉入侵的消息传播出去没多长时间，开封城中就传出流言，说现在的皇帝年幼没有能力，北汉前来侵犯，将在赵匡胤领兵出征的时候，拥立点检作新皇帝，只有这样，才能够将祸乱平定。一时之间，百姓开始纷纷猜忌，都害怕这次兵变给自己带来危害，城内出现了各种不安定的因素，人们都想要逃出城去。然而，这个时候的后周宫中对于城中的流言一无所知，七岁的小皇还在后宫的花园中高高兴兴地玩闹呢。

不过，这个时候，赵匡胤却对自己要做的事举棋不定了，尽管他为这件事情做了很长时间的准备，但在这慌乱的时期，很多细节问题可能还没有想到，一旦有细节出现纰漏，所有准备岂不是都将会化为乌有？

到那个时候，就不是自己能不能做皇帝的问题了，而是能不能保住自己的身家性命了。他愁眉不展地回到了家中，说："城中都在悄悄讨论我这次带兵出征，我该怎么做呢？"非常巧的是，他的妹妹当时正在做饭，听到他说的话之后，满脸怒色，手里拿着擀面杖站在门口大声叫道："大丈夫遇到事情，应该自己想办法做决定，跑回家来说有什么用？"就是这几句话，反倒让赵匡胤下定了最后的决心。

赵匡胤命令王审琦与石守信留在城中，依据原先商量好的计划，在城中做内应，派遣自己的心腹去守卫每个城门，悄悄监视可能会对自己产生威胁的每个人。与此同时，赵匡胤把自己母亲杜氏以及妻子儿女悄悄地送到了一座名字叫作定力院的寺院，并且派兵保护起来，以防出现什么意外状况。其实，政变消息刚刚传出来的时候，负责保护赵匡胤家人的将士们就打着保护寺中僧人的幌子进入庙中。赵匡胤也让寺中的僧人对自己家人的安全进行保护，寺中主持亲自负责他们的生活起居。通过做这些事情，不管是赵匡胤，还是他的家人，在发动政变前都已经做好了准备。所有的事情都在按照计划顺利而且秘密地进行着。

初三，赵匡胤带领本部兵马，从开封城东北边的爱景门开始出发。该队伍有着十分严明的纪律，所以，流言蜚语也逐渐减少了，人心也慢慢地安定下来。傍晚的时候，队伍在开封东北方向四十里的地方——陈桥驿停了下来。赵匡胤传令各军："就驿安营，暂时休息一个晚上，第二天再出发。"

陈桥驿与开封之间相距仅一天的路程。那个时候，前往东北方向的旅客们，经常在这个地方和送行的亲朋好友挥手告别。在唐朝时期，陈桥驿被称为板桥，在著名诗人白居易的《板桥路》与李义山的《板桥晓别》以及宋朝王安石的《陈桥》等诗歌都有对这里的描述。赵匡胤原本是率领大军北去对抗北汉与契丹军队的侵犯的。俗话说得好，"救兵如救火"。然而，在这样紧急的处境下，他居然命令他的部队停在这里，而非急着向前进军。这其中的奥秘，聪明人自然能猜出来。

这个时候正好是傍晚时分，据说，前部散指挥使苗光义擅长天文，独自一个人站在营门外，对云气进行观望，赵匡胤的心腹将领楚昭辅走了过来，问道："苗先生又在查看天象了，不知道上天可有什么指示吗？"苗光义看了楚昭辅一眼，然后神秘兮兮地说道："你看太阳底下是不是还有一个太阳吗？"楚昭辅听了这话之后，认真仔细地看向空中，果真看到了太阳的下面还有一圈红色的光，粗略地看上去非常像另一个太阳。这两个太阳之间互相摩擦着，熔成一片黑色，一个太阳沉没，另一个太阳现出，那现出来的太阳有着特别明朗的光芒，照得人的双眼不能够睁开。在此太阳的左右上下，还旋绕着一圈紫色的云彩，与日光相映，发出万道祥光，千条瑞气，十分好看。片刻之后，紫云逐渐地消散，红日落山了。

楚昭辅看见这样的奇异景象，异常惊奇，急忙询问苗光义这到底是吉还是凶。苗光义回答："这种景象预示着点检当兴，上天专门降下这种异兆。"楚昭辅问道："既然点检赵匡胤当兴，那为什么会出现两个太阳呢？"苗光义解释道："这就是一个帝王退位，另一个帝王受命的祥兆，先前沉落的太阳光，已经在周帝的身上应验了，后来又出现的太阳光，周围缭绕着紫云，自然就应当在点检赵匡胤身上应验。"楚昭辅又问道："这些征兆具体什么时候能够应验？"苗光义回答："天象已经出现，只在旦夕之间就会应验。"

苗光义与楚昭辅两个人装模作样地一问一答，引起了很多士兵的注意。然后，楚昭辅又十分夸张地把那"一日克一日"的异象告诉给了营中将领与士兵们。那些士兵们霎时开始纷纷地传播起来。一传十，十传百，没有过多长时间，全军营的人都已经知道了这个"异象"，开始议论纷纷。大家都认为这是上天的垂兆，点检赵匡胤应当做皇帝。实际上，营中的将官与士兵们在很早的时候，就已经归心于赵匡胤，然而，为了使这种归心性得以加强，谁又能够说这不是赵匡胤的心腹在那里故弄玄虚、编造谣言，以便增强声势呢？

况且，就是这个名叫苗光义的人，早在郭威发动兵变的时候，就曾经做出过预言：郭威的左肩膀与右肩膀的两个肉瘤——"雀儿"与"谷稳", 如果雀儿能够飞到谷稳之上, 郭威就可以登上皇帝之位。担任后汉枢密使之职的郭威就充分地利用了这个预言, 以便为自己增加更多的神秘感, 从而提升自己的影响力, 最终在后汉乾祐三年（公元950年）十一月于澶州（今河南濮阳南地区）发动兵变, 士兵们利用一面黄旗当作黄袍给郭威披在身上, 然后一起三呼万岁。就这样, 郭威就代替后汉而自立为皇帝了, 建立了现在的后周王朝。如今的上天垂兆二日之象与其有异曲同工的功效。

当"一日克一日"的消息传播出去后, 担任都指挥使之职的高怀德看到军心已经全部归了赵匡胤, 就第一个站出来倡导："皇帝新立, 年幼无知, 大敌临近, 尽管我们当兵的能够为国家出生入死, 拼死尽忠, 但是谁又能够知道呢? 不如我们就上顺应天象, 下顺应人情, 先拥立点检作皇帝, 然后再进行北征, 你们觉得怎么样呢?"各位将领均为赵匡胤的亲信, 当然愿意拥立赵匡胤作为皇帝, 这样一来, 大家就全部成为了开国的元勋, 为什么不去做呢? 因此, 大家都一致觉得高怀德所说的很有道理, 应当快速地实施。

担任殿前都虞候之职的李处耘也是赵匡胤的心腹, 觉得这件事情应当从长计议, 不能够轻易地向外透露, 应当先向赵匡胤禀明, 获得其准许之后, 才能够开始行动。但是, 石守信与杨廷翰担忧心赵匡胤会反对, 这样就容易将事情搞僵, 反而不好。于是, 他们就提出建议, 先与赵匡胤的弟弟赵匡义进行商议, 然后再将其告知赵匡胤。于是, 各位将领就将赵匡义请来, 把这件事情原原本本地告诉了他, 让他拿出一个合适的方法。赵匡义也说道："如果仓促行事, 哥哥赵匡胤不一定会应允, 因为他向来自诩是忠义之士, 临事可能又会举棋不定, 一定要想出一个万全之策。"赵匡义的话还没有说完, 赵匡胤的亲信, 同时也是担任营中掌书记之职的赵普急匆匆地赶了过来。众位将领把这件事情告诉了他, 请他帮忙想出一个好办法。赵普不加掩饰地说道："我就是为了这件事情而来的。因为这个时候, 所有的官兵, 都已经在营门处聚集了起来, 在那里纷纷议论, 都说倘若赵点检不愿意登基做皇帝, 他们这些当兵的拼死为

国家卖命，然而当今的皇上太小，谁也不知道他们的功劳。因此，他们准备散伙回家乡种地去。"

赵匡义、赵普以及诸位将领对当时的形势进行了分析，忙得一整夜都没有合过眼，都认为既然这个时候军心这样依附，就可以看出民心也应该会是这样的，只需要一个人返回京城，大事就可以唾手而得了，应当赶紧趁着当夜准备起来，想办法让赵匡胤答应登基称帝。于是，他们经过反复的商量，最后想出了一个妙计，那就是"黄袍加身"。

那一天晚上，众人就派遣赵匡胤的亲兵郭廷斌趁着夜色正浓的时候，悄悄地潜回了京城，向作为守城内应的王审琦与石守信报信，让其立即做好准备。而这个时候，在皇宫内院中，小皇帝柴宗训正在甜美的睡梦中，对将要发生的灾祸一无所知。

在陈桥驿的各位将领此时已经做好了准备。当天夜里，他们将赵匡胤居住的大帐团团围住。据说，这一天夜里，赵匡胤喝醉了，还在熟睡中。等到天刚蒙蒙亮的时候，各位将帅就带着全副武装的将士们闯进了赵匡胤的寝室，把赵匡胤拥了出来，然后，大声呼喊："诸位将领没有主子，愿意立点检赵匡胤为皇帝，请点检赵匡胤赶紧起来接受朝贺。"赵匡胤就好像刚刚睡醒的样子，看到赵匡义带着众人闯进来，故意向他们询问到底发生了什么紧急的大事。于是，赵匡义就把诸位将领拥戴、将士归心等情况告诉了他。直到这个时候，赵匡胤仍然在那里装模作样，对此安排拒绝接受，说道："诸位将领想要富贵，但是却将我陷于不仁不义当中，我是不可能答应的。"

赵匡义看到这种情况，用不能商量的口气劝说道："既然三军已经归心，你还是赶紧答应为妙！"同时明确地指出来，倘若赵匡胤不答应，那么将士们就会散伙回乡。假如将士们果真散去了，那么形势将会变得更不利于他。赵匡胤在"万般无奈"之下，决定先对诸位将领进行一下劝说。但是，当他刚刚起身的时候，高怀德与石守信等将领已经将一件黄袍强行披在了赵匡胤的身上，所有的将士手中握着剑围成一个圈，一起高声喊道："三军无主，愿奉点检为皇帝！"到了这个时候，全军上下都

高呼着"万岁"。而赵匡胤还不想接受，赵普就在一旁劝说道："既然天命已归，人心所向，你就别再推辞了。"赵匡胤终于不再说什么，听从了诸位将领的安排。

根据相关的史料记载，赵匡胤似乎事前根本不知道此事。但是，赵匡义、苗光义以及赵普等人都是他的心腹，如果不是他在暗中进行指使，恐怕他们没有这样大的胆子。况且，历来黄袍都只有皇帝一个人能够穿，如果不是事前已经做了充分的准备，在仓促兵变的时候，怎么可能信手拈来呢？清代诗人岳蒙泉对此曾写有诗歌云："皇袍不是寻常物，谁信军中偶得之。"由此可见，对于赵匡胤没有参与那次兵变的说法，古人都已经不相信了。

此外，根据史料记载，赵匡胤在陈桥驿驻军的那一天晚上喝醉呼呼大睡，更加是无稽之谈了。在率领兵将北征的时候，敌寇就在边境，这是何等紧急的大事，连夜行军还会嫌速度慢，为何还会停下休息。既然已经停下了，作为三军的元帅，又怎么可能不管繁忙的军务，不管士兵们的喧嚣不安，而喝醉酒安心大睡呢？由此可以看出，赵匡胤肯定在事情发生之前，就已经知道了内情，只不过为了显示他的忠心，让众位将士更加信服，才会使用这样矫揉造作、掩人耳目的手法。

在黎明的时候，赵匡胤对诸位将领的行为已经表示默认，就被簇拥上了战马，向开封城前进。赵匡胤对诸位将领进行约束，让他们要对自己的号令进行遵从，不能够扰乱京城中的百姓，并与之约法三条：第一，太后与皇上应当北面事之，不能够冒犯；第二，京城中的大臣都是以前的同僚，不能够侵凌；第三，朝廷府库与老百姓的家中，不能够侵扰。遵从约法的人应该得到重赏，倘若有人违背约法，那么，就会被处以死刑，绝对不会有一丁点儿的宽恕。各位将领都跪倒在地，表示愿意听从命令。

正月初四凌晨，赵匡胤率领大军从陈桥驿出发，经过明德门回到了开封。这个时候，留守于城内的王审琦以及石守信等人早已经收到了消息，打开了开封的城门。赵匡胤率领大军列着非常整齐的队伍进城了，果真是丝毫没有侵犯百姓的利益,从而快速地将局势控制住了。

赵匡胤在回到开封前,就已经派遣禁军统领楚昭辅与客省使潘美,一起快马加鞭地返回了开封。他们前去对赵匡胤的家人进行安慰,汇报成功的消息。赵匡胤的母亲杜氏听到这个消息之后,非常高兴地说道:"我的儿子出生的时候就十分奇异,人们都说这是极为尊贵之兆。"

汴京是在百官上早朝的时候得到了消息,猛然听到兵变的消息,满朝的文武百官都大惊失色,你看看我,我看看你,不知道该怎么办。符太后在惊恐与焦急之下,对范质等人加以斥责,斥责他们推荐赵匡胤率领大军退敌,居然出现这样严重的变故,还没有说完就已经泣不成声了。范质也也是相当惊恐,紧紧地抓着宰相王溥的手,很后悔在仓促之间,用错了人,居然引发这样重大的灾祸。在万分焦急之下,他的指甲竟然掐进了王溥的手内。而这个时候的王溥也是相当恐惧,恍然间根本没有丝毫察觉,直到掌中流出了鲜血,才感觉到疼痛,低声呻吟。范质听到王溥的呻吟声之后,才发现自己的不当行为,连忙放开手,并且不断地向他道歉。

这个时候,赵匡胤已经率领大军来到了城中,王溥等人被吓得赶紧跑回自己的家中,然后找了个相对隐秘的地方躲了起来。赵匡胤前部都校王彦升,带领铁骑进入城中,奉命确保城中的秩序。赵匡胤的政敌——担任侍卫亲军副都指挥使之职的韩通,听到兵变的消息之后,非常焦急地从宫中跑了出来,打算调集禁军,抵抗赵匡胤的大军。但是,范质觉得远水已经不能救近火了,现在什么都来不及了。于是,在这样的情况下,韩通就决定先跑回家藏起来。而巡守的王彦升正好遇到了仓皇奔走的韩通,就命令士兵们把他砍死了。与此同时,王彦升还带人将韩通的一家老小都杀了。尽管此举十分残忍,但是却将阻碍的势力清除了,从而保障了城中的安定,使得赵匡胤可以顺利地进入城中。

赵匡胤来到城中后,就命令士兵们回营,自己则回到了公署。不久之后,罗彦环等人就把范质与王溥等人抓回了公署。刚开始的时候,范质还对赵匡胤的不忠行为进行痛斥,赵匡胤也假装自己是无奈之举。范

质还想要继续责骂，这个时候，罗彦环等人将佩剑拔了出来，厉声对其进行恫吓，说道："三军无主，众位商量后立点检赵匡胤为天子，倘若你们不遵从，宝剑一定不会容情！"范质与王溥等人被吓得面色惨白，在逼不得已的情况下才跪下进行参拜。赵匡胤赶紧把他们一一扶了起来，一同商量登基即位的仪式与礼节。大家通过商量决定，应当学习尧禅让于舜，将朝中的文武大臣召集起来，令恭帝宗训将皇位禅让出来，赵匡胤接受禅让。范质与王溥等代替赵匡胤将文武大臣召集起来，一同商量受禅的仪式。由翰林承旨陶熔与兵部侍郎窦仪等人，商议后定下礼节："筑受禅坛，由周主降诏，禅位于赵匡胤。"

于是，在城的南面筑起一座高度为三丈的禅坛，到了傍晚吉时之际，奏响音乐进行禅让的仪式。当时，周恭帝还没有准备好禅让的诏书，没有想到的是，翰林学士陶熔极其从容淡定地从袖子中抽出一封诏书，交给了周恭帝。由此可见，这份诏书也是事先已经准备好的。可怜的小皇帝柴宗训，小小年纪又怎么对这些事情有所察觉呢？新皇帝赵匡胤由两位心腹大将——石守信与王审琦，佩戴着宝剑左右夹辅着登上了禅坛，听周恭帝宣读那封禅让的诏书。诏书上写道：

> 天生兆民，树之司牧，二帝推公而禅位，三王乘时以革命，其揆一也，惟予小子，遭家不造；人心已去，天命有归；咨尔归德军节度使，殿前都点检、兼检校太尉赵匡胤，禀天纵之资，有神武之略，佐我高祖，格于皇天，逮事世宗，功存纳麓。东征西讨，厥绩隆焉！天地鬼神，享于有德，讴歌讼狱，归于至仁。应天顺人，法尧禅舜，如释重负，予作其宾。于戏钦哉，畏天之命！

诏书大体的意思是这样的：我周恭帝还是一个年龄很小的孩子，天下百姓的心已经不归于我了，如今担任殿前都点检、归德军节度使之职的赵匡胤才能卓越，曾对我朝高祖皇帝进行辅佐，又侍奉过周世宗，立下了巨大的功德，其行为非常得人心，人心都已经归附他了。如今，我就要顺应上天之命，顺应百姓之心，效仿尧禅帝位于舜那样，将皇帝的位置禅让给点检赵匡胤。

当周恭帝将诏书宣读完毕后,赵匡胤退到了北面,跪拜接受诏书,然后更换皇帝的衣服,头戴冲天冠,身穿衮龙黄袍,由众位大臣扶掖着,登上了皇帝的宝座。担任宰相之职的王溥手中捧着玉册,担任太师之职的符彦卿进行引导,奏响音乐,开始祭祖,至此,禅让仪式完成了。

后来担任郑州知府之职的李淑,曾经前往后周帝陵墓前(今河南新郑),吟诗进行凭吊,诗云:

　　弄耜牵牛晚鼓催,不知门外倒戈回。

　　荒坟断陇仅三尺,又道房陵半仗来。

当这首诗传到宋朝廷之后,朝廷就用"本朝通过揖让得到天下,而李淑却诬陷是通过干戈抢夺而来,这不是作为臣子应当说的话"作为借口,将李淑的官职罢免了。但是实际上,倘若没有陈桥兵变,又怎么会有后来的禅让之礼呢?如果这都不算是通过干戈兵变夺得政权,那么又该算什么呢?然而,历代朝廷为了利用漂亮的言辞来掩饰自己的过错,就经常加上些冠冕堂皇的话语,说什么"揖让得到天下"。

赵匡胤刚刚坐上皇帝的宝座,就马上命令范质等人进宫对幼主与符太后进行威胁,让他们改居西宫。就这样,年仅二十多岁的年轻寡妇与年仅七岁的孤儿,不得不在呜呜咽咽的哭声中迁到了西宫。这个时候,那些原本是周室臣子的文武大臣召开会议,将周主的尊号取消了,改称周恭帝为郑王,该称符太后为周太后。与此同时,他们为了表达对周室的忠心,更好地收买人心,仍然命令周宗正祭奠周陵庙,命令岁时进行祭祀。但是,不管表面功夫做得如何漂亮,也不能掩盖他们背叛后周的实质。

原本,赵匡胤就是为了改朝换代,因此,在登基即位之后就异常急切地将国号改了。在他登基称帝之后的第五天,就将国号改为宋。为什么要使用"宋"作为国号呢?原来,赵匡胤曾做过归德军节度使,在春秋时期,归德军这地方仍然属于宋国的土地。接着,又以火德王,尊崇红色,改元为建隆,大赦天下。就这样,赵匡胤顺利地成为了宋朝的第

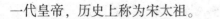

一代皇帝，历史上称为宋太祖。

赵匡胤称帝之后，就开始对当初拥立他的功臣进行封赏。第二天，将领中全都得到了提升与奖赏：高怀德被提升为殿前副都点检，领义成军节度使；石守信被提升为马步军副都指挥使，领归德军节度使；张光翰被提升为马军都指挥使，领江宁军节度使；张令铎被提升为马步军都虞侯，领镇安军节度使；慕容延钊被提升为殿前都点检；赵彦徽被提升为步军都指挥使；赵匡胤的弟弟赵匡义也被册封为殿前都虞侯，并且讳改他的名字为光义。与此同时，文臣们也都获得了相应的封赏：赵普被任命为枢密直学士之职；原周朝宰相范质被任命为司徒兼侍中之职；原周朝宰相王溥被任命为司空兼门下侍郎之职。一群攀龙附凤的人，一起晋升官爵，增加俸禄。这些将领与文官们当初拥立赵匡胤做皇帝，就是为了今日的荣华富贵，所以，赵匡胤很了解下属们的真实心理，对他们的欲望给予满足，从而使他们日后可以更死心塌地地为自己效命。

文武百官封赏完毕之后，赵匡胤又假惺惺地痛悼已经被杀害的韩通，并且追赠他为中书令，采用厚礼将其进行收葬，但是并没有追究害死韩通的王彦升的罪过，因此，后人作诗感叹道：

周祚已移宋鼎新，首阳不食是何人？

片言未合忙投降，可惜韩通致杀身。

这个时候，韩通已经死了，整个朝廷中再也没有一个人敢站出来公开表示反对了。然而，在赵匡胤登基初期，全国各地依旧有一些有着强大力量的军阀，割据在一方。在这些人中，有的对宋朝取代周朝非常不满；有的如昭义节度使李筠以及淮南节度使李重进等人，直接公开起兵进行反抗。

李筠担任着山西泽州节度使之职，在北方的边境进行驻守。当他收到赵匡胤取代后周而自立的消息之后，专门将后周太祖郭威的画像拿出来，挂在大厅的墙上，对着画像哭得十分悲痛，并且请求北汉能够帮助他公开对赵匡胤进行反抗。四月，李筠率领部众三万人马，向开封进军，但是，禁军中没有一个人响应他，更为糟糕的是，北汉的援军也没有来。

面对李筠部众的进攻，赵匡胤亲自率领大军出征，势如破竹，仅仅用了一个多月的时间，就拿下了泽州。没有过多长时间，李筠的部众就被打败了。最后，李筠在万分无奈的情况下投火自焚了。

再说郭威的外甥——淮南节度使李重进，他担任着侍卫马步军都指挥使的职位。赵匡胤在登基称帝之后，就将他的这个职位取消了。于是，对赵匡胤代替后周自立而十分怨恨的李重进就率兵公开进行反抗。当李筠起兵的时候，李重进就派遣心腹前往泽州与李筠进行联系，以便商量联合起来对开封发起攻击。但是，李重进的这个心腹却将他出卖了，将事情的整个经过泄露给了赵匡胤。赵匡胤就让他劝导李重进将行动延后。当赵匡胤将李筠征服之后，立刻率领大军南下进行征讨，十一月将扬州攻破，李重进以及家人全都自焚而死。到了这个时候，赵匡胤在整个后周国土范围内的统治才算是真真正正地确立起来了。

事件点评

赵匡胤通过"陈桥兵变"的手段夺得了皇帝之位，免除了一场血流成河的斗争。同样属于兵变夺权，但确实兵不血刃，直到今天在发生兵变的地方——陈桥镇的东岳庙中，还有一个碑，其背面写着一首诗：

黄袍初进御，系马耀军威，
翠盖开皇极，清荫护紫薇。
风声惊虎啸，日影动龙飞。
千古兴王地，擎天一柱巍。

这首诗所描述的正是赵匡胤在陈桥发动兵变，黄袍加身，一举将皇帝之位夺到手中的事情。利用和平的手法夺得政权，避免了各种各样的混乱，使社会的秩序依然保持稳定，生产力也没有被破坏。

赵匡胤取代后周而自立后，尽管把周太后和恭帝幼主迁到了西宫，但为了表达自己的忠孝，在表面上也作了相应的掩饰。他称帝后的第三

年，秘密地令人刻了一块碑，放入太庙寝殿的夹壁中，将其称为誓碑，用黄幔遮掩起来，用钥匙封藏起来，其内容大体是这样的：对周王室的后裔进行优待，不能轻易地对柴氏子孙进行杀戮，即便是触犯了法令也不能够加刑。如果犯了谋逆之罪，也只能让其在牢房中自尽，不可以在市井之中公开将其斩杀，更不能对其支属实施连坐。

赵匡胤在刚刚登基的时候，经常许下承诺："事（周）太后就好像自己的亲生母亲，养少主就好像自己的亲生儿子。"但是，在他登基为帝之后没有过多长时间，就把周恭帝母子迁到了西京。第三年，又将他们迁到了房州。西京洛阳经过五代末年的战乱之后，已经变得非常残破而萧条，不管从哪个方面来看都比不上汴京，让他们迁居到洛阳已经算是贬谪。而房州位于大巴山，相当偏僻，交通也十分不方便，人烟异常稀少，在州府中属于下等，全州两县仅仅只有四万七千多人。周恭帝的处境逐渐地下降。七年之后，郑王柴宗训已经长大成人，而赵匡胤更加不放心，于是就派遣心腹宦官前往房州进行治理，与此同时，对郑王柴宗训进行监视。没过几年，就传出了郑王柴宗训突然死亡的消息。就这样，末代后周从封建历史上彻底地消失了。

赵匡胤能兵不血刃地坐上皇帝的宝座，要归功于那个时候十分有利的形势。从中唐时期的"安史之乱"开始，中原地区的局面始终动荡不安，到了五代时期，更是演变形成了全国性的分裂割据。从唐天祐四年（公元907年），朱温将唐废掉，建立梁开始，后唐、后晋、后汉以及后周相继建立，再加上十国依次进行更替，到了后周柴宗训登基称帝的时候（公元959年），在这短短五十三年的时间内，仅仅是中原地区，就前后经历了五个朝代的更替。

周世宗柴荣去世没有多长时间，他的儿子，年龄只有七岁的柴宗训继承皇帝之位，于是，后周王朝就出现了"君主年龄小，刚刚登基，人心惶恐，还没有安定下来"的局面。一时之间，文武百官、营中将士以及天下百姓全都惶惶不可终日，各种各样的流言传播开来，那个时候的人都说中原没有主人，因此，人心思变，为皇帝之位而相互争抢已经成为了一种必然的趋势。

与此同时，要想夺得皇帝之位，就必须具备一定的势力，特别是军事势力。五代是一个军阀横行的时代，不管是谁，只要手中拥有军队，就能够占领一块属于自己的地盘，拥有一份权力，直到做上至高无上的位置——皇位。后周太祖郭威黄旗披身就是一个很好的先例。

清朝学者赵翼在《廿二史札记》中明确地指出：相当明显，陈桥兵变和后周的澶州兵变属于一回事。要想发动这种兵变，就一定要将军队完全掌握在自己的手中，才能够取得成功。

担任殿前司禁军都点检之职的赵匡胤，手中正好掌握着一支实力强大、战斗力惊人的禁军，而且他还拥有在禁军中担任高级将领的"义社十兄弟"以及慕容延钊等武将们的支持，再加上赵普与李处耘等一大批异常精明的谋士在旁边为其精心进行谋划，与朝中的文武百官进行联络，又将与自己对立的李重进与李筠等人调到了距离京城很远的地方，使得发动政变的时候，让他们远水不能救近火。所有的事情都安排妥当之后，和平发动政变的条件就具备了。于是，在陈桥发动兵变，赵匡胤黄袍加身之后，率领大军返回京城，最终创建大宋王朝。

相较于以前的各种兵变，赵匡胤以及他的继承者，并没有满足于只做一个国家的皇帝，而是致力于完成全国的统一大业，并且通过其不断地努力，最终实现了这个目标。他们的所作所为对促进历史的发展做出了非常突出的贡献，顺应了历史潮流发展的总趋势。

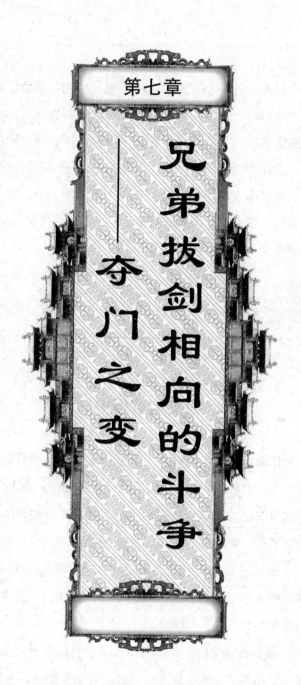

第七章

兄弟拔剑相向的斗争

——夺门之变

阅读引言

明英宗朱祁镇在只有九岁的时候继承皇位，定年号为正统。正统十四年（公元1449年），蒙古瓦剌部率领大军向明朝发起进攻，明英宗在宦官王振怂恿之下率领部众亲征，在土木堡被敌军抓住。他的弟弟朱祁钰继承皇位，定年号为景泰。之后，明英宗被放了回来。景泰八年（公元1457年），明英宗在曹吉祥以及石亨等人的支持之下，发动了一场政变，夺取了宫门，登上了奉天殿恢复皇位，将明景帝废除，将于谦杀掉。历史上称这次事变为"夺门之变。"

叛乱纪实

明英宗被俘虏

明英宗朱祁镇继承皇位的时候，年纪还非常小，按照宣宗留下来的遗诏，所有的国家大事都交给太皇太后张氏进行处理，由大学士杨士奇、杨荣以及杨溥等有经验的老臣负责政务。因此，正统初期的各项政策基本上都是沿用了仁、宣时期的政策，保证了社会的稳定发展，朝政在以前的轨道上也继续正常地运转着。但是，在这样看似平静的表面之下，宦官王振却在暗地里窃取着权力，对朝政进行干预，并且终于造成了大祸，致使明英宗被北方的瓦剌俘虏了。

在明英宗做太子的时候，太监王振在就东宫陪伴他一起读书，同时也负责侍候他。明英宗继承皇位之后，就提升王振担任司礼监太监之职。王振是山西蔚州（今山西蔚县）人，少年的时候，就将自己阉了之后进

了皇宫，被选入了内书堂读书，后来又被派到东宫伺候太子。王振这个人非常狡猾，擅长阿谀奉承，所以，朱祁镇十分喜欢他。王振进入掌司礼监之后，就仗着明英宗对他的宠信，对百官进行压制，他性格任性蛮横不讲理，开创了明代宦官专权的先例。起初，因为政务由太皇太后张氏与"三杨"负责处理，王振还不敢过于放肆。到了正统七年（公元1442年），太皇太后因为疾病去世了，这个时候，"三杨"也只剩杨溥一个人在朝廷中了，年纪老了，势力也孤单了，所以，再也没有力量能够对王振进行约束了。王振看到没有什么需要顾忌的了，就开始胆大妄为了。他首先将宫门上"禁止宦官对政事进行干预"的铁牌摘掉，然后又大兴土木，让广大军民在皇城中为他修建府第。在京城中，他有好几处府第，各个都宏丽豪华，一点儿也不比皇宫差。他还奴役百姓修建智化寺，为他祈福。更为可恶的是，他贩卖官爵，收取贿赂，结党营私，如果谁要是不依附于他，他就想尽一切办法打击并陷害对方。对于他的种种行为，明英宗不仅没有任何的怪罪，反而更加宠信他，认为他是一个忠心耿耿的人。

就在王振玩弄权术的时候，北方蒙古族瓦剌部的脱欢以及他的儿子也慢慢地强大起来了。宣德九年（公元1434年），脱欢向鞑靼的阿鲁台发起攻击，并且斩杀了阿鲁台，吞并了他的部落。他原本想要自立为汗，因为部下不同意才立元朝皇帝的后裔——脱脱不花作为本部的可汗，自称为丞相。而事实上脱脱不花只不过是一个有着可汗虚名的傀儡而已，脱欢掌握着真正的实权。正统四年（公元1439年），脱欢死了之后，他的儿子也先继承君位，掌握了瓦剌的实权。

也先当权之后，就开始极力扩张自己的势力。他先是朝着西北方向进行发展，在正统九年（公元1444年），建立了甘肃行省。第二年又带领部众向明朝所封的忠顺王倒瓦塔夫里发起进攻，并且慢慢地将西域要道哈密控制在自己的手中。同时，他又朝着东面进行发展，向兀良哈三卫发起进攻。对于瓦剌这些扩张行为，明英宗朱祁镇不仅没有给予任何的谴责与反击，而且也从来没有派兵去救援受到侵害的地方。于是，也先的势力慢慢地发展，向东已经拓展到了辽东地区，向西已经拓展到了现在的新疆、青海等地，严重地威胁着明王朝的统治。对此，明朝具有远见卓识的人都曾经多次上书明英宗，提醒他应当对瓦剌的崛起小心谨慎地处理。正统八年（公元1443年），侍讲刘球专门针对那个时候的弊政提出了应当进行改革的十件事情，其中，关于瓦剌的崛起，他提出建议，希望能够对兵制进行整顿，对于私役军士的行为能够杜绝，能够加紧对军兵的训练。王振看到之后就认为这是对自己的指责，居然逮捕了刘球，并且私自派遣锦衣卫指挥马顺在牢中将刘球害死了。两年之后（公元1445年），兵部尚书邝埜以及几位大臣又向朝廷上疏请求对北部边境加强防备，尤其是请求在与瓦剌相接的要塞大同增加一定的兵力。然而，明英宗与王振只知道喝酒享乐，根本不管大臣们的这些奏折。王振不仅没有进行任何的备战，还让他的私党——在大同镇守的太监郭敬每年私自铸造数十瓮箭镞给瓦剌送去，以便换来瓦剌的良驹。

从正统四年之后，瓦剌每年都会给明王朝进贡。王振为了使边境能够安宁，就极力地对瓦剌进行讨好，凡是瓦剌的贡使，都以礼相待，给予非常丰厚的赏赐，只要对方提出要求，不管是什么都答应。按照规定，瓦剌每年前来明王朝的贡使不可以超过五十人，但是他们渴望得到明王朝的诸多赏赐，同时欺负明王朝软弱好欺，贡使逐渐地增加到了二千多人，而且还引诱鼓动其他蒙古部落一同向明王朝邀赏。倘若他们的要求没有得到满足，就会故意在边境制造一些事端，所以，明王朝赐予他们的财物不得不一年比一年多。到了正统十四（公元1449年）春天，瓦剌派遣两千贡使来到北京，为了能够领取更多的赏物，他们居然冒称三千人。这次，王振也不知道因为什么原因，忽然心血来潮地想要戏弄他们一番，就命令礼部按照他们实际的人数给予赏赐，而且还将马价削减了五分之四。等到贡使回到瓦剌将这件事情上报之后，也先勃然震怒，以明朝曾经应允把公主嫁给他的儿子，但是后来却失信了作为理由，在这

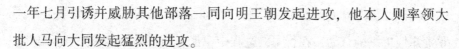

一年七月引诱并威胁其他部落一同向明王朝发起进攻，他本人则率领大批人马向大同发起猛烈的进攻。

前线频频战败，告急的报告不断地传回北京。有的汇报参将吴浩在猫儿庄战死身亡；有的汇报西宁侯宋瑛、武进伯朱冕以及担任都督同知之职的石亨在阳和口与也先的部队进行对战，宋瑛、朱冕全都战死了，而石亨也非常狼狈地逃跑了，临军太监郭敬因为当时藏到草丛当中，这才捡回了一条小命。有的时候，各种各样的急报一天要来数十次之多，这个时候，明英宗才真正地感到惊慌了。他先是急匆匆地派遣驸马都尉井源等四位大将率领万余人前去迎敌，但是他依旧感到不放心，又将王振与各位大臣找来一起商量对策。

贪婪无比的王振为了邀宠讨功，居然想要明英宗御驾亲征，所以，他极力劝说明英宗亲自带领大军前去与也先的部队作战。担任兵部尚书之职的邝埜以及担任侍郎之职的于谦等大力陈述六师不应该轻易地出行。他们表示，加强边防的力量才是现在的当务之急，并且重申号令，应当坚壁清野，蓄锐待发。这样一来，才能够战胜敌人，皇帝根本没有必要亲自统率六师到边境进行作战。担任吏部尚书之职的王直率领各位大臣向明英宗上疏说道："如今，塞外秋暑还没有退，旱气还没有回，青草不丰富，水资源也非常匮乏，将士与马匹的粮食与草料都不足，这是行军用兵的大忌讳，不应当大规模地用兵。"明英宗丝毫听不进这些正确的意见与建议，而是一味地听从王振的话，下定决心要御驾亲征。命令太监金英辅佐他的弟弟——郕王朱祁钰在京城留守，担任兵部侍郎之职的于谦留在北京代理部务，英国公张辅、户部尚书王佐、兵部尚书邝埜以及内阁学士曹鼐、张益等大臣随着明英宗亲征。随征的各位大臣以张辅居首，但是却不让他参与任何的军政事务，所有的军政事务都由王振一个人独断专行。

明英宗与王振将这样规模巨大的军事行动当作儿戏，仅仅准备了两三天，就在七月十六日带领着五十万大军匆匆忙忙地出发了。即使到了这个时候，依旧有人想让明英宗将这个亲征的计划改变。内阁学士曹鼐非常痛恨王振的行为，在行军的过程中，他与随征的众位御史进行联络，鼓动他们将王振杀掉，然后使明英宗不得不返回京城。但是，御史们听到他如此大胆的言语之后，都吓得不敢出声。在无可奈何之下，他又找到了老臣张辅一起商量这件事情。不过，可惜的是，张辅也没有支持他，曹鼐不得不将自己这个计划放弃了。

明英宗率领大军从北京出发，出了居庸关，过了怀来，来到了宣府，一路上倒是没有遇上什么抵抗，只是因为接连好多天的风雨，人马都十分疲惫了，将士们吃尽了苦头，军心也变得非常不稳。担任兵部尚书之职的邝埜也从马上摔了下来，结果摔成了重伤，不得不挣扎着随军继续前行。还没有到达大同，军中的粮草都几乎已经吃完了，道路两旁堆满了饿死将士的尸体，但是王振却不管不顾，依旧盲目地催促队伍继续前进。随行的官员都极力劝说明英宗返回京城。担任兵部尚书之职的邝埜与担任户部尚书之职的王佐多次向明英宗上章请求返回北京，王振居然滥发淫威，惩罚他们在草丛中整整跪了一天，直到晚上的时候才将他们放了。成国公朱勇向王振奏报各种事宜的时候，都要膝行向前。虽然这样，王振仍然听不进任何劝告，固执己见。

八月初一，明军来到了大同。也先看到明英宗亲自来到了前线指挥作战，就想要引诱明军继续深入。于是，他主动向北方撤退。王振见瓦剌军向北撤退，还要坚持继续向北前进，对也先的部队进行追击。随行的各位大臣都上章请求返回，但是王振根本听不进去。初二，曾经藏在草丛中才捡回性命的镇守在大同的太监敦敬将前线惨败的真相秘密地告诉了王振，并且说倘若继续向北前进，正好就中了也先的奸计。这个时候，王振才真正感到害怕，就匆忙地决定班师回朝。刚开始的时候，他们打算从紫荆关撤退，这样一来，就能够从王振的老家蔚州经过。王振想要趁着这个机会让明英宗"临幸"一下他的家乡，以便显示自己的威风，同时光宗耀祖。但是，走着走着，他突然想到如果大军从蔚州经过

肯定会将他的田园庄稼踩坏，所以，在大军已经走了四十多里之后，他又让明英宗将行军的路线改变了，掉转头向东直奔宣府。大同参将郭登知道这个消息之后，就向明英宗提出建议，依旧沿着原定路线向前走，这样一来，可以确保平安地撤回去，但是明英宗拒绝了他的建议。

初十，明军撤退到了宣府，这个时候，瓦剌军大队人马也追击而来了。明英宗派遣恭顺伯吴克忠以及都督吴克勒率领部众抗击敌人以便断后，结果，他们全部战死了。接着，明英宗又派成国公朱勇以及永顺伯薛绶率领骑兵三万人前去救援。朱勇冒险进军来到了鹞儿岭，但是却陷入瓦剌军的重重包围之中，结果，这两个人也都战死了，三万骑兵几乎全部被杀。明英宗与王振在后退的过程中，不断受到瓦剌军的突然袭击，非常害怕，异常狼狈。

十三日，明英宗逃到了土木堡，距离怀来城仅仅只有二十里了。这个时候，比较正确的指挥就是进入城中驻守，然而，王振却由于自己的一千多部辎重车辆还没有到，不想进城，就让明英宗在土木堡驻扎。担任兵部尚书之职的邝埜再三向明英宗上奏，让其马上疾驰进入居庸关，并且命令精锐部队进行断后。但是，王振却把邝埜的奏章扣留下来，并不向明英宗汇报。眼看着形势已经变得相当危急，邝埜直接闯到了明英宗的行殿，极力恳请明英宗快速进入居庸关。王振拒绝接受邝埜的意见，并且斥骂道："腐儒怎么懂得军事，再胡说八道就将你的脑袋砍下来!"邝埜没有丝毫的畏惧，毅然回答："我这样做事为了社稷生灵，怎么能够用死来使我感到恐惧呢?"王振命令卫士强行将邝埜拉了出来。如此一来，明英宗在土木堡驻扎的最后一次机会也失去了。

十四日，瓦剌兵追到这里，将土木堡团团包围了。明英宗想要继续行军也没有办法向前移动了。因为土木堡的地势非常高，根本就没有水源，将士们挖了二丈多深也没有找到一丁点儿水。将士与马匹连续两天都没有喝上水，已经到了饥渴难耐的地步。在土木堡南面十五里的地方有一条河，但是已经被瓦剌军占领了。也先从土木堡旁边的麻谷口向明军发起进攻，瓦剌军越来越多，镇守在麻谷口的都指挥郭懋率领部众与敌军激战了一整夜。十五日，也先设下计谋，派遣使者假意前去讲和，同时，指挥部队假装后撤。明英宗对此自然是求之不得的，马上命令曹鼐负责起草诏书，派遣通事二人跟着瓦剌使者去也先的营帐中商量议和的事情。王振看到瓦剌已经退兵了，根本不作任何的分析，就盲目地下令转移阵营前往有水的地方，将士们从壕堑跳出来急速前行，队伍非常散乱。当他们就这样乱哄哄地走了不过三四里路的时候，瓦剌军就好像天兵天将一样，突然从四面八方涌来，将明军包围。这个时候，明军根本不敢与之作战，只是争先恐后地逃窜。瓦剌骑兵冲入明军的队伍中，挥起大刀肆意砍杀明军，同时，大声喊着"解开盔甲，放下大刀的人不杀"。于是，明军的很多士兵都脱下盔甲露着脊背，互相践踏而死，漫山遍野都是明军的尸体。明英宗带着自己的亲兵进行突围，但是最终没有成功。于是，他干脆从马上下来面朝南方盘膝坐下。有一个瓦剌士兵过来要将他的衣甲剥开，但是看到他的衣着与别人不一样之后，就推搡着他去见也先的弟弟赛刊王。就这样，明王朝的皇帝明英宗就成为了瓦剌军的俘虏。明英宗被敌军抓走之后，护卫将军樊忠将所有的怒火都集中到了王振的身上，冲上去抢起铁锤就将他打死了，并且痛骂道："我要为天下杀了你这个贼子！"

在这场战争中，跟随明英宗出征的五十多名官员，比如，英国公张辅、户部尚书王佐、兵部尚书邝埜、内阁学士曹鼐与张益、侍郎丁铭以及王永和等全都战死了，只有担任大理寺右寺丞之职的萧维桢以及担任礼部左侍郎之职的杨善等几个人侥幸逃了出来。太监喜宁向瓦剌投降，将明王朝内部的虚实情况完完全全地告诉了也先。明英宗所率领的五十万大军，基本上就是明王朝亲军的所有精锐，在这一战中几乎全部都被毁了，大量的辎重衣甲器械也都被也先收入了囊中。也先押着明朝军队的大批骡马以及全部的衣甲等辎重，带着明英宗向北撤退了。这就是明朝历史上非常著名的"土木之变"。

明景帝上台执政

明英宗朱祁镇被抓住之后，刚开始，瓦剌士兵只是见他的穿戴不同寻常，并没有想到他就是明王朝的皇帝。他们将明英宗带到了赛刊王的营地中。赛刊王问他到底是什么人，朱祁镇没有回答，反而问对方究竟是谁，到底是也先，还是伯颜帖木儿，抑或是赛刊王。明英宗的回答让赛刊王感到行当吃惊，认为这个人说话的口气如此之大，绝对不是普通人，就马上向也先报告："我的部下抓住了一个十分奇异的人，难道是大明王朝的皇帝？"也先听了之后，立即让还被扣留在瓦剌营中的明朝使者进行辨认，他们回答："确实是大明王朝的天子。"也先极其兴奋，他怎么也想不到能够将明朝的皇帝抓住。他觉得大元天下统一的时机已经到了，就将明英宗关了起来，打算用他要挟明朝朝廷。

明英宗在被俘之后非常不甘心，冥思苦想如何才能够让自己重新回到明王。最后，他决定让朝廷用金银珠宝把他赎回去。十六日，他让与自己关在一起的袁彬写信给朝廷，将自己被抓以及用财宝将他赎回去的情况报上去。这封信交给日前充当使者来瓦剌军营的千户梁贵送出去。梁贵先是将这封信送到了怀来，再由怀来的守将再派遣人员送到京城，结果在当天晚上三更的时候从西长安门送进了皇宫中。皇宫中收到这封信之后，马上被一片惊慌失措的气氛所笼罩。皇太后孙氏以及皇后钱氏立即将皇宫中的金玉文绮等奇珍异宝全部搜罗起来，整整装驮了八匹马，在十七日中午的时候派遣太监送到了居庸关外找到瓦剌的军营，想要赎回明英宗朱祁镇。

当然了，他们的这个愿望是不可能实现的，因为也先相中的可是整个中原。于是，也先带着明英宗朱祁镇，带领蒙古的骑兵来到了宣府，然后，假传明英宗朱祁镇的命令，让守将杨洪以及罗守信打开城门迎接。杨洪根本不听，反而命令城墙上的士兵："我们只知道为天子守城，其他的事情不敢听从命令。"也先看到他们不肯中计，这一招没有取得任何效果，又带着明英宗朱祁镇来到了大同城下，向守城的明军索取钱粮，并且假装许下诺言，只要给了他们粮钱就将明英宗朱祁镇放了。守城的都督郭登并不被也先迷惑，关闭着城门不应声。这让明英宗感到非常不舒服。他天真地以为也先得到钱粮之后，就会真的将他放了，于是就再一次派人询问郭登："朕与你之间有着联姻之亲，但是你为什么要如此对待我？"而郭登则回答："我只是奉命守卫城门，敌人就在面前，我不敢擅自做主将城门打开。"跟着明英宗朱祁镇的校尉袁彬在无可奈何之下，只能用自己的脑袋使劲地撞击城门，并且口中大喊着接驾。实在没有办法，城中就派广宁伯刘安以及知府霍宣等人从城中出来，将蟒龙袍献给了明英宗朱祁镇。之后，明英宗朱祁镇转送给了也先的弟弟伯颜帖木儿以及大通汉英王。明英宗朱祁镇现在心中也明白了，也先说要将自己放了，这到底是不是真的还难以分辨。他告诫守将应当继续严加戒备，但是，他还是向城中索要了一万两库金以及一些官员的家财给了瓦剌军。既然钱粮已经到手了，而大同又没有可乘之机，瓦剌军队在大同城西面呆了两天之后，又带着明英宗朱祁镇撤了回去。

再说京城的情况：当明英宗朱祁镇被俘、土木惨败的消息传回北京之后，明朝的文武百官都陷入恐慌当中，聚集到殿廷大声痛哭。皇太后颁下诏书立明英宗的大儿子朱见深为太子。然而，在国家面临生死存亡的时候，怎么可能让这个年龄只有两岁的小孩登基称帝呢？所以，皇太后又命令明英宗朱祁镇的同胞弟弟——郕王朱祁钰监国，处理国家的各项政务。这一年朱祁钰二十二岁，比明英宗朱祁镇小一岁。当初，明英宗朱祁镇继承皇位的时候，册封弟弟朱祁钰为郕王，之后，这兄弟两个人就很少有来往了。明英宗朱祁镇当了皇帝之后就一味宠信宦官王振，贪图享受，郕王朱祁钰对此非常反感。当明英宗朱祁镇在王振的怂恿之下决定率领五十万大军御驾亲征的时候，郕王朱祁钰也曾经劝告过他千万不要轻举妄动，应当查明敌军的虚实，做好战斗准备之后再亲自率兵出征也不晚。但是，明英宗朱祁镇就是不听，非要一意孤行，最后落得

了一个兵败被俘的结果。郕王朱祁钰对此有着一定的心理准备，但是没有想到的是会这么严重。

郕王朱祁钰随后在奉天殿开会，与文武大臣一起商讨战守的对策。各位臣们议论纷纷，莫衷一是。在大家讨论了一段时间之后，担任翰林院侍讲之职的徐珵第一个站了出来，大声地说道："臣晚上观看天象，计算历数，天命已经去了，只有向南逃跑才能够消除灾难。"那个时候，不少大官、富豪为了使自己的性命得以保全，都纷纷向南逃跑。徐珵就是一个非常典型的代表。在土木之败之前，他见到边防的形势异常紧张，就感到瓦剌肯定要向京城进犯，开始在同僚中散播一些失败的情绪，并且将自己的家眷全部送回了南方老家苏州。这个时候，他又在朝堂之上公开地鼓吹逃跑政策。他的意见马上遭到了太监金英以及担任礼部尚书之职的胡濙的反对。接着，文臣班子中又有一个人站了出来，厉声进行斥责："主张向南迁移的，其罪应当斩首！京师属于天下之根本，只要一动则大势去矣。你难道不知道宋朝南渡的失败教训吗？"这番驳斥异常犀利尖锐，让徐珵感到十分难堪。他再也不敢乱说什么，就低下头退了回去。经过这场辩论，徐珵的声誉大大降低了，以至于到了后来，他被迫改名为徐有贞，从京城离开躲到别的地方去了。而驳斥徐珵的这个人，就是担任兵部侍郎之职的于谦。

于谦，字廷益，钱塘（今浙江杭州市）人。永乐十九年（公元1421年），考中进士，宣德年间担任御史之职，巡按江西的时候，替数百个囚犯昭雪沉冤。后来，在杨士奇推荐之下，于谦被提升为兵部右侍郎，巡抚河南与山西。每当他到了一个地方，都会单骑走遍各处，遍访这里的父老乡亲，兴办对百姓有利的事情，除去对百姓不利的事情。在巡抚河南的时候，于谦看到黄河时不时地决堤，给当地百姓的生活带来了非常严重的危害。于是，于谦积极组织百姓筑堤治水，设立了亭长，专门负责督率修缮河堤，并且命令种植树木，开凿水井，从而使得当地道路两旁种满了榆柳，没有一个人喝不上水了。在山西的时候，他将边镇军官私自占领的土地收回来作为官府屯田，以便资助边防所消耗的各种费用。"三杨"当权之时，相当器重他。他所提出的意见与建议，早晨上报给朝廷，晚上就获得批准了。王振专权的时候，不少无耻的官员争先恐后地用从百姓身上搜刮而来的民脂民膏贿赂王振，从而换取他的喜欢。但是，于谦这个人本性十分刚直，不懂得攀附权贵，每一次进京的时候都是两袖清风。所以，王振对他十分嫉恨，于是，就陷害他，将他关到牢中整整三个月。后来，王振在不得已的情况下，将他释放了，但是却将他降为大理寺少卿。山西与河南的官民都给朝廷上书，请求让于谦留在原任上。朝廷对于官民的这个请求给予了批准，所以，于谦仍然是山西与河南这两个省的巡抚。正统十三年（公元 1448 年），于谦被召进了京城，担任兵部左侍郎之职。明英宗朱祁镇御驾亲征之前，他也曾经极力进行劝谏，但是最终都没有被接受。如今，他对向南迁移的事情坚决反对，极力主张坚守的意见，得到了郕王朱祁钰的欣赏与器重。

郕王朱祁钰决心在都城北京坚守。那个时候，京城的精骑劲旅基本上都在土木堡被摧毁了，在京城守卫的兵士大部分都是一些老弱病残，所以每个人都心慌意乱。面对这种情况，郕王朱祁钰接受了于谦的建议，把山东与南沿海的备倭军，两京与河南的备操军，江北以及北京各府的运粮军，全都调到了北京城内。在于谦亲自计划与部署之下，使得北京的防守大大加强了，军民之心才稍稍地安定了一些。郕王朱祁钰对于谦十分欣赏，没过多长时间就提升他为兵部尚书。

外患已经做好了防守，内祸还没有被清除。八月二十三日，郕王朱祁钰登临午门对朝政代为处理，数百名文武大臣联名递上了一份对王振进行弹劾的奏章："王振对国家产生了重大的危害，请求郕王抄了王振的家，灭了王振的族，以便平息民愤，安定民心。"郕王朱祁钰看完这份奏折之后，并没有给出明确的答复。众位大臣看到郕王朱祁钰举棋不定的态度，满腔悲愤，哭声响彻大殿。郕王朱祁钰身边有一个名叫马顺的宦官，属于王振的党羽，他看到众位大臣仍然不愿意退朝，就站出来对其

大声呵斥，想要以此大臣们赶走。但是，这可把那些大臣彻底激怒了。有一个大臣冲上去拽住马顺的头发，咬住他的脸，然后，大声怒斥道："你们这些奸臣，按罪应当诛灭九族，到了现在还敢如此猖狂!"这个时候，诸位大臣一拥而上，对着马顺开始拳打脚踢，没多久将把马顺活活打死了。

随后，诸位大臣又向郕王朱祁钰索要王振另外两个宦官党羽毛贵与王长随，太监金英眼看着事情变得这样紧急，就将毛贵与王长随从从宫门的缝隙当中推了出来，不久也被众位大臣给活活打死了。这三个人的尸首被放到了东安门外示众，为了泄愤，军民争抢着去击打他们的尸体。片刻之后，有人又将王振的侄子王山捆绑着押了过来，大家争先恐后地对其进行唾骂，一时之间，朝堂上乱成了一锅粥。马顺等人被活活打死，那是罪有应得，但是大臣们在殿庭上使用武力也是属于不正常的举动，所以，大臣们也都觉得不知道如何是好。

郕王朱祁钰看到文武大臣这样怒不可遏，将殿堂弄得血迹斑斑，非常恐惧，就想要躲到宫中去。这个时候，于谦从众人中走了出来，将郕王朱祁钰拦住，说道："郕王，请您留步。马顺等人罪该万死。众位大臣这样做也是为了大明王朝的江山社稷着想。郕王您只需要将王振的罪状公布于众，赦免那些将马顺等人打死的官员的罪，众位大臣也就能够安心了。"郕王朱祁钰看到没有其他更好的办法了，而且认为于谦所说的也是有道理的，就向众位大臣宣布："文武百官的行为应当给予称赞，马顺等人是罪有应得。"然后，郕王朱祁钰又下令将王山绑到刑场之后处死，同时，没收了王振的家产与田地，并且抄了他的家，灭了他的族。在这番打击之下，王振的党羽势力收敛了行迹，于谦等主战派的正气得以舒张，郕王朱祁钰在朝中的威信也大大提高了。

也先用明英宗朱祁镇进行要挟，不断在边境无事生非，想要逼迫明王朝割地赔款。文武大臣都认为虽然京城稍微地太平了一些，但是国家仍然处在危难的时候，城内的百姓也是人心惶惶，一定要再立一个皇帝以便使人心得以安定。尽管郕王朱祁钰以监国的身份对朝政进行处理，但是他毕竟不是真正的皇帝，从明王朝内部而言，所推行政令或多或少地会受到阻碍，从外部而言，如果明王朝不立新的皇帝，瓦剌就会经常借着朱祁镇要挟朝廷来达到他的各种目的。而新立的太子——朱祁镇的儿子朱见深实在太小了，根本没有办法主持政务。所以，文武大臣纷纷上书，请郕王朱祁钰尽早登上皇帝之位。对于众位大臣的这个奏议，皇太后也给予了支持，传旨郕王朱祁钰登基称帝。刚开始的时候，郕王朱祁钰再三进行推让，于谦非常严肃地对郕王朱祁钰说："臣等诚忧国家，非为私计。"郕王朱祁钰这才接受了大家的意见。

正统十四年（公元 1449 年）九月初六，天气很清爽，郕王朱祁钰正式登基成为了大明王朝的皇帝，遥尊被扣押在也先那里的明英宗朱祁镇为太上皇，定年号为景泰，历史上称朱祁钰为明景帝。明景帝的继承大位，有着很大的政治意义。也先将明英宗朱祁镇抓住之后，原本认为奇货可居，想要利用明英宗朱祁镇对明王朝进行要挟，让明王朝赔款割地。但是，没有想到的是，明王朝又立了一个皇帝，那么，他手中的明英宗朱祁镇也就失去了作用。

果然不出所料，也先对明王朝的这个举措很失望，但是他依旧没有死心。一个月之后，瓦剌在进行了非常充分的准备之后，以将明英宗朱祁镇送回京城为名，大举向北京进犯。正统十四年（公元 1449 年）十月初一，也先与脱脱不花带领部众，挟持着明英宗朱祁镇来到了大同，假意说要将明英宗朱祁镇送回来，大同守将郭登让将士们严阵以待，并且派人前去辞谢说："赖天地宗社之灵，明朝现在已经有国君了！"也先看到大同城内防守十分森严，很清楚郭登也做了充分的准备，所以，不敢强行进攻。于是，他们从大同绕了过去，继续向南前进。而郭登马上把瓦剌向京师进犯的消息上报给了朝廷。初三，瓦剌军的两万前哨精骑已经到达了紫荆关北口，另一路瓦剌军则从古北口侵犯。初四，三万瓦剌军过了洪州堡向居庸关发起进攻，之后又转而向白羊口发起进攻。初八，

在白羊口镇守的将领谢泽战死，白羊口失陷。

当明廷收到郭登传来的战报之后，京师立即进入戒严的状态。初五，明景帝朱祁钰下诏命令诸王遣兵入卫。初八，明景帝朱祁钰命令于谦长官督查各营的军马，将士都受到节制，并且将文武大臣召集起来一起商量战守的对策。有的人表示，应当在京城外面挖战壕迎战敌军，而担任总兵官之职的石亨则极力主张关闭九门，把物资转移到其他地方，以便避开敌军的锋芒。

于谦对此表示坚决地反对，他说道："敌人的气势十分嚣张，为什么我军要先向敌军示弱，让他们对我军更加轻视呢?"因此，于谦极力主张到城外迎战敌军，并且马上分别派遣了众多将领率领二十二万大军在京师九门外摆开了阵势，都受石亨指挥管辖。于谦将兵部日常的事务全部交给了担任侍郎之职的吴宁进行处理，而他本人则亲自来到了德胜门石亨的军营中，以便更好地对瓦剌的主攻部队进行抵抗。初九，明景帝朱祁钰下令所有具备盔甲的将士不出城的人都要被斩首。待各部军队全部出城部署好了之后，就将所有的城门都关闭了，以此来显示他们背城死战坚定的决心。明景帝朱祁钰又下令说道："临阵的将领不管士兵先后退的人，斩杀其将领；士兵不管将领先后退的人，后队斩杀前队!"将士们们一个个变得非常振奋。

初九，也先到达了紫荆关，督促自己的部队加快攻关的速度。已经向瓦剌军投降的明朝宦官喜宁带领着瓦剌军从山间小路穿过了山岭，对关城进行腹背夹击，守城的都御史孙祥与都指挥韩清全部战死，紫荆关最终失陷。于是，瓦剌军队就从紫荆关与白羊口两条路继续向北京逼近。十月十一日，瓦剌军终于来到北京城下，在西直门外摆好了阵势，将明英宗朱祁镇放到了德胜门外的一间空房中。也先见明军的阵容十分严整，不敢轻易地发起进攻。喜宁就煽动也先让明朝派大臣前来将明英宗朱祁镇接过去，并且假意议和来对明朝的虚实进行试探。明朝没有派遣大臣前去"迎驾"，只是让通政使参议王复为右通政，中书舍人赵荣为太常少卿带着一些羊酒从城中出来，来到了也先的军营中见明英宗朱祁镇。也先让明英宗朱祁镇坐在自己的营帐中，自己与弟弟伯颜帖木儿等人都是全副武装。王复与赵荣两个见到明英宗朱祁镇通报了自己的姓名与职务，也先看过公文之后，以他们两个人的官职太低作为借口，让他们返回朝廷，让明朝派遣于谦、石亨等重臣前来，并且索要数量相当大的金帛财物。明景帝朱祁钰与一些朝廷大臣得知这个消息之后有些动摇，想要同对方议和，就派人去询问于谦的意见。于谦回答："如今，我只知道有军旅的事情，别的事不知道。"因为于谦的坚持，也先的议和阴谋没有实现。

十三日，于谦与石亨率领大军与瓦剌军在德胜门外进行交战。于谦命令石亨带领一些兵马在民间的空房中进行埋伏，然后又派出数骑前去引诱敌军。一万多名瓦剌骑兵追着明军进入了石亨的埋伏圈之后，只听见一声炮响，四周的伏兵全部跳出来，一起发动火器，瓦剌军被打得人仰马翻，狼狈逃跑。也先的弟弟孛罗以及瓦剌的平章卯那孩全都被炮弹射中而身亡了。瓦剌军转而向其他城门发起进攻，一样受到了明军的坚决抵抗。在德胜门北边土城的战斗过程中，明朝官兵与百姓相互配合进行战斗，打得瓦剌军落花流水。当明军与瓦剌军在进行非常激烈的战斗时，土城的老百姓全都爬到了屋顶，利用砖石作为武器，纷纷投向敌军，就这样，铺天盖地的砖石落到了落到了敌军的脑袋上，喊杀声震动了天地。瓦剌军与明军相互僵持了五天的时间，瓦剌军逐渐地变得四面楚歌，在战场上接连不断地战败。也先本来想着挟持明英宗朱祁镇逼迫明朝在城下进行议和，然后从中捞取大量的金银财物。然而，令他没有想到的是，他们不仅没有捞到一分钱，反而损失了不少人马，后来，又得知明朝的各路援兵即将来到的消息之后，担心明军会将他们的归路切断，于是，也先又带着明英宗朱祁镇急忙撤围向西去了。于谦指挥着部队乘胜进行追击，将瓦剌沿途俘虏截获的不少百姓与财物都夺了回来。北京保卫战获得了伟大的胜利。

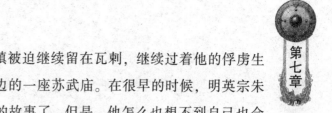

这个时候，明英宗朱祁镇被迫继续留在瓦剌，继续过着他的俘虏生活。有一天，他们经过黄河边的一座苏武庙。在很早的时候，明英宗朱祁镇就已经知道了苏武牧羊的故事了，但是，他怎么也想不到自己也会沦落到这样的地步。看着苏武庙，明英宗朱祁镇的脸色十分灰暗，神情非常颓废。尽管他与苏武有着不一样的身份，处境也比苏武要好上很多，但是，苏武牧羊的凄苦生活景象仍然时不时在他的眼前浮现。他根本就不敢想象，如果一直这样下去，自己的命运会怎么样，所以，重返京城的愿望就变得越来越强烈了。为了能够尽快回到京城，他常常在晚上的时候走出帐房，仰望着天空。他还指使自己的随从杨铭暗地里找到伯颜帖木儿的妻子，让其劝说伯颜帖木儿能够将他送回京城。

明英宗返回京城

虽然于谦与主战派官员组织与指挥的这场京师保卫战，最后以胜利结束，彻底地将瓦剌军抢夺北京的野心粉碎了，使得明王朝从危险处境变得安全了，但是，土木之败已经大大损伤了明朝的军事力量，导致国力日渐衰弱，战争给各个方面所带来的创伤也不是在短时间内能够快速恢复的。这样一来，继续对武备进行整顿，就成了明王朝非常重要的任务。但是，那个时候，朝廷内部并不是团结的，所以，要想将这个任务顺利完成是一件极其不容易的事情。

那个时候，有的大臣对于谦的功劳十分妒忌，就故意贬低保卫京城的战绩；有的大臣甚至罗列一些莫须有的罪名弹劾于谦。而且，王振的党羽也每时每刻都想着反扑过来。在明景帝朱祁钰以及一些坚实卓绝的大臣的支持之下，于谦才冲破了各种各样的阻力，继续对武备进行整顿。

在战守策略上，众位大臣们不能达成一致的意见。担任户部尚书兼翰林学士之职的陈循极力主张将善于作战的将领与精锐部队全部留在京城。这就导致边防因为缺乏善于征战的将领而废弛、松懈。面对这种情况，于谦与叶盛等人大声呼吁，要求重新进行调整，所以最终才引起了明景帝朱祁钰与大部分大臣的注意，决定对边防进行整顿。朝廷派担任左都督之职的朱谦与担任都督同知之职的纪广以及担任都督金事之职的杨俊前去宣府镇守，派遣担任刑部右侍郎之职的耿九畴前往南直隶对各卫所进行整顿，命令担任右金都御史之职的王竑与担任都指挥同知之职的夏忠前去居庸关镇守，督促顾兴祖立即启行加紧对沿边关隘的修筑工作，把主要的将领们分别派遣到每一个边关重镇进行镇守。

为了更好地对武备进行整顿，于谦对提高将士的素质以及战斗力非常重视，经常强调平常对士兵的训练，他觉得操练军马属于一个国家非常重要的事情。那个时候，京城军队的各营总兵、把总官，每次在朝参之后才能到教场进行操练，使得将士们不得不在教场上长时间地进行等待，大大耽误了将士们的操练。所以，于谦向明景帝朱祁钰奏请："从今天开始命令总兵、把总等，凡是操练的时间，可以免去他的朝参，让他直接到教场操练。"而于谦本人也时不时地前来检查。在于谦等人的大力整顿之下，明朝的军事力量慢慢地增强了，对瓦剌的抵御力量也一天比一天增大了，这也使得明英宗朱祁镇在不久之后得以回京。

尽管也先在进攻北京的时候受挫，但实际上并没有损失太多的兵力，因此，他撤退到了塞外之后依旧是野心勃勃，想要依靠武力将明朝的江山夺过来。他再次接受了喜宁的计谋，向西夺下宁夏，直接逼近江南，将南京拿下，然后让明英宗朱祁镇作为傀儡皇帝，与北京的明景帝朱祁钰形成一种抗衡，从而中分天下。

景泰元年（公元1450年）闰正月，也先派遣大军三万进入宁夏，对人口以及明朝的马牛羊等进行掠夺，接着又向大同发起进攻。大同总兵官郭登通过侦查得知瓦剌军在沙塔安营扎寨的消息之后，立即率领骑兵前去袭击，结果将也先的部队打败，并且追击了四十多里，斩杀了两百多名瓦剌军，将被也先的部队夺走的百姓与牲畜等又夺了回来。明朝边境很多将领自从土木战败之后，一直畏畏缩缩不敢与瓦剌的骑兵进行交战，在这一次的战斗中，郭登仅仅用八百人就打败了敌军数千骑兵，一

时之间，军中的士气大振，郭登也因为这件事被册封为定襄伯。但是，那个时候，还是有很多将领抱着与瓦剌讲和的态度，于谦对此坚决进行制止。而明景帝朱祁钰也大力支持于谦的决定。自此之后，每个人都主张战斗，再也没有人提和议的事情了。也先不断向宣府与大同发起猛烈的进攻，想要将这两个地方占领，然后作为其进攻北京的基地。然而，也先的部队多次发起进攻，最终全都失败了，这两座城池坚守不动。

也先在每一次侵犯内地之前，都会先派出间谍前去偷偷地观察明朝的虚实，所以，明政府就秘密地下令对瓦剌的间谍进行逮捕。正统十四年（公元 1449 年），明军曾经将跛儿干以及安孟哥等人擒获并斩杀。景泰元年（公元 1450 年），也先又派遣明朝的叛徒喜宁作为使者和那哈出一同来到野狐岭，说是奉了太上皇朱祁镇的命令前来索要礼物的，都指挥江福所部将他们擒获。喜宁早已经成为了也先的亲信，是瓦剌窥探明朝虚实的重要间谍。也先的多次进犯明朝，都是喜宁为其出谋划策的，所以，明朝非常憎恨喜宁，用重金作为悬赏来抓捕他。这一次既然已经将喜宁抓住，自然没有放过他的道理，所以，在经过审问之后，就马上将喜宁凌迟处死了。这样一来，也先就丧失了侵犯中原的引路人了。

也先俘获明英宗朱祁镇后，自认为朱祁镇奇货可居，可以利用朱祁镇来达到自己的各种目的。刚开始的时候确实起到了一定的效果，但是后来明政府在于谦的主持之下，传谕边关各处："瓦剌奉驾（英宗）至，不得轻出。"而每次当也先派遣使者声称"送驾"进行议和，或者朝中的大臣提出将明英宗朱祁镇迎接送回来的时候，于谦总是不断地强调"社稷为重，君为轻"。因此，朱祁镇这个所谓的奇货到后来就变成了"空质"，再留下来也没有多大的用处了。

也先不停地挑起与明朝之间的战争，不但使得山西、京畿等地连年不断地遭受着战争的危害，而且就连蒙古各部也受到了极大的伤害，并且导致汉族与蒙古族间的交往与贸易全部中断了，失去了通贡与互市所带来的种种好处。这对于北方的各族人民来说，都是相当不利的，所以，蒙古统治集团内部的矛盾也一天比一天大，越来越多的人站出来反对也先。那个时候，也先执掌大权，手中拥有的兵马最多，尽管脱脱不花挂着可汗的名字，但是他的兵力并不多，阿剌知院的兵力就更少了。他们将兵马集中在一起进犯中原，得到的大多数的好处都归了也先，而所受到损失则要大家平均分担。所以，正统十四年（公元1449年）十月也先率领部众向明朝的京师发起进攻的时候，脱脱不花所部并没有进入关内。当瓦剌军被打败撤退到塞外的时候，脱脱不花与阿剌知院就派遣使者前去议和，主张双方都撤走兵马。

在这种情况下，也先也不得不向明朝请求议和。景泰元年（公元1450年）六月，也先指使阿剌知院派遣完者脱欢等五人前去北京，陈述了也先真的具有将明英宗朱祁镇回来的诚意，愿意与明朝进行议和。明景帝朱祁钰不愿意哥哥朱祁镇回到北京，担心自己的皇位被哥哥抢走。那个时候，文武大臣都主张迅速地派遣使臣将朱祁镇迎接回来。于是，明景帝朱祁钰就将文武大臣召到了文华殿就这件事情进行讨论。担任吏部尚书之职的王直表示"上皇蒙尘，理应迎复"，要求马上派遣使者前去，否则，以后肯定会后悔的。明景帝朱祁钰听了之后非常不舒服，辩驳说："我也不是贪取这个皇位，当初是你们强行拥立我为皇帝，而如今又要迎复上皇，到底是什么意思呢？"大家听后没有一句话能够应对。于谦认为这一次也先派遣使者前来议和是非常有诚意的，就十分淡定地对明景帝朱祁钰说道："天位已经定了，其他人不会再有别的什么意思，派遣使者前往瓦剌将上皇迎接回来，对于消除边患是极其有利的。"明景帝朱祁钰听到他的皇位不会丢失后才将心放下，之后决定提升礼科都给事中李实为礼部右侍部任正使，提升大理寺丞罗绮为少卿任副使，带领随行人员在七月一日前往瓦剌。

李实所接到的使命是议和，而不是将明英宗朱祁镇迎接回去。所以，他先来到了也先的营帐中，然后，也先派人陪着他们来到了伯颜帖木儿营帐中拜见了明英宗朱祁镇。李实见明英宗朱祁镇居住在围帐布帏中，

席地而寝，有一辆牛车，一匹马，作为移动营帐的工具，吃的都是牛羊肉等，没有米饭也没有菜，连忙献上随身携带的好几斗大米。明英宗朱祁镇说："饮食之类的都是小事，你与我说说大事。"并且询问为何自己在这里呆了这么长时间也没有看到朝廷派人将他迎接回去，这一次前来有没有为他带衣帽。李实回答："陛下被抓了之后，朝廷先后四次派人前来迎接，但是都遭到了也先的拒绝，所以，特地派遣臣等前来探听陛下的消息，实在没有为陛下带来衣服靴帽等。"明英宗朱祁镇十分急迫地说道："你们回去之后上复当今圣上与内外文武大臣，赶快派人来将我迎接回去。回去之后，我愿意看守祖宗的陵寝，或者只做一名普通的百姓即可。"李实等人从明英宗朱祁镇那里出来之后，又回到了也先的营帐中。十二日，也先宰杀牛羊，备好酒席招待了李实，并且询问李实："大明皇帝敕书中只说了议和的事情，没有说到前来迎接圣驾。太上皇留在这里又不能做我们的皇帝，相当于一个闲人，诸事难用，我将他还给你们，只是为了千载后留一个好名儿。你们回去之后，将这些奏告给朝廷，一定要派一两个太监，三五名老臣前来迎接，我就派人送回去。"十四日，李实等人便从瓦剌出发返回京城了。但是，李实返回京城之后，明景帝朱祁钰依旧没有将明英宗朱祁镇迎接回来的意思。

也先讲和心切，又先后两次派遣使者来到北京，恳请明朝派人将明英宗朱祁镇迎接回去，并且说倘若明朝不回派使者，那么，将明英宗朱祁镇迎接回去的事情肯定不能办成。很显然，这已经是最后一次机会了。在文武大臣的再三请求之下，明景帝朱祁钰才派遣担任右都御史之职的杨善与担任工部侍郎之职的赵荣带领随行人员前去瓦剌。但是，这一次明景帝朱祁钰交给杨善的敕书仍然没有提到将明英宗朱祁镇迎接回去，除了给也先的一些金银财物之外，也未曾给明英宗朱祁镇准备他所急切需要的衣服等物。在无可奈何之下，杨善来到市场上，自己掏钱给明英宗朱祁镇买了一些东西。

杨善，字思敬，为大兴人。明成祖时期被授予典仪所引礼舍人，永乐皇帝时期改为鸿胪寺序班。他长得身材魁梧，仪表端正，声音宏大，吐字清晰，特别对于礼仪十分精通。正统年间被提升为礼部左侍郎之职，依旧是鸿胪寺卿。正统十四年明英宗朱祁镇御驾亲征，在土木兵败之后，杨善从小路逃了出来，这才捡回了一条命。也先率领大军进犯中原的时候，杨善被改任为左副都御史，和都督王通管理京城的守备。也先的部队被打败撤退之后，杨善又被提升为右都御史之职，依旧是鸿胪寺卿。景泰元年（公元 1450 年），诸位大臣上朝完毕之后，谈论起以往的事情，都相互进行庆祝，只有杨善一个人泪流满面地说道："上皇还不知道在什么地方，我们有什么值得相互庆贺的？"众位大臣听了他的话之后，都感到十分惭愧，也就不再进行庆贺了。

杨善来到也先营地的第二天就去见了也先。也先看完明景帝朱祁钰给他的信件之后，询问杨善为何这封信中并没有将上皇迎接回去的内容。杨善这个人十分擅长辩解，面对也先的提问，随机回答说："这是完全为了成全您的美名。倘若在敕书上非常明确地写出要将明英宗迎接回去的内容，那么就显得您是在朝命的压迫之下这么做的，而不是您自己诚心要将明英宗送回去。"也先听了之后很高兴，继续问道："上皇回去之后，会重新做皇帝吗？"杨善回答："天子之位已然确定了，就很难再做改变了。"也先又问："尧与舜如何？"杨善十分沉着地回答道："尧将帝位让给了舜，如今，哥哥将皇位让给了弟弟，正好是一样的。"这个时候，一个平章又问道："那么，为何不用众多财宝前来购赎呢？"杨善回答："倘若我们那么做的话，人们就会说也先太师贪图利益，而现在不一样，足以看出也先太师是一个非常重仁义的大丈夫，将会永远地载入史册，被万世所传颂。"杨善通过巧言善辩不仅将明景帝朱祁钰不想将明英宗朱祁镇迎接回去的真实用意给掩盖住了，而且也很好地迎合了也先的心理。于是，也先下定决定让杨善将明英宗朱祁镇迎接回去。

景泰元年（公元 1450 年）八月，也先派遣部下把明英宗朱祁镇送回了北京。虽然明景帝朱祁钰对于哥哥朱祁镇的回来很不乐意，但是，哥

哥最终还是回来了。所以，他将各个迎接朱祁镇的礼仪弄得十分简慢，仅仅派遣了侍读商辂带着一顶轿子两匹马将明英宗朱祁镇迎接到了居庸关。十五日，明英宗朱祁镇等人来到了北京，从安定门进入了东安门，文武百官都集聚在这里进行朝见。明景帝朱祁钰也在这里与明英宗朱祁镇相见。两个人见面之后，手拉着手相互哭泣，相互寒暄了一番，随后，表示了授受帝位形式上的礼节之后，就将明英宗朱祁镇送到了南宫（北京市南池子），而明英宗朱祁镇则从也先的俘虏，变成了被弟弟朱祁钰幽禁的"囚徒"。明景帝朱祁钰对于谦等人十分重用，成功地将瓦剌侵犯打退了，他的功劳可以载入史册，所以，他接着做皇帝是非常得人心的。明英宗朱祁镇回来之后，也先就派遣使者来到明朝，与之恢复了往日的通贡与互市。

皇太子的更换

明英宗朱祁镇在"土木之败"被抓住之前，已经做皇帝十四年了，他在朝野内外有自己的一大批效忠者，有着非常大的权势。景泰元年（公元 1450 年）八月，瓦剌释放了明英宗朱祁镇，接着他回到了北京。可这时的皇帝——明英宗的弟弟朱祁钰才刚做皇帝一年，内心非常恐惧，怕他哥哥来抢夺他皇帝的宝座，所以当东安门授受帝位结束以后，他就马上把明英宗朱祁镇禁锢在南宫，并且派自己的心腹靖远伯王骥镇守南宫，不允许任何朝臣去拜见，也不允许明英宗朱祁镇和朝臣交往，这样做的目的是为了防止明英宗朱祁镇和朝臣联络从而进行复辟活动。

就这样时间慢慢地过去了，景泰三年（公元 1452 年），那时朱祁钰执政已经快三年了。对朱祁钰来说，他在这三年当中励精图治，颁布了一系列利于发展的政令，使明朝的统治较以前相比已经稳固多了。朱祁钰对受灾的群民实行粮税减免、赈灾济民的政策，但对湖南、两广、贵州和四川等地的少数民族却制定了严厉的民族政策和高压政策，对少数民族的反抗进行了血腥的屠杀和镇压。这年的十二月，瓦剌部可汗花花不脱在举行祭祀大礼的时候被杀害，瓦剌部随即出现了动荡，对明朝的统治已经构不成什么威胁了，虽然偶尔有小股的瓦剌部队骚扰明朝边镇。为了保卫边疆，朱祁钰又委任石亨的儿子石彪做游击将军，他的职责就是专门负责边疆的安全防止瓦剌的骚扰。在这大量的努力以后，明朝的国力日渐强盛，国威重振，周边的小国家比如朝鲜、越南、泰国等都派使者前往北京向明朝纳贡。

但是就在这样国力强盛、百姓安居的日子里，一直有这样一个问题让明景帝朱祁钰惶惶不安，那就是皇太子仍然是明英宗朱祁镇的大儿子朱见深，这个问题一直让他感到不舒服。尽管明景帝朱祁钰已经从亲王变成了皇帝，可是那个时候的皇太子并不是他的儿子，而是明英宗的儿子——他的侄子朱见深。因为皇太子是在他成为皇帝前就已经被册立的，因此，明景宗朱祁钰一直想着要更换皇储的人选，也就是废掉现在的太子，另外册立自己的儿子朱见济作为皇太子，成为皇位的继承人。

有一天，明景宗朱祁钰正在正大殿上处理公务，他好像是在无意识的情况下随口问自己身边的太监，皇太子的生日是七月初二吧。虽然太监明知道明景宗朱祁钰是在说朱见深的生日，可是他作为明景宗朱祁钰的随身侍从，立刻领会到明景朱祁钰说这句话的意思，急忙跪下回答说道，皇太子的生日不是七月初二，而是十一月初二，太监是在说明景宗的儿子朱见济的生日。明景宗朱祁钰听到后没有说其他的，但这使得他心里废见深立见济的决心更加坚固了。

太监王诚、舒良为明景宗朱祁钰出谋划策，应该在更换皇储前先对朝廷的大臣们进行奖赏，达到笼络的效果，把他们的嘴巴堵住。明景宗朱祁钰于是在景泰三年（公元1452年）正月，提拔都御史杨善和王文皆成为太子太保。四月，赏赐阁臣陈循和高谷银百两，江渊、王一宁、萧镃和商辂每人五十两。虽然赏赐的财物不多，但这种做法却是明景宗朱祁钰对他们的一种试探，看看他们对更换皇储这件事情抱有怎样的态度。结果是被明景宗朱祁钰提拔和赏赐的几个朝廷大臣都接受了，这就说明

这些大臣是支持他更换皇储的。正当明景宗朱祁钰在慢慢地收买大臣的时候，正好遇上了广西土官都指使黄玹向朝廷上疏建议更换皇储人选的事件，所以使更换皇太子的速度加快了。

担任广西思明州土知府之职的黄玠的庶兄——黄玹，在浔州镇守。景泰三年（公元1452年），黄玠因为年纪大了想要告老还乡，让他的儿子黄钧承袭知府之职。黄玹施展阴谋想要将知府的职位夺过来，就假传上命在思明府征兵，命令他的儿子在府城三十里的地方聚集了大量人马，到了深夜的时候，忽然闯进府城，将黄玠全家都杀害了。黄玠家的一名叫福童的仆人逃了出来，来到巡抚和总兵处将这件事情告发了。巡抚李棠与副总兵武毅经过调查发现这件事情完全属实，就立刻上报给了朝廷，并且将要将黄玹父子二人逮捕归案并治罪。

黄玹匆匆忙忙地派遣他的心腹——千户袁洪带着很多钱财来到了北京向权臣进行贿赂，而且为了迎合明景帝朱祁钰的心意，上奏请求更换太子，如此才能够"永固国本"。明景帝朱祁钰看完之后，十分高兴，说道："没有想到，在万里之外还有如此忠臣！"马上下令将黄玹父子无罪释放，当即命令礼部将文武大臣集合起来开会，商量废立太子的事情。那个时候，参加这次会议有大小官员共计九十一人。为了更好地使封建秩序得以维护，大多数人都不赞同更换太子，但是却没有一个人敢直言不讳。司礼监太监兴安大声说道："不肯的人不需要签名，还有什么可迟疑的！"于是，大学士陈循、都御史王文以及礼部尚书胡濙首先签下了自己的名字，其他人也都一一签了名，联名进行合奏："父亲拥有天下，必定传给自己的儿子。"

明景帝朱祁钰通过对文武百官进行威胁，逼得他们联名上奏之后，终于可以名正言顺地更换皇太子了。景泰三年（公元1452年）五月初二日，明景帝朱祁钰正式立他的儿子朱见济为皇太子，朱见济的亲生母亲杭氏为皇后，改封原皇太子朱见深为沂王。明景帝朱祁钰为了使儿子的皇太子之位得以巩固，所置东宫官都是让朝廷重臣兼任，太子太师为王直与胡濙等人，太子太傅为陈循、高谷以及于谦等，提升仪铭担任兵部尚书之职，与俞士悦、王翱以及何文渊都做了太子太保，而萧镃与王一宁都成为了太子少师。明景帝让东宫的这些官员都领着双份俸禄，以便更好地笼络他们。

明英宗复辟

明英宗朱祁镇被软禁了将近八年之久，在这段时间内，他眼睁睁地看着儿子朱见深的太子之位被弟弟朱祁钰的儿子取代，看着弟弟朱祁钰的皇位一天一天地更加牢固，自己只能叹气却什么也做不了，心想：自己这一生，可能就要这样过了。然而，令他没有想到的是，后来，在一夜之间他突然又登上了龙椅，成为了大明王朝的皇帝。这是怎么回事呢？还得从头说起。

明景帝朱祁钰看着自己的儿子终于成为了皇太子，心中放心了不少，再也没有什么可顾虑的了。然而，天有不测风云，景泰四年（公元1453年）十一月，皇太子朱见济不知道患了何种疾病死了。为此，明景帝朱祁钰连续好几天都吃不下去饭，脸色非常不好。原本对更换太子持反对意见的御史钟同与礼部大臣章纶等人，为了江山社稷着想，就联名上奏请求明景帝朱祁钰能够复立朱见深为皇太子，并且说皇太子是国家的根本，应当早日恢复朱见深的太子之位。原本明景帝朱祁钰心中就又烦又乱，看完这个奏章之后，就更加生气了。于是，在震怒之下，他下令将钟同与章纶关进了监狱，并且将他们打得体无完肤。从此之后，尽管有人在私底下悄悄地议论更换太子的事情，但是任何人都不敢再给明景帝朱祁钰上书了。明景帝朱祁钰仅仅有一个儿子，如今因为疾病死了，他又不想让朱见深重新成为皇太子，那么，他到底是如何想的呢？明景帝朱祁钰始终不露声色，文武大臣也都猜不透。也许他觉得自己的年纪还很轻，才二十几岁，等到再有了儿子再册立皇太子也不晚。

于是，明景帝朱祁钰一方面对奏请复立朱见深为皇太子的官员进行

压制，另一方面对哥哥朱祁镇的活动进行严密的监视。明景帝朱祁钰始终将哥哥朱祁镇视为一个隐患，而朝中也的确有这种倾向，就像给事中徐正秘密向明景帝朱祁钰奏报的那样："大臣与百姓中有希望上皇再次登上皇帝之位的，也有希望已经被废掉的太子朱见深能够继承嗣位的。"他向明景帝朱祁钰提出建议，将沂王朱见深发送到沂州，将南城增高数尺，将城池边缘高大的树木都砍掉，将南宫宫门的锁灌入铁水。从表面上来看，明景帝朱祁钰要表示自己的宽厚，要显示与哥哥之间的深厚情谊，将徐正谪戍铁岭卫，事实上是为了更加警惕地对南宫进行监视。

出乎所有人的意料的是，在景泰八年（公元 1457 年）正月，明景帝朱祁钰因为疾病而卧床不起了，随后，形势就突然发生转变。文武大臣看到明景帝朱祁钰病倒了，并且病得非常严重，而皇太子的人选尚且没有确定下来，都感到相当担忧。十一日，都御史萧维桢与文武百官在左顺门外进行问安，询问明景帝朱祁钰的病情。而太监兴安却对众人说道："你们均为朝廷的肱股之臣，不能够为社稷分忧，每天只是问安能有什么作用？"众位大臣顿时明白兴安的用意，他这是让大家向明景帝朱祁钰上奏册立皇储，于是，大家就各自回到自己的家中准备上奏的事情了。十四日，文武大臣来到朝堂之上开会，一起讨论册立皇太子的问题，对于复立沂王朱见深为皇太子，大部分的官员都表示赞同，只有大学士王文、陈循以及萧镃等人表示反对。萧镃说既然沂王已经被废掉了太子之位，就不能够再立为皇太子了。王文说道："如今只是奏请皇上册立皇太子，你们如何得知皇上想要让谁做呢？"于是，各位大臣就用"早择元良"奏请明景帝朱祁钰。然而，明景帝朱祁钰将皇帝的宝座紧紧地攥在自己的手中，死也不愿意放手。当他看到众位大臣的奏疏之后，传谕说道："朕只是偶感风寒，十七日就会上早朝，你们的请求被拒绝了。"十六日，胡濙、王直以及于谦会同诸位大臣请求复立沂王朱见深为皇太子，推举商辂主草，当疏稿完成的时候，天色已经很晚了，还没有来得及呈递给明景帝朱祁钰，那一天夜里就发生了明英宗朱祁镇复辟的变故，历史上称为夺门之变。

景泰八年（公元 1457 年）正月十二日，是一年一度的非常隆重的大典郊祀的日子。明景帝朱祁钰强行拖着自己孱弱的病体，来到了南郊斋宫，将武清侯石亨叫到了自己的床榻之前，命令其代替自己行郊祀礼。

石亨是渭南人，身材魁梧，长相十分英武。他继承父亲的职务成为了宽河卫指挥佥事。石亨作战十分勇猛，在正统年间曾经数次立下战功。那个时候，边将中智勇双全的除了杨洪之外，就是他最厉害了。尽管石亨只是一员偏将，但是朝廷将其当做大帅使用，因此，他也很用心。在北京保卫战当中，由于石亨表现得相当出色，立下了很大的功劳，在于谦的推荐之下被晋封为侯。然而，石亨这个人过于贪心，尽管已经被册封为侯，但是他依旧感到不满足。由于他常常外露贪心，因此多次被于谦严厉地进行斥责，明景帝朱祁钰也不太喜欢他，因此，石亨对明景帝与于谦很不满。

石亨看到明景帝朱祁钰病得相当严重，一点儿也没有康复的希望了，就觉得根本没有必要再为明景帝朱祁钰卖命了。于是，他就开始动别的心思。他将自己的同党——担任都督之职的张轨、担任左都御史之职的杨善以及太监曹吉祥等召集起来，一起进行谋议。石亨表示，与其请求复立朱见深为皇太子，还不如恳请太上皇朱祁镇复立为帝，这样一来，就可以得功邀赏。对于石亨的这个建议，张轨、曹吉祥等人表示同意。拿定主意之后，他们又跑到了担任太常卿之职的许彬那里商量这件事情。许彬听完之后认为，如果能够将这件事情办成，那么他们就立下了盖世之功，于是，他也同意了这个意见。但是，他又觉得自己年龄太大了，有心无力，让他们去找经常有奇异策略的徐有贞进行商量。

徐有贞，原名徐珵，字元玉，吴地人。他是宣德八年的进士，选庶吉士，授为编修。徐有贞这个人长得很矮小，有着诸多的心术，非常喜欢功名，对于天文、地理、兵法、水利以及阴阳方术都十分精通。在北京保卫战前，他被迫改名为徐有贞。关于这件事情，上文已经有了十分

详细的叙述，这里就不再赘述了。因为这件事情，明景帝朱祁钰也很不喜欢他，所以，徐有贞非常痛恨于谦。后来，为了讨好陈循，徐有贞就送给陈循一条玉带。没过多长时间，陈循就提升为太保。于是，陈循多次向朝廷推荐徐有贞。因为徐有贞改了名字，所以瞒过了明景帝朱祁钰。后来，徐有贞因为治理河道有功被提升为左副都御史。尽管徐有贞因为这件事情得到了明景帝朱祁钰的称赞，但是却始终没有受到重用，因此，他的心中非常不满，对明景帝朱祁钰也是十分怨恨。

十四日晚上，石亨等人来到了徐有贞的家中之后，说明了他们的来意。徐有贞询问他们复辟的事情，明英宗朱祁镇知不知道。石亨与张轨回答："在一天之前，已经秘密地告诉他了。"徐有贞觉得应当收到明英宗朱祁镇的回信之后，才能够采取实际行动。

十六日晚上，石亨、张轨等人再一次聚到了徐有贞的家中。张轨非常急切地告诉徐有贞："明英宗朱祁镇已经回信了，对于这件事情，他采取了默许的态度了。那么，我们应当如何制定计划，如何行动呢？"这个时候，徐有贞装模作样地爬到房顶去观看天象，片刻之后，他从房顶上下来之后说道："今天就将这件事情实施了，不能够错失这个机会。"

非常巧合的是，就在这个时候，边吏报警。徐有贞说道："我们可以趁着这个有利的时机，用'加强戒备以便防止不测'作为理由，调集一部分军队进入大内，这样一来，任何人都不会阻拦。"当这个计谋制定好之后，徐有贞就与王骥、杨善以及陈汝言等人会合去了。徐有贞在与家人分别的时候，说道："如果这件事情办成了，那就是国家的利益；如果失败了，那就是我们族门的大祸。如果我能够回来，那么就是活人；倘若我回不来.那么就变成鬼了。"由此可见，这个时候的徐有贞有一种孤注一掷的赌徒心理。

这天夜里，天色阴沉沉的，四周一片寂静。徐有贞让张轨先调来了一千多名士兵在明英宗朱祁镇所住南宫外面的长安门之外等待，而石亨则将各个城门的钥匙都收到自己的手中。四更刚过，他们就开始使劲地敲打长安门，将守卫的将士惊醒了。大门刚刚打开，徐有贞、石亨、曹吉祥以及杨善等人带领着一千多名将士蜂拥而进。负责守卫的士兵们都不知道发生了什么事情，其中有个小头目茫然地问道："你们进宫有什么事情？"石亨回答："边关报警，为了以防万一，我们奉旨前来保卫上皇。"说完之后，他就带着兵马直奔南宫。徐有贞又命令士兵们重新锁好城门，以便防止外兵的进入，并且还将城门钥匙扔到了水窦中。在前往南宫的过程中，石亨、张軏等人心中十分恐惧，就问徐有贞："这件事情真的能办成吗？"徐有贞回答："一定能办成。"

当他们来到南宫的时候，发现门紧锁着，根本没有办法打开。于是，徐有贞就命令士兵将大门砸开。但是宫中的兵士们都被这样的阵势给吓坏了，他们在外面砸了半天也没有一个人前来开门。徐有贞变得十分焦急，他担心时间长了，事情就会败露，于是，就命令士兵们用一根又粗又圆的木头朝着宫门猛撞。与此同时，他还命令好几百名士兵从墙上爬过去，内外合力进行推墙。这个时候，天已经蒙蒙亮了，石亨以及徐有贞等人将门与墙毁掉了之后进入，最后，他们终于冲到了南宫。

明英宗朱祁镇自从收到秘密奏报之后，心中早已经没有了往昔的平静。他不知道这到底是祸还是福，在万分焦急与忐忑不安中等待着。这个时候，他听到外面有声音，就连忙拿着灯烛站在门口。徐有贞等人看到明英宗朱祁镇之后，全都跪在地上一起喊道："请陛下登位！"明英宗朱祁镇努力将心中的惊喜与慌乱压制下去，匆匆忙忙地将他们扶起来。徐有贞命令士兵们马上向上抬辇车，但是那些士兵却吓得怎么都举推不动。没有办法，徐有贞以及石亨等人不得不在一旁帮忙推挽，然后，扶着明英宗朱祁镇登上了辇车，朝着奉天殿的方向驶去。到了此时，明英宗朱祁镇才想起来，自己还不知道他们的名字。于是，在明英宗朱祁镇的询问之下，徐有贞等人各自报了自己的姓名与官职。

当他们走到东华门的时候，负责守门的卫士喝令他们停下来，明英宗朱祁镇冲着卫兵大声喊道："我是太上皇。"门卫们一听这话，就再也

不敢阻拦了。于是，众人就拥着明英宗朱祁镇一直来到了天子听朝的奉天殿，然后，扶着他坐上了已经离开了长达八年的龙椅。徐有贞等人看到大事已经办成了，就立刻高声大呼："万岁！万岁！"并且，将钟鼓敲响，将诸门打开。这个时候，已经是正月十七日的黎明。

当时，文武大臣们都在朝房中等待着，准备明景帝朱祁钰临朝听政。他们一方面互相打听关于明景帝朱祁钰的病情，一方面议论着更换皇太子的事情。突然，宫殿中传来一阵呼噪声，正当他们感到十分惊疑的时候，又听见钟鼓齐鸣，然后，又看到诸门被打开。这个时候，徐有贞从里面走出来，大声地宣布："上皇复位了！"然后，催促大家赶紧前去朝贺。这件事情来得太突然了，文武百官们都反应不过来，心中感到非常惶恐不安，又看到太上皇真的坐在大殿之上，不得不列班进行朝贺。明英宗朱祁镇宣布复位之后，众位大臣这才定下神来。就这样，一场为了争夺皇位而进行的宫廷政变顺利完成了。这就是历史上所说的"夺门之变"。因为那个时候，明英宗朱祁镇被囚禁在南宫，所以，明英宗复辟也被称为"南宫复辟"。

明英宗复辟之后，就将明景帝朱祁钰废黜，仍然做郕王，并且将这一年改为天顺元年。由于生病还在床榻上的明景帝朱祁钰被迁到了西山，没过几天就病死了。当然了，也有人说明景帝朱祁钰是被害死的，但是不管怎么说，结果都是年仅三十岁的明景帝朱祁钰去世了。他被按照亲王的礼仪葬在了西山，并且定了个很不好的谥号"戾"。明景帝朱祁钰的嫔妃们也都被赐死殉葬了。

与此同时，明英宗朱祁镇将在北京保卫战与治理国家中有着很大功劳的太子少保于谦以及王文、陈循等大批曾经受到明景帝朱祁钰重用的官员都关进了大牢。原本，明英宗朱祁镇并不想杀于谦。但是，早就对于谦怀恨在心的徐有贞、石亨趁着这个机会进行打击报复。他们诬蔑于谦阴谋地迎立襄王——明英宗朱祁镇叔父的儿子作为皇太子，给于谦定了一个"谋逆"的死罪。而且，他们还怂恿说道："如果不将于谦杀掉，那么，今日的事情就没有了理由。"听到这里，明英宗朱祁钰才下定决心除掉于谦。

于谦被害死之后，他的家人都被发配边地充军。在抄家的时候，于谦的家中十分贫穷，除了书籍之外，什么都没有。于谦被害死的消息传出去之后，全国的百姓都认为这是一个天大的冤案。后人用"赖有岳、于双少保，人间始觉重西湖"的诗句来对他们进行缅怀与称颂。

曹、石发动叛乱

明英宗朱祁镇复辟之后，仍然像原来一样昏庸。他非常想念太监王振，下诏将王振的官位恢复，并且利用木头雕刻成了王振的形状，进行招魂安葬，将他的牌位放到智化寺中，并且为他赐名为"精忠"。对于策划与参与"夺门之变"中的主要人物，明英宗朱祁镇全都给予了很丰厚的赏赐：徐有贞被册封为武功伯，担任兵部尚书兼华盖殿大学士之职，执掌文渊阁，也就是内阁首辅；石亨被册封为忠国公；太监曹吉祥被提升为司礼监，管理三大营。其他在"夺门之变"中出过力的官员，也都得到相应的封赏。在进行权力分配的过程中，这些人相互争夺，产生了很大的矛盾。由于徐有贞与石亨、曹吉祥抢权，于是，石亨与曹吉祥联合起来对徐有贞进行打击。因此，在几个月之后，徐有贞就被逮捕入狱，后来，被罢官谪戍。徐有贞失败之后，曹吉祥与石亨两个人变得更加专横霸道，终于发动了"曹石之变"。

石亨因为迎复明英宗朱祁镇的功劳最大，不仅他本人被封爵，就连他的侄子石彪也被册封为定远侯。石亨的亲朋好友假冒功绩，取得官职的人多达四千人。石亨一方面极力地排斥异己，把两京的大臣驱逐殆尽；另一方面，他大力培植自己的党羽。他每每将自己的爪牙带到明英宗朱祁镇的面前，声称他们迎复立有功劳，明英宗朱祁镇都会按照石亨的要求授予对方相应的官职。石亨与石彪两家举荐的官员与猛士达到了数万人，朝内朝外有一半的将帅都是出自他们家，京城人都为之侧目。

　　石亨仗着明英宗朱祁镇的宠信就开始胡作非为，横行朝中。他侵占、抢夺老百姓的田地，御史杨瑄因此而对他进行弹劾，但是最终却被谪戍了。石亨还多次兴起大狱，陷害曾经纠劾他的言官。因为他非常专横，所以，朝中很多官员都害怕他的权势，不敢轻易得罪他。石亨在皇城中修建了三百多座异常豪华的府邸。有一次，明英宗朱祁镇用手遥指石亨的府第，询问身旁的官员："你们知道这是谁家的宅院，修建得这样宏丽吗？"左右有的回答"不知道"，有的回答"应该是王府"。但是，明英宗朱祁镇却笑着说道："都不是。"左右官员问道："如果不是王府，那么有谁敢将住宅修建得如此宏伟呢？"明英宗叹着气说道："别人都畏惧石亨，不敢说他而已。"明英宗朱祁镇在察觉到石亨的蛮横任性与不法行为之后，就开始有意识地慢慢疏远他。石亨看到自己的地位逐渐地下降，就心怀怨恨，想要阴谋造反。他煽动自己家豢养的兵将以及自己的党羽追随他一同反叛朝廷，并且往来于大同与紫荆，以便更好地察看地形。天顺三年（公元1459年）八月，石彪因为触犯法令被抓进了大牢中，石亨更加着急地想要起兵造反。他的家人都认为，石亨造反这件事情成功的可能性不大，而且还会连累家人，所以，其家人就将此事告知给了朝廷。于是，朝廷将石亨逮捕入狱，最终，石亨死在了大牢中。而石彪则被朝廷处斩。

　　太监曹吉祥原本就是王振的党羽，因为迎复明英宗朱祁镇有功，他的侄子曹铉、曹钦、曹铎以及曹镡都被任命为都督，掌握了一定的兵权。而且，曹钦还被册封为昭武伯，标志着明代宦官子弟封爵的开始。曹吉祥的门下厮养的因为假冒功绩而得到官职的人有一千多人，朝中也有一部分非常无耻的人投到了他的门下。曹吉祥的权势与石亨在伯仲之间，所以，朝廷上下将他们并称为"曹、石"。

　　在平日里，曹吉祥总是与石亨狼狈为奸。当他得知石亨失败的事情之后，就开始担忧自己的好日子是不是也快到头了。于是，他让自己的各个侄子搜罗一些亡命之徒蓄谋进行造反。他将很多金银锦帛赏赐给这些人，使其成为了自己的心腹。这些亡命之徒都觉得，自己可以假冒功绩得到官职，都是由于曹吉祥的帮助。如果发生什么事情，曹吉祥倒台了，那么，他们也是不能够幸免的，所以，他们每个人都愿意为曹吉祥效命。

有一天，曹钦问他的党羽："从古到今，有宦官的子弟做皇帝的吗？"有一个人回答说："有，曹操就是这样的人。"曹钦听了之后非常高兴，认为自己将会是曹操第二。后来，明英宗朱祁镇知道曹吉祥与曹钦的一些不法行径之后，就派遣锦衣卫指挥暗中进行监视。曹钦对此感到十分惊慌，与他的党羽们秘密地进行商量："皇上现在正准备要将我们抓起来，如果我们不举事，必将步石彪的后尘。"这个时候是天顺五年（公元1461年）七月，正好遇到甘州（甘肃张掖）与凉州（甘肃武威）告警，明英宗朱祁镇命令怀宁侯孙镗统率京军前去西征，不过，尚且没有出发。曹吉祥与曹钦就秘密地进行谋划，想要趁着大军出师的时候，由曹钦率领那些亡命之徒对孙镗的部队进行突然袭击，夺门而入，而曹吉祥则在皇宫中利用所部禁兵作为内应。这样一来，大事就可以办成了。

造反的计划制定好之后，曹钦在当天夜里就大摆酒席，与那些亡命之徒痛痛快快地畅饮了一番，然后又将很多金银珠宝送给了他们。在酒席间有一个名字叫作马亮的人，害怕这件事情败露之后，为自己招来灭顶之灾，就偷偷地从酒宴上溜了出去，前往朝房告发此事。而孙镗与另外的两名官员正好睡在朝房中，听到马亮带来的消息之后，就立即草草地写了一份奏疏从长安右门的门缝投了进去。明英宗朱祁镇收到这份奏疏，得知曹吉祥等人密谋造反的消息之后，马上命人将曹吉祥逮捕起来，并且下令将皇城各门以及京城九门全部关闭。曹钦得知消息走漏之后，急匆匆地带着他的弟弟以及那些亡命之徒来到朝房砍杀了几位官员。孙镗连忙召集征西的军队与他们进行对战。曹铉、曹铎以及曹镔全部被斩杀。曹钦带领着骑兵向朝阳门发起猛烈的进攻，但是最后也没有能够拿下朝阳门。于是，曹钦就想要外逃，但是又看到各个城门都紧紧关闭着

之后，就在万般无奈的情况下杀回了自己的家中。孙镗率领大军奋呼而入。曹钦在走投无路之下，选择了跳井自杀。于是，官军就将曹钦全家以及他的所有党羽全部杀死了。曹吉祥也被处以磔刑。明朝历史上将曹吉祥此次的叛乱与石亨的谋叛称为"曹石之变"。其实，这也是"夺门之变"的延续。

事件点评

　　明英宗朱祁镇草率地率领大军亲征瓦剌，结果以一国之尊被俘，身陷北族多时。在国家无主的前提下，他的弟弟朱祁钰由监国而继位称帝，史称明景帝。这个时候，于谦等大臣毅然挺身而出，保卫国家，极力主战，最终功成名就。而主张南迁的徐有贞以及居功自傲的石亨，对于谦等人十分不满。于是，朝廷逐渐形成了对立的两派。当明英宗朱祁镇南返之后，被明景帝朱祁钰囚禁起来，兄弟二人之间因为皇位而生出了嫌隙。

　　景泰八年，明景帝朱祁钰病重，徐有贞伙同石亨、曹吉祥等人强行进入南宫，迎复明英宗朱祁镇，从而上演了武力夺门之变。明英宗朱祁镇复位之后，明景帝朱祁钰居然没几天就死了，甚至明英宗朱祁镇在有意或者无意之间，听任迎复诸辈大肆进行报复，胡乱冒充功劳，导致于谦等人冤死，奸臣小人党羽遍地。可以这么说，"夺门之变"大大地削弱了明朝的国力，成为了大明王朝从强盛转向衰败的分水岭。

第七章　兄弟拔剑相向的斗争——夺门之变

第八章

『劳师动众』的叛乱
——三藩之乱

阅读引言

　　顺治十八年（公元 1661 年）二月五日，大清王朝的顺治皇帝福临因为疾病去世了。他的三儿子爱新觉罗·玄烨登基成为了新皇帝，历史上称为康熙皇帝。因为他过人的政治军事才能，所以中国封建社会的经济得以继续繁荣发展，统一的多民族国家得以继续巩固。在他当权期间，中国依旧走在世界各民族的最前列。对于这位无比英明而且有作为的封建帝王，不管是中国的历史学家，还是外国的历史学家都赞不绝口，并且尊称他为"康熙大帝"。自从十六岁将鳌拜的势力集团剪除之后，康熙皇帝才将国家的最高权力掌控到自己的手中。他看到吴三桂等三藩对国家的统一产生危害之后，就毅然决然地下达了撤藩的命令。撤藩命令的颁布就好像导火线一样，引发了吴三桂等三位藩王公开发动叛乱，反对朝廷。但是，康熙皇帝却没有丝毫的惊慌，反而镇定自如地进行指挥，最后终于彻底地平定了三藩，从而大大巩固了中国这个多民族国家的统一。

叛乱纪实

开始推行撤藩政策

　　所谓"三藩"，指的是平西王吴三桂、平南王尚之信以及靖南王耿精忠。三藩本身或者其父辈、祖辈，都是背叛明朝投降清朝的汉族将领。他们凭借着对农民起义进行镇压、对明朝的残余势力进行扫荡起家，其封地分别是在云南、广东、福建等地。他们各自的手中掌握着大量兵马，控制着地方大权，慢慢地成了三个相对独立的封建割据王国。

平西王吴三桂是三藩中的头号人物，曾经在明朝末年担任辽东总兵之职，在山海关进行镇守，被明朝的崇祯皇帝册封为平西伯。农民义军的领袖人物李自成在占领北京城之后，曾经想要将吴三桂招降。但是，因为农民军的策略出现了失误，不但没有成功地将吴三桂招降，而且还让他跑到了清军的阵营中。吴三桂心甘情愿地担任清军通过山海关的先锋，将山海关献给清军，投降于清军，并且引导清军打到北京城中，然后对李自成的起义军进行非常残酷的镇压。接着，吴三桂又大力配合清朝的军队对全国各地人民的抗清斗争进行镇压。所以，清朝廷很重视吴三桂，册封他为平西王。吴三桂占领云南之后，就将逃到缅甸的明朝最后一位皇帝永历帝抓了回来，并且在昆明将其绞死了。从此之后，吴三桂就受命在云贵两省进行镇守，拥兵自重，不断地扩充自己的势力，俨然成为了一位割据一方的土皇帝。

从政治上来看，吴三桂用人拥有独立自主权，不用接受吏部与兵部的控制，擅自派遣官吏，并且将自己的亲信官吏输送到南方的各个省市，被称之为"西选"。云贵两省的督巡都要受到他的节制，所以，其爪牙已经逐渐地遍布全国了。吴三桂将收集情报的触角扩展到了四面八方，将所有反对朝廷的叛乱力量纠集起来。从军事上来看，在云贵地区，吴三桂非常积极地开矿炼铁，聚集储存军火，并且大批量地购买蒙古、西藏良马，同时，还征召所有的青壮年入伍当兵。从经济上来看，吴三桂强征捐税，搜刮人民财富，私自铸造钱币，剥削劳动人民。而且他还将财权揽在自己的手中，从而更加壮大了其经济实力。从民族关系上来看，吴三桂在云贵地区任意地对民族关系进行挑拨，对民族团结进行破坏，并且还暗地里煽动贵州凯里少数民族上层分子反叛朝廷，以此来对朝廷进行要挟，以便更好地使自己在云贵两省的军政大权得以巩固。从生活上来看，吴三桂奢侈放纵，荒淫无度。他将自己的藩王府建造得相当豪华。府邸的位置在南明桂王的五华山旧宫，并且还强行圈占了良田七百余顷作为他的藩庄。虽然有很多官员曾经不断地向朝廷揭露吴三桂的不法行为，但是由于他的势力太大了，朝廷一直没有敢多加追查。这样一

来，身处云贵两省的吴三桂集团就逐渐地形成了一个不受朝廷控制的割据势力。同时，他也成为了三个藩王中最强悍的势力，是一股不可小觑的分裂力量。

平南王尚之信的父亲尚可喜，原本是一名投降于清朝的明朝将领。清朝初年，尚可喜率领自己的部队进入山海关，后来在广州进行镇守，被册封为平南王。他的大儿子尚之信，性情非常残忍粗暴，喜欢养狗取乐，随便杀人，甚至将割人肉喂狗作为一种自娱自乐的游戏。而且，他还喜欢酗酒，每当喝酒之后就会时不时地杀人。有一次，他的父亲尚可喜派遣一名宦监前去见他。非常巧的是，尚之信正好喝醉了在发酒疯。他看到那位宦监的腹部又圆又大，就指着那位宦监的腹部说道："这么大里面一定有奇货，我要将它打开，看看里面到底是什么东西。"于是。他就拿着利刃非常残忍地将那位宦监的腹部剖开了，当时的情况简直是惨不忍睹。尚之信目中无人，甚至连自己的父亲都不放在眼中。这父子俩因为政见不和，经常吵架。而尚之信通过暗中活动，慢慢地控制了父亲晚年的藩王大权。由于他的性格过于粗暴残忍，因此弄得全家人都不和睦，部众也是怨恨连连，他的父亲尚可喜为了这些事情整天都闷闷不乐。幕僚金光就对尚可喜说道："这样下去，之信或早或晚就会惹出大祸来。到了那个时候，恐怕你也要受到连累，最后落得一个不好的下场。还不如现在你就向朝廷上奏，请求朝廷恩准，让你回到辽东老家前去养老。这样一来，不管是朝廷，还是之信，都应该会非常高兴的，而且，你也能够安度晚年了。这难道不是三全其美的事情吗？"尚可喜认为金光说得很对，就向朝廷呈上奏折，请求让大儿子尚之信承袭自己平南王的职位，而自己愿意回老家去养老。但是，清廷却觉得，如今广东已经安定下来了，尚之信不能留在广东镇守了，应当推行撤藩的政策，将家属以及士兵们都撤回原籍。消息传回来之后，不但尚之信非常生气，而且就连吴三桂，这个老奸巨猾的人也极其惊讶。于是，吴三桂就趁着这个机会，准备发动叛乱。但是，为了遮掩自己的真实意图，他以退为进，试探性地向朝廷提出撤藩的请求。

而耿精忠的祖父耿忠明，同样也是背叛明朝投降清朝的将领，后来，被朝廷册封为靖南王，他的儿子耿继茂以及孙子耿精忠相继承袭了他的职位。耿精忠肆意压迫剥削福建的老百姓，而且他这个人生性骄奢淫暴，经常任意妄为。他生气发怒的时候，经常采用的泄恨方法就是剥人皮，每年都要剥数十张的人皮。有一次，一个侍女不慎将他的玉器打碎了，耿精忠非常生气，马上下令剥掉这个侍女的皮；厨子所做饭菜偶尔不合他的口味了，他就会下令活活地将其皮剥掉。耿精忠有着相当大的野心，早就有了反叛朝廷、称霸一方的想法。有些手下为了迎合耿精忠想要做皇帝的野心，就制造谣言，按照谶纬记载着"天子分身火耳"的妄言，而且还说什么"火耳者，耿也"。这句话的意思就是说，耿精忠做皇帝是与天意相符，与民心想合的。这促使耿精忠反叛清朝的野心变得更加坚定了。在下层百姓当中，这些谣言传播开了，并且被有心人大肆地进行渲染，其目的就是为了煽动广大人民群众支持耿精忠的叛乱。已经当了两年藩王的耿精忠，在得知朝廷想要撤藩还籍的消息时，就认为形势十分不妙，所以，马上就采取了行动，准备阴谋叛乱。与此同时，他也仿照吴三桂的方法，玩了一个两面手法，假装请求朝廷撤藩。

吴三桂、耿精忠以及尚之信都有分裂造反的野心，在与朝廷作对的相同目标下，慢慢地勾结在一起，组成了反对朝廷的死党。他们非常狠心地搜刮民脂民膏，每年光是在养自己的军队上，就要从百姓身上搜刮走白银两千多万两，其他方面也不逊色，结果导致"天下财赋，半耗于三藩"。这个时候，他们又想着能够靠着这支部队为自己效命，然后发动一场规模巨大的武装暴乱，将百姓们重新推进分裂混乱的战乱中。康熙皇帝刚刚亲政的时候，就已经深刻地认识到三藩割据存在的隐患，而且对吴三桂等人的谋反之心已经秘密地关注很久了，发现其势力逐渐增强，脱离了朝廷的控制，如果不及时将其除掉，那么，迟早有一天会给朝廷带来很大的灾祸。所以，在很早的时候，康熙皇帝就已经有了撤藩的念头。在亲政之后，他亲笔写了"三藩、河务、漕运"的条幅，然后将其高高地悬挂在宫中柱子之上。由此可以看出，三藩问题已经成为了他早晚都不敢忘记，并且亟待解决的首要大事。当康熙皇帝接到吴三桂以及耿精忠等人请求撤藩的奏折的时候，就先交给文武大臣进行讨论，结果，绝大多数的人反对撤藩，只有几个人赞同撤藩。反对撤藩的人提出了各种各样的理由。有的人认为，撤藩之后，朝廷需要派部队前去镇守原来的藩地，劳费相当大；还有很多人为吴三桂求情，说他在边关镇守多年，物资丰富，百姓安乐，根本就没有谋反的野心与征兆。议政王贝勒大臣们对此也是议论纷纷，不能达成统一的意见。坚持主张撤藩的只有兵部尚书明珠、刑部尚书莫洛以及户部尚书思翰等人。康熙皇帝竭力排除各种意见，作出了最终的决定："从其所请，把三藩全都从山海关迁出去。"他又明确地指出，三藩已经谋划很长时间了，在很早的时候就已经有了叛逆之心，不管朝廷是不是撤藩，他们最终一定都会造反。康熙皇帝总结并吸取了汉初吴楚七国之乱的经验与教训，没有被大部分人的意见所左右，毅然决定将三藩问题彻底解决，这充分地表现出了他超乎寻常的智慧与勇气。康熙十二年（公元1673年），康熙皇帝正式颁发命令，让吴三桂、耿精忠等同一时间撤藩，还籍归乡，把地方的行政权转交给相关的总督、巡抚，以便除去造反的隐患。与此同时，他派遣担任侍郎之职的折尔肯与担任学士之职的傅达礼前往云南，担任户部尚书之职的梁清标前往广东，担任吏部侍郎之职的陈一炳前往福建，催促办理撤藩的相关事宜。

当朝廷赞同撤藩的谕旨下达之后，引发了吴三桂、耿精忠等人非常大的震动。他们认为，和平方式根本不能将自己手中的权势保住，如今只有依靠武装反抗才能心想事成了。于是，一场大规模的武装叛乱正式拉开了序幕。

清廷面临垮台危机

其实，吴三桂与耿精忠等人假意向朝廷提出撤藩的请求，只不过是为了试探康熙皇帝的态度，谁知康熙皇帝竟然真的要撤藩。面对这种情况，平西王吴三桂非常狡猾地玩起了两面手法：一方面他十分恭敬地向康熙皇帝上疏，声称自己接受朝廷撤藩的决定；一方面他死赖在昆明就是不离开，并且在暗地里悄悄地调兵遣将，将云南重要地方的关隘抢占，

不管是文官，还是武将，抑或来往的行人，只允许进，不允许出，积极主动地为武装叛乱进行谋划。然而，吴三桂的儿子吴应熊与孙子吴世霖还身在京城中，吴三桂顾及到他们的安危，一时之间犹豫不决。吴三桂的女婿胡国柱等人手里拿着朝廷下发的撤藩诏令，非常气愤，大力怂恿吴三桂起兵造反，问道："如果不起兵造反，你的儿子与孙子的命就能够保全吗？"谋士方光琛也多次劝导吴三桂尽早地作出决定，说道："难道你不想将自己的富贵尊严保住吗？如果不尽快起兵举事，那么，你就只能够束手待擒，到了那个时候，你就会变成一只关在笼子中的鸟，生死就由不得你自己啦！"在亲信们的极力劝导之下，吴三桂最终决定马上起兵。

为了更好地为自己的武装叛乱制造声势与舆论，他故意与一些叛党进行联合，同时又装成一副忠臣的样子，将他早已经忘记的明朝服饰穿上，提出在从藩地撤出去之前，要去祭奠一下被自己杀死的永历皇帝。吴三桂先是用手指着头上的冠冕向陪伴在他身边一起祭奠皇陵的下属问道："先朝（明朝）真的有这样的帽子吗？"然后又用手指着身上所穿的衣服问道："先朝真的有这样的衣服吗？"然后说道："我以故臣的身份前去辞行，就应当穿先朝（明朝）的衣冠。"穿戴完毕来到永历皇帝的陵墓前之后，吴三桂居然趴在陵前大声痛哭起来，而且居然哭得不能站起来了。他身边的亲信党羽也跟着痛哭不已。当年倘若不是吴三桂与清军进行配合，将南明势力镇压下去，南明也许就不会灭亡得那么快。而且，永历皇帝当年还是被吴三桂抓住并且绞杀的，现在，吴三桂却亲自来到永历皇帝的陵墓前进行祭奠，这可是一个绝妙的讽刺！朝廷派来负责撤藩事情的代表傅达礼看到吴三桂在永历皇帝的墓前恸哭，知道这是吴三桂玩弄的一个把戏，想要回京城汇报，但是他仅仅走了一百多里路，就被吴三桂的人给拦住并截了回来。叛乱的谋划已经定好了，但是出师的旗号应该是什么呢？吴三桂又开始与部下秘密地进行商议，为出兵造反的事情寻找借口。吴三桂背叛明朝投降清朝，并且将明朝末代皇帝以及他们一家人诛杀，最后竟然想到以"反清复明"、为明复仇作为口号，并且自称是永历皇帝三太子的监护人，呼吁各方对他的叛乱活动进行响应，这真是无耻之极。

在正式发起武装叛乱之前，吴三桂对当时的局势没有估计正确。他认为康熙皇帝很年轻，没有什么能力，清朝初年那些久经沙场的八旗将领几乎都已经死了，现在只剩下一些不堪一击的老弱残兵了。而自己这一方面则正好与之相反，自己的藩地云南"地险财富"，自己的手下个个都身经百战，比清朝的军队要强大很多，只要自己煽起反清复明的舆论，就能够实现自己登基称帝的梦想。在这种盲目乐观的情绪带动之下，康熙十二年（公元1673年）十一月二十一日，吴三桂正式在云南地区起兵造反，以"天下都招讨兵马大元帅"自居，并且命令将士与百姓留发换服装，以第二年（公元1674年）为周王元年，铸印封爵，传檄四方。吴三桂还借着各地官员到王府前来参加会议的机会，对忠于清廷的官员进行大肆地捕杀。云南巡抚朱国治因为极力主张撤藩，对清廷忠心耿耿，被吴兵捉住之后处死了。

吴三桂发动武装叛乱，成了一个导火索。全国各地的汉人将领，大部分都是明朝的旧臣，在投降清朝之后与清朝存在着各类的矛盾，看到吴三桂反叛，他们也纷纷起兵进行响应。康熙十三年（公元1674年）三月，耿精忠在福州地区起兵造反，首先对吴军进行相应，并且以"总统兵马大将军"自居，率领部队向浙江、江西方向发起猛烈的进攻。他又与台湾的郑经进行联合，命令其向广东东部的沿海地区发起攻击。此外，响应吴三桂叛乱活动的还有广西、广东、四川、贵州、陕西、湖南、江西等地的督抚等官员与将领。所以，在几年之间，叛乱的势力就达到了十一个省，大有将清朝推翻之势。吴三桂的部队快速地推移到长江南岸，想要以长江作为界限，分裂土地，登基称帝。于是，大清王朝面临着国家被分裂、政权被推翻的非常严峻的考验。

当吴三桂造反的消息传到京师之后，朝廷上下都震动了。于是，朝廷内部围绕着吴三桂的叛乱展开了一场十分激烈的争论。大臣魏象枢建议康熙皇帝采用舜感化苗民的方法，以德服人，使用"仁义"平定这次的叛乱，并且说根本不需要部队，只要皇帝的招抚令一出，吴三桂就会马上收兵，自觉地服从朝廷的领导。以索额图作为代表的反撤藩派表示，

应当尽早地将明珠等撤藩派处死，以便向吴三桂进行谢罪。与此同时，还应当撤销撤藩令，恢复三藩的权力。早就与吴三桂勾结在一起的西藏达赖喇嘛五世，也建议康熙皇帝"裂土罢兵"。而那些坚决支持撤藩的大臣们则认为，可以调动八旗劲兵一同平定叛乱，"军需内外协济，足支十年，可无他虑"。

康熙皇帝在认真地思考了各方面的意见之后，最终接受了撤藩派的意见，对气焰极其嚣张的吴三桂一点儿也不惧怕，坚决不走汉初将晁错诛杀的老路，并且下定决心使用武力平定这次叛乱，绝对不能让分裂国家的阴险计谋得逞。他很生气地问那些反对撤藩的大臣："撤藩的主意是我自己决定的，你们强烈地要求严厉地惩罚支持撤藩的人，是不是还得对我自己进行惩罚呀？"听到康熙皇帝这样说，那些大臣才闭嘴，不再说惩罚的事情了。康熙皇帝对"裂土罢兵、分裂国家"的意见进行非常严厉的斥责。他对各位大臣说道："在很早的时候，三藩造反的野心就已经存在了，并且其嚣张的气焰一天比一点强，不管撤不撤藩，最终他们都会造反。所以，我绝对不会再重复汉朝初年景帝诛杀晁错的愚蠢行为。"紧接着，康熙皇帝就下达了利用武装平定叛乱的命令。他毅然决然地调集大军，赶往湖北、陕西以及浙江等地，对叛乱进行镇压。因为三藩同时起兵反叛朝廷，所以战争快速地在大半个中国展开了。康熙皇帝纵观全局，很清楚三藩祸乱之首就是吴三桂，所以，如果将吴三桂灭掉，那么其他叛军也就不用攻打，自己也就散了。于是，吴三桂就成为了清廷打击的重要对象，而对于耿精忠与尚之信，清廷则采用招抚的对策。康熙皇帝谕令："停撤平南、靖南二藩。"并且传令给兵部，规劝耿精忠诚心进行悔悟，马上收兵，将功赎罪，仍然可以封官晋爵。接着，他又让吏部传下命令，只要是北方工作与生活的原吴三桂属下的各个官员等，都不会因为牵连而治罪，只要他们安心地做自己应该做的事情，就不用担心受惩罚。又通告已经处于吴三桂控制之下的云贵等省的官兵与百姓等，切勿相信叛军的利诱，凡是能够幡然醒悟的，就可以不计较之前所犯的错误。

康熙皇帝把平定叛乱的矛头主要且直接指向了吴三桂。他积极地调遣兵将，奔赴平定叛乱的前线。康熙皇帝任命勒尔锦担任宁南靖寇大将军之职，让其从湖南出发，开始剿灭叛军，严格地防守叛军向东进犯湖广地区；又派遣大将瓦尔洛驻扎在四川，从而使得叛军入蜀的道路被斩断了；命令莫洛率领部队在西安镇守，以便阻止叛军向西北用兵。与此同时，康熙皇帝谕令各方讨叛大军："凡是兵将所到的地方，不要使百姓受到连累，禁止肆行抢掠，更不能够侮辱妇女。"为了使吴三桂的邪念断绝，康熙皇帝将他在京城的内应斩断了，借着这件事情来鼓励全国人们的平定叛乱的意志。随后，康熙皇帝毅然决然地将吴三桂留在京城作为质子的儿子吴应熊以及孙子吴世霖斩杀了，以便表达自己平定叛乱的决心。

吴三桂起兵造反之后，因为受到舆论的蛊惑，不少对清朝统治不满的汉族官员将领都纷纷起兵，对其进行响应。比如：

第一，贵州提督李本深。

康熙十二年（公元1673年）十一月，吴三桂在云南地区起兵反叛之后，贵州提督李本深第一个起兵响应，担任巡抚之职的曹吉申与担任总兵之职的王永清也投降归附。第二年正月，担任四川巡抚之职的罗森、担任提督之职的郑蛟麟、担任总兵之职的吴之茂以及谭宏等人也都纷纷响应吴三桂，率领部众反叛清朝。于是，西南云、贵、川三省没有经历战争就全部归到了吴三桂的麾下。

第二，靖南王耿精忠。

在吴三桂率领部众反叛清朝的时候，康熙皇帝急忙下令追回了对靖南王耿精忠的撤藩令，但是那个时候已经来不及了，反势已经形成了。康熙十三年（公元1674年）三月，耿精忠正式起兵造反以响应吴三桂，以总统兵马大元帅自居，分兵向浙江地区与江西地区发起进攻。总兵曾养性带领东路大军向浙江的温州、台州发起进攻。总兵白显忠带领西路大军向江西的广信、建昌以及饶州发起进攻。而都统马九玉则带领另一路大军，出了仙霞关，向金华与衢州发起进攻。

第三，广西抚蛮将军孙延龄与柳州提督马雄。

康熙皇帝曾经对广西的孙延龄进行安抚，册封他为抚蛮将军，命令

他率领原属定南王的官兵，在粤西镇守。康熙十三年（公元1674年）二月，孙延龄以安远大将军自居，率领部众反叛清朝，被吴三桂册封为临江王。担任柳州提督之职的马雄也率领部众进行响应。就这样，广西全省都从清朝统治中脱离了出来。

第四，台湾的郑经。

郑成功死了之后，他的儿子郑经继承父亲的王位，占领了整个台湾，继续与清朝进行对抗。吴三桂与耿精忠都向郑经发出邀请，请求他能够出兵反抗清朝。康熙十三年（公元1674年）四月初一日，郑经使用南明桂王的年号，称为永历二十八年，发表了讨伐清朝的檄文，声称要"上报国仇，下救百姓"。郑经亲自带领大将冯锡范等人，带着自己的部众成功地渡海，进入思明州（今福建省厦门市），向泉州发起进攻并最终成功占领。然后，郑经在思明州对军兵进行整顿，确定了税制，建立了反抗清朝的据点。

第五，陕西提督王辅臣。

担任陕西提督之职的王辅臣原本是吴三桂手下的一个总兵官。吴三桂起兵反叛清朝指挥长，就给他写了一封信进行联络。王辅臣把吴三桂的这封信呈递给了朝廷，因此得到了朝廷的信任。康熙十三年（公元1674年）八月，王辅臣率领两千兵马跟着担任大学士、兵部尚书之职的莫洛从陕西出发向四川前进。十二月，他们经过宁羌，王辅臣突然向莫洛发起了袭击，投降并归顺了吴三桂，率领兵马北走平凉。吴三桂册封王辅臣担任平远大将军之职，向北进攻陕甘地区。第二年，王辅臣又占领了兰州地区。这个时候，陕甘府州的将官也起兵反清，所以，王辅臣控制了陕甘地区的很多城镇。

但是，在各方反叛清朝的大军当中，吴三桂的部队始终都是实力最为强大，危害最为严重的。吴三桂部势力的兴盛和衰败，深深地影响着整个叛乱形势的高涨或者低落。吴三桂将西南控制在自己的手中之后，就马上用主力部队向湖南发起进攻。没有过多长时间，吴军就占领了长沙、常德、岳州以及澧州等湖南重镇。吴三桂亲自来到常德进行督战，从长沙开始进兵，攻占了江西城池三十多座。

自从康熙十二年（公元 1673 年）十一月，吴三桂反叛以来的一年多，西北从陕甘开始，东南到台湾以及福建等地，到处都是反抗清朝的战火。三藩中只有尚可喜，在朝廷颁发了停止撤藩的命令之后，上书表示自己愿意效忠清朝。于是，康熙皇帝就晋封尚可喜为亲王，以便在广东进行镇守。在怀庆镇守的担任河南、河北总兵之职的蔡禄以及在江西镇守，担任南瑞总兵之职的杨富打算起兵反叛。后来，朝廷得知了这件事情后，就将他们处死了。康熙十四年（公元 1675 年）春天，发生叛乱反对清朝的地区已经发展到了台湾、云南、四川、贵州以及广西的全部地区，甘肃、福建、陕西以及湖南的大部分地区，江西、湖北以及浙江的部分地区，战争涵盖了十一个省，全国大部分汉族地区已经不在清朝的控制之中了。与清朝初期顺治帝南下进行作战的情况不一样，在这场战争当中，清军从一开始就十分被动，面临着相当严重的威胁。由此可以看出，清朝要想顺利地平定这场叛乱是极其不容易的。倘若指挥有一点儿不恰当，在政策上出现一丝失误，那么，清朝就有可能丧失统治政权。

但是，这些反对清朝的叛军与明末清初的叛军是完全不一样的，这些叛军的主要目的是为了"裂土称帝，分裂国家"。叛乱战争对国家的统一与社会的安定产生了直接的影响。而康熙皇帝平定叛乱的举动符合时代发展的潮流，所以得到了百姓们的认可与支持。而且，康熙皇帝虽然年纪不大，但是却有着非常杰出的政治头脑与十分卓绝的军事才能，因此，这场平叛战争的形势慢慢地朝着有利于清王朝的方向发展。

康熙皇帝运筹帷幄

在战争初期的时候，那些叛乱武装暂时处于优势地位，其势力曾经一度发展得相当好。但是，随着战争形势的不断发展，他们的真面目很快暴露在人们的面前。吴三桂等人并不是真的要"反清复明"，他们的真实目的是"裂土称帝"。他们将南方各个省市的百姓重新拉进了战火当中，这与各族人民的意愿是相违背的，而且，大部分的汉族官僚将士对

此也是持反对态度。吴三桂刚刚发动叛乱，贵州就有大批的守兵逃跑了，以此来拒绝为吴三桂自私的个人目的而卖命。担任陕西提督之职的王辅臣支持吴三桂反叛清朝，并且也起兵造反从而响应吴三桂，但是，他手下很多将士都对他的决定不满，不再真心地为他效力。有一次，在与清军交锋的过程中，大多数的官兵都溃散了，而王辅臣本人在逃命的时候，跟随他的只有数百个人。吴三桂派遣手下前往广西地区进行分裂活动的时候，曾经对镇守在桂林的孙延龄等人极力进行拉拢，那个时候就有人明确指出："广西的百姓不甘心造反。"而当吴三桂的反叛之军在湖南地区炫耀武力、显示威风的时候，察哈尔、科尔沁等蒙古部就曾经积极主动地提出请求派遣将士，前去讨伐逆贼。前甘肃庆阳知府傅弘烈因为被贬而迁徙到梧州的时候，依旧没有忘记为清廷效力。为了更好地平定叛乱，他到桂、黔以及滇少数民族聚居区进行招兵，没多久就招募到了四五千人。然后，他就带领这支临时组建起来的平叛义军，直奔粤西。他们自己筹备粮饷，没有花费朝廷一分钱；在战场上，他们个个奋勇作战，有着非常强的战斗力。虽然他们的装备并不是很好，但是他们却能够多次建立奇功，极大地促进了广西一带的平定叛乱活动。从这件事情中，我们可以很明显地看出，广西各族人民与全国各民族人民的心愿是一样的，都希望祖国是统一的，对于民族分裂都极力进行反对。

撤藩之议带来了相当大规模的战乱，这让康熙皇帝感到十分意外，而这场战争发展的趋势也是吴三桂所没有想到的。在各个省市的汉将纷纷率兵反叛清朝的时候，吴三桂没有及时抓住这个机会，组织他们协同进行战斗，仅仅只是停留在封授虚衔上。所以，在非常长的一段时间内，各地的反对清朝的队伍都处在各自起兵、各自为战的形势下，这样非常容易被清朝的军队采用分化瓦解的方法，逐个进行击破。在战争刚刚开始的时候，福建的耿精忠与广西的孙延龄先后反叛朝廷，吴三桂长驱直入，到达湖北巴东以及宜都等地，又收降了担任襄阳总兵之职的杨来嘉，为此，整个江北都震动了。在这样有利的时机之下，刘玄初等人向吴三桂提出建议，让其趁着现在的这个形势北渡疾进，然而，吴三桂却一直拿不定主意。有人向吴三桂提出建议，夺取金陵作为自己的根据地，以便扼守江淮，与此同时，向四川进军，占领关中，与清廷争抢中原地区。而吴三桂自己的年纪已经很大，声望并不算太高，很难得到广泛的支持，没有必胜的信心。所以，他始终不愿意轻易渡江远离云贵地区，依旧希望能够割据一方，裂土称帝就可以了。正是因为吴三桂一直畏首畏尾，举棋不定，所以，清朝的军队才有了一个反攻的机会。

在平定叛乱的问题上，康熙皇帝所采取的各种各样的举措都是十分坚决而果断的。起初，清廷处于暂时不利局势的时候，他没有一丝一毫地动摇平定叛乱的决心，而是非常努力地去寻找对己方有利的时机。康熙皇帝甚至还要亲自前往前线，指挥部队进行平叛。后来，只是因为需要掌控平叛战争的全局，使后方得以稳固，康熙皇帝才被迫取消了御驾亲征的念头。即便如此，他也曾经数次亲自对平叛战役进行指挥。康熙皇帝在京城坐镇，掌控全局，运筹帷幄，利用他出色的军事才能与杰出的政治头脑，以当时战争形势的发展与变化作为依据，制定了平定三藩叛乱的政策措施。为了能够快速而及时地将军情传递出去，将谕令传达到位，康熙皇帝还特意命令兵部每隔四百里就建立一个通讯站，专门服务于平定叛乱的战争。康熙皇帝还裁减不必要的开支，改折漕贡，增加盐课杂税，核对并减免田赋税额。这方面的措施得到了广大群众的大力支持，而且也使得平叛的物资供应有了保障。康熙皇帝"每日军报三四百疏，手批口谕"，指挥着各路军队进行攻击。他让比利时人南怀仁使用西方先进的科学技术，组织人员，制造出数百尊有着非常大威力的火炮，并且将其运到前线，从而使得清朝军队的装备大大增强了。康熙皇帝还亲自对这次平定叛乱的数次规模巨大的战役进行指挥。康熙皇帝谕令各路平定叛乱的军队，全力以赴，不能有任何的拖延。他所派出的几路平定叛乱的军队分别为：一路大军由多罗贝勒尚善带领，册封尚善担任安远靖寇大将军之职，率领部众直接向岳州发起攻击；二路大军由定远平寇大将军、安亲王岳乐带领，向江西发起进攻；三路大军由扬威大将军、简亲王喇布带领，在江南进行镇守；四路大军由奉命大将军、康亲王杰书与宁海将军、贝子傅喇塔带领，从浙江地区向福建发起进攻；五路大军由定西大将军多罗贝勒洞鄂带领，与莫洛合兵一处，由陕进攻川。康

熙皇帝命令尚可喜对广东官兵进行节制，向广西发起进攻。康熙十四年（公元1675年），清朝军队的进攻策略是，使用主要的兵力从江西袁州出发攻占长沙，继而将湖南以及广西控制在自己的手中。因为王辅臣在陕甘地区率兵反叛，使得清廷被迫将原先的计划改变了，开辟了陕甘和江西、福建两个战场，与王辅臣的部队以及耿精忠部队展开了一场非常激烈的战斗。

为了不放过有利时机，康熙皇帝一而再再而三地命令作为湖北清军指挥的将领勒尔锦、作为浙江清军指挥的康亲王杰书、作为江西清军指挥的安亲王岳乐等人，别再犹豫不决、保持观望的态度、错过良好的战机、浪费国家的粮饷了，而应当牢牢地抓住所有有利的战机积极主动地发起进攻，不给叛军一丁点儿整顿与喘息的机会。他专门对岳乐三令五申，在将江西战局稳定之后，马上从袁州进入长沙，将叛兵的粮道截断，对岳州进行夹击。康熙皇帝非常果断地认为，从袁州直接向长沙进攻，有着诸多好处：第一，可以将叛兵的粮道截断；第二，可以使他们的兵势得以缓解；第三，可以将广西咽喉扼制住；第四，可以守住江西门户。如此一来，叛兵就能够自动被瓦解了，而荆岳地区的清军就能够快速地先前行进了。但是，令人感到非常遗憾的是，这几支大军并没有非常有利地贯彻康熙皇帝的作战意图，尤其是湖北的清军主帅勒尔锦，几年以来始终在江北驻守，观看着整个局势的发展，并没有能够坚决地渡江，因而导致战局长时间地处在一种僵持的状态中。陕西的王辅臣发动叛乱之后，导致西北的战局变得更为复杂。在多次招降没有成功的情况下，康熙皇帝毅然下定决心利用清朝军队的优势兵力，集中向王辅臣的部队发起进攻。王辅臣的主力部队被打败之后，康熙皇帝为了快速地将叛军瓦解，对于王辅臣袭击斩杀莫洛、率兵造反的罪行并没有多加追究，而是仍然恢复了他以前的官爵，而且还赐予他靖寇将军的封号，命令他在陕西汉中进行镇守，以便将叛军从四川北进的道路阻断。如此一来，不仅成功地将吴三桂在四川的防线瓦解，而且还使自己在西北的防守力量得以加强，将吴三桂从四川、陕西对清朝军队进行夹击的阴谋彻底地粉碎了。

康熙皇帝不但擅长调动满洲贵族将领全力平定叛乱的积极性，而且也对汉族以及少数民族将领的作用相当重视。康熙皇帝提拔并重用了很多汉族将领，比如，孙思克、张勇、王进宝以及赵良栋等人，促使他们在这场战争中充分地发挥出了自己的才能，为平定叛乱做出了巨大的贡献。其中，对于王进宝与赵良栋来说，朝廷将向四川叛军进攻的全权都给予了他们，他们各自指挥一路兵马，非常英勇地进行战斗，连续攻克了好几座重镇，快速地将四川大部分地区拿下了。康熙皇帝任命在广西各族人民中具有非常高威信的大将傅弘烈为抚蛮灭寇将军兼广西巡抚，而且让其全权负责在广西征讨逆贼的各项事宜。他在清朝将领莽依图等人的积极配合之下，将广西的大部分地区都收复了。不过，十分可惜的是，后来，他被叛军的将领诱捕之后，因为不肯屈服而被杀害了。

在纷繁复杂的战争形势下，康熙皇帝充分地发挥了自己的聪明才智。他全面规划，亲自指挥，命令各路征讨逆贼的大军快速地集结到前线。吴三桂看到清朝的军队来势十分凶猛，治军非常严明，忍不住暗暗佩服康熙皇帝的治军才能。吴三桂在刚刚起兵造反的时候，以为康熙皇帝极其年轻，没有什么声望，而那些开国忠臣与猛将们大部分已经死了或者老了，朝廷中可以用的人才非常少，而自己带领铁甲猛士十多万人就能够所向披靡。但是，令他感到相当意外的是，面对如此复杂的局势，康熙皇帝却能够用惊人的气魄亲自对千军万马进行指挥，没多久就使清朝的军队从被动转成了主动。这个时候，吴三桂非常后悔自己听从了手下的怂恿，贸然地起兵造反。从此之后，他再也没有心思将攻势继续扩大。所以，他刚刚到湖南，就让折尔肯等人拿着疏文马上回到京城，盼望着能够将自己的儿子与孙子要回来，与清王朝划地讲和。但是，他的愿望没有实现，却等来了儿子吴应熊与孙子吴世霖被杀害并公布天下的消息。这个时候，吴三桂打消了自己的幻想，不得不硬着头皮继续和清朝的军队进行对抗。不过，他一直担忧清朝的军威，不敢轻易地出兵。

在康熙皇帝的正确领导与指挥之下，各路平定叛乱的大军遵从已经指定好的计划，一步一步地向前行进。逼得叛军的防线慢慢地向后移动，清朝军队在战场上开始从被动转向主动，将战争的整个局势都扭转了，

并且进入了反攻阶段。在每一个战场上，清朝军队在反攻的时候都取得了初步胜利。虽然这次战略反攻获得的胜利并不是决定性的，但它却为清朝军队之后的战略总反攻奠定了基础，在很大程度上加快了这场平叛战争取得胜利的速度。

其一，陕甘战场。

康熙十四年（公元1675年）四五月份的时候，在甘肃地区，清军洞鄂的部队与叛军王辅臣的部队进行了对战，王辅臣的部队在临洮、洮州、河州接连不断地败下阵来。闰五月，清朝军队回兵花马池与秦州，将兰州团团包围。六月，王辅臣接连失去了绥德、兰州以及延安等城池，而且其和四川进行联络的通道也被清军截断了。七月，王辅臣被围困在平凉。九月，王辅臣攻打并占领固原。康熙十五年（公元1676年）二月，朝廷又任命大学士图海担任抚远大将军之职，对洞鄂部等陕西的兵马进行指挥。五月，王辅臣的部队在平凉城北被打败，之后清军又使用大炮进行攻城。在洞鄂部驻扎在陕甘的时候，清朝一方面争取担任甘肃提督之职的张勇配合进行战斗，并且册封张勇为靖逆侯，另一方面又派遣使臣招降王辅臣。康熙皇帝在诏谕中说对王辅臣以前的任何过失都不加以追究。清朝军队对平凉进行围攻的时候，康熙皇帝再一次颁发诏书，将城内所有的官兵全部赦免。六月，王辅臣打开城门向清朝投降。朝廷不仅将他的反叛之罪赦免了，恢复了他原先的官职，而且还加封他为太子太保，跟着图海一起在汉中镇守。就这样，陕西地区的反抗清朝的战争以失败而结束。

其二，浙赣闽战场。

清军杰书和岳乐兵分两路，进军浙江与江西，直接向福建前进，向耿精忠的部队展开了猛烈的进攻。清朝军队依旧采用"剿抚并用"的对策，在进军的过程中招降了无数的叛兵。康熙十四年（公元1675年）四月，岳乐在江西地区招降了五万多叛军。五月，在长兴将耿精忠的军队打败，攻占了南昌。闰五月，耿精忠率领部队进行反击，占领了饶州。不过后来，清朝的军队又将饶州夺了回来。六月，江西的清军在争夺石峡的战争中，被耿精忠的部队打败。清军署副都统雅桑战死沙场。七月，岳乐军攻占了江西浮梁、乐平以及崇仁等县，招降了六万多叛军。八月，在浙江战场之上，傅喇塔军占领了黄岩，耿精忠的部将曾养性被打得非常狼狈地逃跑了。十月，清朝的军队向温州进军，占领了太平以及乐清等县。

康熙十四年（公元 1675 年）初，耿精忠和台湾的郑经相互勾结，一起对抗清朝的军队。十一月，郑经的部队向漳州发起进攻，并且成功占领了漳州，将清朝澄海公黄芳度斩杀，接着又占领了兴化与汀州。十二月，郑经的水军向温州发起进攻，清朝水师提督常进功等人从定海出发前去抵抗。康熙十五年（公元 1676 年）三月，杰书派遣傅喇塔等向温州发起进攻。耿精忠的手下曾养性等人带领兵将前去迎战，但最后败在了清朝军队的手中。六月，耿精忠的部将耿继善放弃了建昌城逃跑了。八月，杰书派遣都统赖塔等人向衢州发起进攻，耿精忠部马九玉被打败之后逃跑了。九月，清朝杰书部的傅喇塔与李之芳等率军对马九玉进行追击，来到了仙霞关，耿精忠部的金应虎向清军投降。十月，杰书的部队来到了延平。耿精忠看到自己大势已去，心中非常惶恐，在不得已的情况下，派自己儿子耿显祚前去清营请求归降。就这样，杰书的部队长驱直入，来到了福州，耿精忠将城门打开，迎接他们进城。朝廷就命令耿精忠跟着清朝的军队一起攻打郑经的部队。曾养性也带领部众在温州向清朝投降。到了十一月，郑经派遣部将许辉向福州发起进攻，在乌龙江设立营帐驻兵。之后，清朝的军队渡江与郑经的军队进行激烈地对战，郑经的部队被打得溃败而逃，接着，清朝的军队又夺下了兴州、泉州、汀州以及漳州四州。康熙十六年（公元 1677 年）二月，郑经的部队被打败，放弃漳州之后逃到了厦门。到了这个时候，清朝的军队占领了福建。

其三，广西战场。

孙延龄在广西发动反叛之后，曾经使得广西地区从清朝的统治中摆脱了出来。康熙皇帝派遣使者前去招降。康熙十五年（公元 1676 年）冬天，孙延龄的部将——原本担任庆阳知府之职的傅弘烈劝导他向清朝投降，孙延龄的妻子孔四贞也劝导他归降。孙延龄看到战争的形势也变得越来越不利于自己这一方，心想，如果必须投降的话，早点投降要比晚

点投降好得多，于是，他就派遣傅弘烈前往江西地区，向清军请求投降。吴三挂知道这个消息之后，派遣从孙吴世琮率领部众向桂林发起进攻，将孙延龄诱杀了。之后，吴世琮留下部将李廷栋在桂林镇守。最终的结果是，孙延龄的部将刘彦明等人将李廷栋杀死之后向清朝投降了。随后，孔四贞来到北京也向清朝请求投降。在柳州镇守的马雄，向清朝投降之后没过多长时间，再一次率兵造反，但是没多久就失败了。马雄因为疾病死了，他的儿子马承荫向清朝投降。这样一来，清朝将广西的反清叛乱彻底地平定了。

其四，广东战场。

广东藩王尚可喜效忠于清朝，所以其不仅保住了爵位，而且还被册封为亲王。他向朝廷提出请求，让他的二儿子尚之孝承袭王爵，大儿子尚之信因为这件事情对他更加憎恨，于是，父子二人之间的关系更为恶化。康熙十五年（公元 1676 年）春天，吴三桂湖南发兵，向广东肇庆发起进攻。尚之信趁着这个机会与吴三桂勾结在一起，在这一年的二月发起了兵变，将王府包围，将他的父亲尚可喜软禁起来，加入了这场叛乱当中，尚可喜因为过于悲伤、气愤而死了。清朝总督金光祖与巡抚佟养钜等也跟着尚之信反叛清朝，一时之间，广东从清廷的控制中脱离了出来。吴三桂册封尚之信为招讨大将军以及辅德亲王之职。但是，对于吴三桂请广东派兵的要求，尚之信直接给予了拒绝，于是，吴三桂与尚之信间的矛盾一天一天地加深了。这个时候，清朝军队在福建与广西接连不断地取得胜利，尚之信就忽然背叛了吴三桂的军队，暗里地派遣手下向移驻南昌的清简亲王喇布行营请求投降。与此同时，他又带领部众薙发迎接并投降，在十二月"以广州归诚"。于是，朝廷就他通过立功进行赎罪。尚之信，这个号为"三藩"之一的藩王，只不过是因为争夺王位，才在吴三桂发起叛乱战争进入低谷的时候铤而走险，率领部众反叛清朝，但是数月之后又投降于清朝，所以，在整个叛乱战争当中，他所占据的地位并不重要。

总体来说，吴三桂等人所发动的叛乱，其局势才高涨没多久就走向了低谷，各路叛乱大军失败的失败，投降的投降，只有吴三桂的部队还保留了一定的实力。吴三桂占领湖南之后，其主力部队一直镇守在湖南，与清朝的军队展开了一场长时间的拉锯战，其间双方各有胜负。岳乐军多次向长沙、萍乡发起进攻，都没有将其拿下，湖南的吴三桂的部队仍然是善于征战的劲旅。但是，从康熙十五年（公元 1676 年）冬天开始到第二年的春天，战争的整个形势发生了快速的变化。叛军王辅臣、耿精忠、孙延龄以及尚之信等先后向清朝投降，郑经的部队被打败，这使得吴三桂一天天陷入了孤立无援的境地。康熙皇帝加紧进攻叛军，并且接连不断地获胜，从根本上将原本不利于清朝的战争局势扭转了过来。由此可见，吴三桂等人失败的命运已经成了不可避免的了。

平叛战争大获全胜

吴三桂的部队曾经有很大的声势，不过现在已经属于强弩之末了，可是他仍然想要东山再起，恢复自己的势力。于是，他在不得已的情况下向蒙古求助，并且以割地纳款作为蒙古出兵秦蜀的条件，想以此来挽回自己的败势。然而，蒙古却把使者扣留，不给予任何的回应。因此，吴三桂最后一点的希望也破灭了。

随着吴三桂在军事上的失败，他在政治上也慢慢地遭受着属地百姓排斥，部队内部怨声载道，不愿意再战。吴三桂感到自己即将失败，于是，他就趁着没有死之前，"姑称帝以自娱"，以借此机会来鼓舞士气，做最后的生死之搏。这样，吴三桂便急急忙忙地上演了一出登基的闹剧。

康熙十七年（公元 1678 年）三月，吴三桂让人在衡州（今湖南衡阳），简单地修建了大量的芦舍，把房顶都用黄漆粉刷，把这些芦舍来当作皇宫。二十八日，吴三桂走上了临时建造成的祭坛，来祭祀天地，自己做起皇帝来了。

吴三桂把衡州定为国都，叫作定天府，将国号改为周，年号更改为昭武，封自己的妻子张氏为皇后，册封孙子吴世璠为太孙。接着他又册封百官，把自己的部下册封为国公、郡公、侯、伯。

就在吴三桂登基做皇帝的时候，天气大变，风雨接踵而来，"皇宫"

朝殿被刮得东倒西歪，黄漆所刷的房顶被吹得千疮百孔。这使吴三桂和他的"百官"觉得非常扫兴。这场自导自演的登基丑剧就伴随着风雨而草草结束了。

在登基仪式结束之后，吴三桂为了给自己的登基增加信服力，笼络早已经涣散的民心，让百姓承认他这个皇帝，又急忙开展了云南乡试，从中挑选了七十三名"举人"，为自己的朝廷效力。但是吴三桂的登基彻底撕下了他一直标榜的"复明"的面具，就连一直以来支持他的明朝旧臣现在也都站出来反对他了。这样的结果就导致吴三桂在政治上彻彻底底地陷入了孤立无援的状态。

在吴三桂称帝之后，他就一直大病不起。他在得知清军每每打胜仗、正在一步步地向他大本营逼近的消息之后，更加坐立不安了。躺在病床上的吴三桂还被噩梦惊扰而变得精神恍惚，身体也一天不如一天，他经常特别悲伤地叹道："这是何苦呢，何苦呢!"后悔自己当初反叛朝廷，也不会使自己身败名裂，家破人亡。

在病痛与惶恐的折磨之下，吴三桂得了中风、噎膈等病，即食道癌。据说，曾经有一次吴山桂正在处理公务，一只狗突然跳到了他的桌子上，将他吓得全身抽搐不止，导致其病情更加严重了。不久之后，他便抱病身亡了。吴三桂做"皇帝"的时间很短，还不足五个月。虽然其声威曾经一度很大，但是最后还是内外交困的情况下，于康熙十七年（公 1678 年）八月十七日告别了人世。那一年他六十六岁。

吴三桂的孙子吴世璠，从云南出发前来奔丧，来到了贵阳，在众多将领官员的拥护之下，登基做了皇帝，改年号为洪化。不过，面对清朝军队十分强大的攻势，他却吓得屁滚尿流，到衡州将吴三桂的灵柩带上，惊慌失措地逃回了云南。吴世璠做了皇帝之后，更加得不到部属的拥戴，他的败亡已经成为了板上钉钉的事情。但是，吴世璠依靠着爷爷吴三桂在西南数年积攒的兵力，依旧与清朝的军队对战了三年的时间。

清朝军队在东南战线上接连不断地取得胜利，再加上吴三桂的抱病身亡，都让吴军内部的人心变得更为浮动，因而为清朝军队的反攻提供了一个相当好的机会。康熙皇帝准确地抓住了这个战机，急忙命令各路征讨逆贼的大军分道进行攻击，展开了一场规模巨大的大反攻。

其一，湖南方面。

湖南的清朝军队喇布部向衡州发起进攻，担任安远靖寇大将军之职的察尼也带领部众向岳州发起十分猛烈的攻击，并且利用数百艘水师乌船、五百多艘沙船进行配合。清朝军队好几次将吴军吴应麒部大败，并且成功地招降了吴军担任总兵之职的陈华与李超。

康熙十八年（公元1679年）正月，清朝军队趁着大好形势攻击并占领了岳州，吴军陈珀等人向清廷投降。荆州的清朝军队大举向常德与长沙发起进攻，在此地镇守的吴军吓得都放弃城池逃命去了。清朝军队占领了长沙，将湖南境内的反叛之军肃清了。为了使叛军彻底地瓦解，康熙皇帝下令，对叛乱的协从者给予宽大的处理，如果能够尽早投降，还能够戴罪立功，这导致叛军的士气变得更为低落了。只剩下极少数顽固分子依旧支持北进，与清朝的军队决一生死。然而，大部分的叛军已经变成了惊弓之鸟，不想再去送死。吴世璠在不得已的情况下只能带着残兵败将退守到了老巢云贵，作垂死挣扎。

传说，当年吴三桂曾经利用衡州（今湖南衡阳），岳神庙中的小灵龟来为自己占卜命运。最终的结果是，小灵龟在地图上面爬到这里，爬到那里，但是向北最终也没有能够越过长沙、常德一带，并且最后还是回到了南方。吴三桂对此非常不满意，又连续试了好几次，但是每次的结果都是一样的。他与部下你看看我，我看看你，都大惊失色。而如今吴世璠也正好退守到了云贵。传言是不能够相信，但是这个时候的吴氏集团也确实距离死期没有多远了。

其二，广西方面。

傅弘烈将清朝军队迎接进入广东之后，对外声称"广西全省就能够一面当之"。朝廷任命他为抚蛮将军、广西巡抚之职，命令他招募兵将进行作战。他相继将浔州、梧州等地收复，多次立下战功，又打算向云贵进军，向清兵求援。清朝将军莽依图等畏首畏尾，不敢前进，退兵到了梧州、德庆，而傅弘烈这支孤军也不得不据守梧州。康熙十八年（公元1679年）正月，朝廷下令让莽依图和尚之信率领部众水陆一起前进，与

傅弘烈的部队相互配合，将吴世琮部打败，占领了桂林、南宁，将广西收复了。第二年二月，马承荫在柳州地区造反，引诱并杀死了傅弘烈。六月，马承荫向清朝投降，被押送到了京师之后处以死刑。到了这个时候，清朝的军队已经将整个广西全部收复了。

其三，四川方面。

康熙十八年（公元1679年），康熙皇帝命令担任甘肃提督之职的张勇与担任平凉提督之职的王进宝，配合担任陕西提督之职的赵良栋，带领大军驻扎在四川以便平定叛乱。王进宝占领了汉中地区，接着又拿下了保宁地区，吴军大将王屏藩自杀而死。赵良栋趁着这个有利的形势将成都收复了，吴军当中将军以下的一百多个官员都向清军投降，接着赵良栋又在建昌将吴军将领胡国柱打得落花流水。清军将领图海进攻并占领了兴安，担任湖广提督之职的徐治都在巫山将杨来嘉打败，并且占领了夔州与重庆。到了这个时候，整个四川地区又被清朝军队夺了回来。

其四，云贵方面。

吴三桂的基地就是云贵，清朝军队在收复了湖南、广西以及四川之后，就开始兵分三路对反叛之军进行围追。其中，贝子彰泰替代了安亲王岳乐率领大军向云贵发起攻击，担任总督之职的蔡毓荣带领绿旗兵作为先头部队从沅州开始出发；王进宝在四川留守；作为勇略将军兼云贵总督的赵良栋从四川开始进军；而赉塔则从广西开始进军。大军全都朝着云南地区前进，并且在康熙二十年（公元1681年）二月进攻到了昆明的郊外。康熙皇帝同时颁发诏令，对胡国柱、郭壮图、马宝、夏国相以及吴应麒等人进行招抚，说道："你们曾经受世代承袭的职务，如果及时地归降，可以既往不咎，不但使全家能够得以保全，而且还能够建立功名。"这导致吴氏政权的军心被大大地动摇了，从而加快了吴氏军队失败的进程。

同年年底到第二年年初，各路平定叛乱的大军发起了总攻势，并且最终大获全胜。担任定远平寇大将军之职的彰泰带领第一路大军从平越（今贵州福泉），向贵阳进军，经过盘江西坡的时候，与吴军进行了对决，最终的结果是，叛军夏国相的象阵被击败了，吴世璠不得不逃往了昆明，而清朝的军队趁着这个有利的形势将贵州全境都收复了。

征南大将军赉塔带领第二路大军由广西出发向云南地区进军，与彰泰的部队在曲靖会合之后，又分兵向昆明发起进攻。在城外三十里的地方，叛将郭壮图摆出了象阵与清朝的军队进行对抗，双方一直僵持不下。彰泰与赉塔左右进行夹攻，最后终于逼得叛军后退到了城东的归化寺，然后，清朝的军队就将昆明城团团包围了。不过，叛军并没有因此而轻易地投降，而是选择了负隅顽抗。

叛军为了能够阻挡清朝军队的进攻，命人在昆明城外面挖了三道护城河。吴世璠还将全部叛军的家属都转到了五华山宫城，同时传令下去拼死进行抵抗，因为这个时候，他仍然抱着最后的一线希望，也就是等着四川援军以及西藏达赖喇嘛的人前来解救。但是，他并不知道担任云贵总督之职的赵良栋已经带着第三路大军将整个四川的叛军消灭了，并且还将吴世璠向达赖求救的书信拦截了下来，然后从四川出发进入云南地区，与其他两路大军在昆明城下合兵一处了。三路征讨逆贼的清朝军队已经把昆明城层层包围了。

清朝的军队正式攻城的时机已经到了。清朝名将赵良栋一马当先，带着自己的部队接连跨过三壕，夺下三桥，直接逼到城下，并且派兵把守住昆明城，将叛军的粮道截断了。其他两路清军也都斗志昂扬地进攻着。昆明城被围困了整整八个月，已经到了粮尽弹绝的地步，所以城内十分混乱。最后，不想与吴世璠等顽固分子一起走向灭亡的叛军将城门打开，作了清朝军队的内应。康熙二十年（公元1681年）十月二十九日，清朝军队攻进了昆明城。那些叛军首领们知道自己的末日来了，所以一个个都感到非常恐惧。穿着龙袍的吴世璠在不得已的情况下吃下毒药自杀了。叛将郭壮图自焚而死，而叛将胡国柱也是死于自杀，不过，叛将夏国相与马宝等人都是在被抓之后处死的。这个时候，吴三桂已经去世三年了，但是人们依旧非常恨他。康熙皇帝为了帮助天下人泄愤，下令掘开了吴三桂的坟墓，将他的尸骨砍成了好几段，然后传送到各个省市。到这个时候，吴氏集团所发起的叛乱以失败而彻底结束了。

而尚之信、耿精忠二人虽然和吴三桂之间存在着利益上的矛盾，但

是他们也确实做出了祸害百姓、分裂国家以及与清朝军队对抗等事情。尽管后来他们都向清朝投降，但是那属于他们的无奈之举，而且投降清朝之后，冷漠地看着清廷平定叛乱的战争，始终抱着观望的态度，甚至对康熙皇帝的命令也是数次拒不执行。除此之外，尚之信还未经批准而擅自杀害官员将士，耿精忠也曾经与台湾的郑经进行勾结一同对抗清朝。随着清朝军队平定叛乱的战争即将结束，他们也面临着灭顶之灾。

康熙十八年（公元1679年）三月，尚之信的手下悄悄地来到了京城，向朝廷揭发了尚之信的造反之罪。康熙皇帝快速地采取行动，命令相关人员对这件事情进行明察暗访。当所有的罪名得到查证之后，康熙皇帝立即下令将尚之信逮捕，并且加以审讯。第二年闰八月，尚之信被康熙皇帝赐死，死后还被焚尸扬灰。至于他的家产，朝廷全部没收充作军饷。而耿精忠在向清朝投降之后，他的部属徐鸿弼向乾隆皇帝告发了他的谋逆之罪，清朝大臣杰书也上书请求将耿精忠斩首示众。但是，康熙皇帝却认为，朝廷正在招降各地的官兵，这个时候不能将他正法，应当让他自己请求进入京城，等过一段时间再作处置。康熙十九年（公元1680年）三月，耿精忠向康熙皇帝上书请求进入京城。来到京城之后，康熙皇帝下令将其拘捕并且进行审讯。康熙二十一年（公元1682年），担任大学士之职的明珠向朝廷上奏，说耿精忠罪孽深重，不可宽恕。正月二十一日，耿精忠以及他的部属曾养性等人都被处死了。耿精忠的儿子耿显祚也被处死，他的家属以及部属全部归入了正黄旗汉军的旗下。

事件点评

从公元1673年开始到公元1681年结束，历时八年、波及十多个省区的规模巨大的三藩之乱最后终于被平定了。康熙皇帝平定三藩叛乱的胜利，在很大程度上归功于全国各族人民希望统一、反对分裂的愿望；同时，也归功于年轻有为的康熙皇帝。康熙皇帝利用他十分坚强的意志与极其出色的军事才能，领导、指挥了这场平叛战争，并且最终取得了

215

胜利。

尽管这场平叛战争最终以胜利告终，但是也付出了相当大的代价。清朝失去了莫洛等好几位杰出的将领，而且调动了大量的军队，单单是绿旗兵就有四十万人之多。全国各地区连年发生战乱，老百姓过得相当凄惨，同时也给清朝带来了非常沉重的负担。康熙皇帝并没有回避不谈这场平叛战争的艰辛。他曾经说道，这场战争"劳师动众，兵民劳苦已极"，甚至觉得平叛之所以能够取得胜利完全属于侥幸，而且很后悔当年仓促地推行撤藩的政策。然而，这场平叛的战争也让清政府经受了相当严苛的考验。年龄并不大的康熙皇帝刚刚亲政没有多长时间，就领导、指挥了这场异常艰辛的战争，并且最终大获全胜，这也让他在满汉大臣当中树立了更好的威望，从而使得康熙皇帝的统治变得更为牢固了。

康熙皇帝在平定这场叛乱之后，曾经在回忆这段历史的时候，感慨良多，继而写了这首《滇平》：

洱海昆池道路难，捷书夜半到长安。

未矜干羽三苗格，乍喜征输六诏宽。

天末远收金马隘，军中新解铁农寒。

回思几载焦劳意，此日方同万国欢。

这首诗歌当中，描写了平定三藩之乱的艰辛过程，表达了康熙皇帝在成功平叛之后的喜悦心情。三藩之乱的平定，更好地巩固了中央集权，消除了国家分裂的危险。三藩之乱被平定之后，康熙皇帝继续励精图治，用心进行经营，创造了我国封建历史上的另一个盛世局面——康乾盛世。